KB131983

아는 와이프

양희승 대본집

2

내
생
애
단
한
번
의
if

아는와이프

arte POP

◎　　일러두기

1　　이 책은 2018년 8월 1일부터 9월 20일까지 tvN에서 방영된 수목드라마
　　　〈아는 와이프〉의 대본을 엮어 만든 것입니다.

2　　양희승 작가의 드라마 대본 집필 형식에 맞춰 편집했습니다.

3　　인물들의 대사는 그 느낌을 살리기 위해 최소한의 수정만 하였으니, 한글
　　　맞춤법에 맞지 않더라도 양해 바랍니다.

4　　화면에 인물이 등장하지 않고 목소리만 들리거나(전화 통화, 회상) 직접 소
　　　리 내어 연기하지 않는(독백, 생각) 대사들은 인물 이름에 (주혁), (우진) 식
　　　으로 괄호 처리했습니다.

5　　말줄임표, 마침표, 느낌표 등은 최대한 통일하였으나, 상황 묘사가 극적
　　　일 때는 그에 맞는 느낌을 살렸습니다.

6　　이 대본집은 방송 전 작가가 집필한 원고로, 편집/연출에 의해 방송된 영
　　　상물과 다소 차이가 있습니다.

(E) 효과음

(M) 배경 음악

(C.U) close up. 카메라가 피사체를 화면에 크게 확대해 나타내는 것

(f.o/f.i) fade out/fade in. 화면이 점차 희미해지다/화면이 점차 밝아지다

(s.s) subtitles, 자막이라는 뜻으로 S로 표현하기도 함

(diss) 화면이 서로 겹치듯 맞물려 장면 전환 되는 것

팬 화면 전체를 상/하 혹은 좌/우로 움직인다는 뜻

사람은 누구나 지나간 시간과 선택에 대한 미련을 가지고 있습니다. 그 미련으로 인해 또는 처음 사랑할 때의 뜨거움을 망각한 탓에 가장 가까운 사람에게 오히려 소홀해지기 마련이죠. 모든 부부들의 문제 역시 이것에 기인한다고 생각합니다.

〈아는 와이프〉는 평범한 남자가 한순간 저지른 잘못된 선택에 대해 이야기합니다. 그의 파멸과 극복, 성장을 통해 '지금 당신 곁의 그 사람에게 최선을 다하라'는 메시지를 전하고 싶어 기획한 드라마입니다. 그 과정에서 몇몇 시행착오로 인해, 또는 보는 이의 상황에 따라 불편함도 있으셨겠지만, 목표 지점이 확고했기에 반성과 자위를 반복하며 들끓는 여름을 버텼습니다.

그 지난한 과정에서 함께 공감해주고 응원을 아끼지 않으신 애청자분들, 무엇보다 놀라운 열정과 집중력으로 최선의 주혁과 우진을 만들어주신 지성, 한지민 배우님 외 모든 배우님들, 동병상런 파트너 이상엽 감독님 외 모든 스태프분들, CJ 관계자 모두 깊은 애정을 담아 감사드립니다.

우리는 모두 그 누군가의 '아는 그 사람'입니다.

_ 〈아는 와이프〉 작가 양희승

차 례

차 주 혁

적당한 학력과 적당한 직장, 적당하기 어렵다는
허세도 '아리가또'도 적당히 할 줄 아는 지극히 평범한 30대 남자.
그러나 직장 생활, 결혼 생활 무엇 하나 순탄한 게 없다.

1차 KCU 은행 가현점 대부계 대리. 괴물로 변해버린 와이프 서우진을 악처라 여긴다.

2차 첫사랑에 성공, 이혜원과 결혼해 재벌가 사위가 된다. 여전히 은행원.

3차 나는 모든 여자의 불행. 혼자 살겠다며 걷고, 걷고, 또 걷는다. 우진을 다시 만나기
전까지는…. 역시 KCU 은행 가현점 차 대리다.

서 우 진

어릴 때부터 지금까지 직진본능에, 까불기 좋아하는 화끈한 캐릭터.
떡볶이와 돈가스를 좋아한다.
항상 밝고 잘 웃던 아이가 독박육아,
맞벌이 생활에 찌들어 무서운 아줌마가 되었다.

1차 집에서는 두 아이의 엄마, 바깥일도 한다. 본인도 괴팍하게 변해버린 자신이 싫다.

2차 밝고 씩씩한 싱글. KCU 은행 글로벌경영팀에서 일하다가, 아픈 모친을 돌보기 위해
집과 가까운 가현점으로 이동 신청을 한다. 기억은 사라졌지만 유부남인 차주혁에
게 마음이 가 당황스럽다.

3차 이번에는 스스로 시간을 돌렸고, 주혁의 마음도 돌려놓기 위해 무조건 직진!

윤종후

차주혁의 절친.

입사 때부터 항상 붙어 다녀 서로 모르는 게 없을 정도다.

다정다감, 쾌활한 성격. 센스까지 겸비해 주변 모든 이들과 잘 지낸다.

1차 차주혁의 입사 동기이자, 절친. 첫사랑에 성공해 결혼하고 쌍둥이 딸을 낳았다.

2차 여자 친구가 유학 가는 날, 차주혁에게 택시를 새치기 당한다. 그 나비효과로 첫사
    랑을 놓치고 30대 중반까지 화려한 싱글로 살고 있다. 본사에서 가현점으로 온 서
    우진을 마음에 두고, 그녀에게 정착하려 한다.

3차 차주혁이 안 탄 택시 잘 타고 첫사랑과 결혼. 역시 쌍둥이를 낳고 딸바보로 산다.

이 혜 원

JK그룹의 외동딸. 첼로를 전공했다.
머리부터 발끝까지 '있는 집 딸' 포스가 철철 흐른다.

1차 차주혁의 대학시절 첫사랑. 대학 내에서 여신급 존재다. 졸업 후 오랜만에 주혁과
    마주치고 "좋아했었다"는 한 마디로 그의 마음을 흔들어놓는다.

2차 차주혁의 와이프. JK그룹의 외동딸이자, 음대 시간 강사. 취미는 돈 쓰기, 특기는 싫
    은 일 안 하기.

3차 차주혁의 대학 후배. 주혁의 철벽 방어에 당황하지만 주혁에게는 추억일 뿐이다.

9
화 ☾

☾

——————

비
하
인
드

1. 전화 연결 - 주혁 차 안 (낮)

블랙박스 플레이해 듣고 있는 혜원.

(우진)   … 제발… 제발 거기 계셔야 되는데….
(주혁)   계실 거야. 우진 씨, 나 촉 좋은 거 알지. 엄마 찾을 거니까 걱정 마.
혜원   !!! (서우진! 상갓집이 아니라 또 서우진이었어?! 부들부들 떨리는)

2. 전화 연결 - 혜원의 집 안방 (낮)

샤워하고 잠옷으로 갈아입은 주혁. 수건으로 머리 털곤 침대에 털썩 눕는다.

주혁   … 아… 편하다…. (어제 쪽잠밖에 못 잔 탓에 피곤이 몰려오는데)
혜원   (씩씩거리며 들어오는)
주혁   (보며) 어, 어디 갔다 왔…. (하는데)
혜원   (블랙박스 메모리카드를 주혁 향해 집어 던진다)
주혁   (깜짝 놀라) 뭐, 뭐야…?!
혜원   뭐야? 내가 묻고 싶은 말이야. 이거 뭔데?

주혁	(주워서 보다가… 블랙박스 메모리카드구나… 깨닫고 놀라서 혜원 본다)
혜원	말해보라고! 이게 뭐냐니까?! (씩씩거리며 쏘아본다)
주혁	혜원아…. (하는데)
혜원	당신 나한테 상갓집 간다고 뻥치고 외박한 게 서우진 때문이었어?
주혁	(놀란다. 당황해) 아… 그게 그러니까….
혜원	당신 씻는데 서우진한테 전화가 걸려 왔더라? 내가 받았지. 그랬더니 어떤 아줌마가 당신더러 차 서방이래, 기다렸다 밥 먹고 가지 왜 그냥 갔냐고. (보며) 당신 설마 두 집 살림하니? 그 여자랑 바람 피우는 거야?!
주혁	아, 아냐, 그런 거! 진짜 그런 거 아니야, 혜원아….
혜원	아니면 뭔데! 대체 뭐냐고! 서우진 그 여자 처음부터 재수 없었어. 뭔가 불쾌하고, 신경 쓰이고…. 그 여자한테 갈 거야. 가서 따질 거야. (가방 들면)
주혁	(놀라) 아냐, 그러지 마! 내가 설명할게, 혜원아. 우진 씨 엄마가 치매시라…, 어제 우연히 만났는데 엄마가 없어졌다고 완전 멘붕이 돼 있어서….
혜원	그래서 같이 찾아다녔다고? 왜? 종후 씬 어쩌고?
주혁	종후가 어제 집에 내려가고 없어서….
혜원	그렇다고 밤새 찾아다녀야 돼, 꼭? 자기가 뭔데? 그 여자 가족이라도 돼?!
주혁	(차마 그랬다고는 말 못하고) 그게… 모른 척할 수가 없어서….
혜원	그러니까 왜! 둘이 무슨 사이길래?!
주혁	(쩔쩔) 어쨌든 혜원아, 니가 생각하는 그런 건 절대 아냐. 거짓말한 건 잘못했지만 그건 니가 신경 쓸까 봐…. 미안해, 혜원아. 내가 잘못했어.
혜원	(노려보며) 사람 좋은 것도 이 정도면 병이야, 오지랖이고. 제일 이상한 건 그 여자야. 아무리 엄마가 없어져서 정신 나가도 그렇지, 가정 있는 상사를 외박까지 시키는 게 그게 정상이야? 펜션

때도 보니까 아무나 보고 생글거리고, 성격 좋은 척 쿨한 척, 그러고는 뒤로 호박씨나 까고…. (씩씩거리면)

주혁 (보며) 그런 거 아냐, 혜원아. 그냥 내가 도와준 거야.

혜원 시끄러! 이 상황에도 그 여자 편을 들고 싶니?! 꼴 보기 싫어 진짜. (가방 들고 나가려는)

주혁 (다급하게 잡으며) 어디 가는데?!

혜원 그 여자한테 가는 거 아니니까 걱정 마! (뿌리치고 가는)

주혁 혜원아…! 혜원아!!! 하아…. (이러지도 저러지도 못하고 난감한)

3. 혜원 차 안 (낮)

거칠게 차 몰고 가다가 끽, 브레이크 밟는 혜원. 홧김에 나오기는 했는데 어디로 가야 할지 모르겠다. 휴대폰 번호 뒤지는데 불러낼 만한 친구가 없다. '현수'에서 멈칫, 누를까 말까 고민하는 모습에서….

4. 와인 바 (밤)

혜원, 바 앞에서 와인 마시며 앉아 있는데, 현수 뛰어 들어온다.

현수 (혜원 옆에 앉는, 들뜬 표정) 많이 기다렸어요?

혜원 그렇게 들뜬 표정 하지 마. 불러낼 친구가 없어서 너 부른 거니까.

현수 상관없어요. 뭐면 어때.

혜원 뭐 마실래?

현수 누나랑 같은 거.

혜원 (바텐더 보며) 이거 하나 더. (하곤 다시 제 와인 홀짝 마시는)

현수 (눈치 보며) 근데 무슨 일이에요? 남편이랑… 싸웠어요?

혜원 아니, 그 사람은 나랑 안 싸워. 내가 가자면 가고, 오자면 오고, 나밖에 모르는 사람이야…. 그래서 좋아했지. 그래서 결혼했고.

현수	근데 뭔가 변했구나. 왜? 혹시 여자 문제…?
혜원	(발끈) 넘겨짚지 마. 내가 왜 그런 얘길 너하고 나눠야 돼?
현수	알았어요, 안 할게요. 어쨌거나 고맙네, 누나 남편.
혜원	뭐?
현수	덕분에 얼굴 다시 보니까. (하곤) 참! 오늘 시간 때워주는 대신 내일 나랑 좀 놀아주면 안 돼요? 일… 아니 수업이 없는 날이라서. (웃으면)
혜원	(그런 현수 보며 내심 위안이 좀 된다. 앤 나를 진짜 좋아하는구나) (E) 현관문 열리는 소리

5. 혜원의 집 거실 (밤)

늦은 밤. 혜원이 살짝 비틀거리며 들어온다. 꽤 취한…. 주혁은 혜원을 기다리다 소파에서 잠들어 있다. 어젯밤에도 제대로 못 잔 탓에 곯아떨어진…. 혜원, 그런 주혁을 노려보고는 방으로 들어간다.

6. 혜원의 집 안방 (밤)

혜원, 비틀거리며 들어오다가 아! 하며 뭔가 밟고 아픈 듯 찡그린다.

혜원	아씨, 뭐야아! (주워서 보면 블랙박스 메모리카드다) !!!

칩을 보니 다시 열이 받는 듯한 혜원. 메모리카드가 우진인 듯 노려보다가… 뭔가 결심한 듯 노트북이 세팅되어 있는 책상 쪽으로 가 앉는다. 인터넷을 열어 비하인드 사이트를 검색해 들어가는 혜원. 풀린 눈으로 회원가입 누르고, 아이디와 비번까지 독수

리 타법으로 쳐 넣는다.

7. 다음 날/거리 전경 (낮)

다시 시작되는 한 주. 부지런히 출근길 서두르는 사람들 속에… 종후가 열심히 자전거 페달 밟으며 가는 모습 위로 타이틀 뜬다.

제9화 | 비하인드

8. 우진의 집 앞 (낮)

끽, 우진의 집 앞에 멈춰 서는 종후 자전거.

종후   (두리번) 나와 있다더니… (휴대폰 거는) 우진 씨, 어디예요? 나
         왔는데….
(우진)   네, 저 나와 있어요. 안 보여요?
종후   아 장난치지 말고. 지금 간당간당해요. 지각이야 우리.(하는데)
         (E) 빵!(클랙슨 소리)
         (클랙슨 소리에 화들짝 놀라서 보면, 뒤쪽으로 경차 한 대 서 있고)
우진   (차 운전석 창문 내리고 손 흔드는) 여기요!
종후   (보고 놀라) 어! 우진 씨… 차 뽑았어요?!

9. 우진 차 안 (낮)

뒷좌석에 종후 자전거 실려 있고, 종후 보조석에 타는….

종후   와… 추진력 짱이다, 진짜 서우진. 뭔 차를 이렇게 후다닥? 진짜

인정.

우진 마음먹기가 힘들지 사기가 힘드나, 뭐. 엄마 모시고 다니는 것도
그렇고, 한 대 있긴 있어야겠더라고요. (보며) 그나저나, 화는 좀
풀리셨나…?

종후 아, 맞다, 나 삐진 상태지? 아… 이 차 때문에 정신이 팔려서.

우진 미안해요. 앞으론 하늘이 두 쪽 나고 천둥, 우박, 화산 폭발, 어떤
천재지변이 일어나도 대리님 전화 받을게. 됐죠? (쿡쿡 찌르며)
응? 응, 응?

종후 (삐진 여친처럼 앙탈) 하지 마요. 하지 마, 진짜. 아, 하지 말라니
까…. (하다가 결국 웃음 터진다. 치… 흘기며) 다신 그러기 없기,
진짜? 약속.

우진 아, 뭐뭐. 약속, 약속. 이제 출발해도 되죠?

종후 오케이, 출발! (하다 의심스럽다는 듯) 면허는 확실히 있죠?

우진 그럼요. 베스트 드라이버지! (자신 어린 표정에)

(종후) 으아아아! (겁에 질린)

(컷)끼익! 급정거하는 우진 차. 겁에 질린 종후, 문에 달린 손잡이
를 생명줄마냥 꼭 붙들고 있다.

우진 (정작 본인은 태연한) 아, 깜짝아, 저 차가 어서 갑자기 튀어나왔대?

종후 계속 같이 오고 있었거든요? 백미러 안 봐요?!

우진 아, 아직 익숙하지가 않아서. 볼게요, 이제부터! (다시 출발하는)

종후 (이제부터라니… 충격) 우진 씨… 진짜 면허 있는 거 맞아요…?

우진 네, 한 10년 됐나? 장롱면허긴 한데, 아, 걱정 말아요! 이제 됐어,
감 잡았어.
(하며 우측 깜빡이 넣는)

종후 우진 씨, 여기서 좌회전인데요?

우진 네, 저 좌회전할 건데요? (보고) 어머, 나 미쳤나 봐. 웬일이니?
(웃으며 좌측 깜빡이로 바꾸면)

종후   (다급) 우진 씨…! 내가 운전할까요? 내가 운전할게. 제발.

우진   (해맑게) 됐어요! 이제 진짜 감 잡았어요, 진짜. 이게 왼쪽 이게
        오른쪽. 요게 액셀 요게 브레이크…. 아닌가, 반댄가?

종후   (사색 되며 손잡이 더 꽉 움켜잡는)

10. 은행 외경 (낮)

(지점장) 좋은 아침. 아, 서우진 씨, 내 방으로 좀!

11. 은행 개장 (낮)

        직원들, 업무 준비 중인데… 우진이 기분 좋은 표정으로 지점장
        실에서 나온다. 손에는 봉투 들려 있다.

향숙   (시재 풀다가 보며) 어, 우진 씨, 금일봉이다. 맞죠?

혜정   아! 그 부행장님 암행 건.

우진   (맞다는 듯 봉투 보여주며) 안 그래도 예산에 없던 지출을 해서 쪼
        인다 싶었는데, 이게 웬 떡이에요. 너무 좋아요! (좋아하는)

혜정   진짜 운도 좋아 우진 씬. 인사고과에 얼마나 플러스가 될 거야?

향숙   그러게. 뭐, 덕분에 우리도 간만에 아주 고급진 회식 하긴 했지만.

우진   들었어요. 나 빼고 회식하니까 그래, 맛이 좋습디까?

혜정   (찔려) 아니 그게, 우리가 가고 싶어 간 게 아니고….

향숙   맞아요. 윗분들 때문에 어쩔 수 없이 간 거라니까. 진짜예요!

우진   그럼. 우리 수신 의리가 그렇게 깃털처럼 가벼울 리가 없지. 그
        죠? (웃는데)

        이때 장 팀장, 탈의실 쪽에서 얼굴 경직된 채 휴대폰 들고 오
        는….

장 팀장	우진 씨, 자기야, 자기들, 이거 봤어, 이거?!
향숙/혜정	왜요, 팀장님?/뭔데요?
우진	? (보면)
장 팀장	비하인드에… (우진 힐끗) 이상한 게 떠서…. (휴대폰 보여주는)
향숙/혜정	(들여다보고) !!! (헉, 하고 놀라는)
종후	(자리에서 와) 왜, 뭐 또 쇼킹한 스캔들이라도 떴어요? (휴대폰 빼앗아 보는)
우진	(뭔가 해서 같이 들여다보는)

#. 휴대폰 인서트 - KCU 비하인드 사이트
〈KCU 가현점 서우진, 충격적인 그녀의 이중생활!〉
남자 없이 못 사는 심각한 남성 편력의 KCU 가현점 서우진! 미
모를 앞세워 총각, 유부남 할 것 없이 닥치는 대로 꼬시며 사내
기강을 문란하게 하고 있음. 최근 본사에서 지점 이동한 것도 남
자 문제라는 설. 얼굴도 싹 갈아엎은 걸로 보임. 앙큼하다 못해
뻔뻔스러운 서우진에게 경고한다! 너 그렇게 살지 마!!!

우진	!!! (충격받은 표정인데)
주혁	(출근해 들어오다가 멈칫한다. 무슨 일이지? 하는 표정에서)

12. 혜원의 집 안방 (낮)

혜원, 조금 전에 일어난 듯 부스스한 모습으로 물 마시며 안방으
로 다시 들어오는….

혜원	… 아… 머리야…. 물에서도 술맛이 나…. (괴로운 표정 짓다가 !!!)

#. 회상 플래시 - 6씬. 취한 혜원이 노트북 앞에 앉아 글 올리고 있는 모습

혜원	!!! (아차! 하고 얼른 노트북 있는 쪽으로 가 사이트 열고 게시판 확인하면)

#. 노트북 인서트… 〈KCU 가현점 서우진, 충격적인 그녀의 이중생활!〉
혜원이 쓴 게시글 조회수 벌써 400에 댓글도 폭발적이다.
#. 이런 스타일 어디 가나 있음. 일단 끼 부리고 보는…?
#. 이런 x들 때문에 여자들이 다 싸잡아서 욕 먹는 거임 ㅜㅜ
#. 우진아, 우리 회사로 와서 나도 좀 꼬셔주라.

혜원	(이미 일은 벌어졌다…. 어쩌지…? 난감한 표정으로 보다가 이내) …아, 몰라! 없는 말 지어낸 것도 아니고 뭐…. (에라 모르겠다, 노트북 닫아버리는)
(종후)	(흥분한) 대체 어떤 또라이야, 이거?!

13. 은행 객장 (낮)

컴퓨터로 비하인드 게시글 보고 있는 우진과 직원들. 주혁 화난 듯 보고 있고, 종후는 흥분한 듯….

종후	앞뒤 정황도 없이 다짜고짜 말이야, 너무 악의적이잖아 이거!
우진	(본인은 막상 담담한)
변 팀장	아주 작정을 했네, 누군지는 몰라도.
환	그러니까요. 보통은 이니셜 아니면 닉네임이던데… 와, 대놓고 실명. (하는데)
주혁	(욱하는. 테이블 쾅! 치며) 나쁜 쉐끼들!!!
일동	(놀라 주혁 보는)
주혁	(의식 못하고) 이 사이트 이게 문제야, 이게! 익명으로 싸지르니까 뭔 책임감이 있겠어?! 실명제로 바꾸든지, 사이틀 폐쇄하든지 해야지, 이 쓰레기 같은 것들!!!

일동	(왜 이렇게 흥분하나… 보는)
주혁	(그제야 의식) 아니 난… 우리 사회 병폐의 단면을 보는 것 같아서….
우진	저기, 일단 흥분들 가라앉히시고요…. 죄송하네요. 아침부터 괜히 저 때문에.
종후	아, 우진 씨가 왜 죄송해요, 올린 인간이 나쁜 거지.
장 팀장	근데 자긴 왜 이렇게 담담해? 조회 수랑 댓글 장난 아냐, 지금. 화도 안 나니?
우진	아니, 내용이 너무 황당하니까 화도 안 나네요. 저 본사에서 아무 문제 없었고요, (코, 눈 올려 보이며) 이것도 다 제 거거든요. 보세요.
향숙/혜정	알아요./딱 봐도 자연산이야.
장 팀장	지금 팩트가 중요한 게 아니고 자기야, 누가 이런 짓을 했냐는 거지. 본사나 어디 우진 씨한테 원한 가질 만한 사람 없어? 최근에 싸웠다거나 뭐.
우진	글쎄… 그렇게 잘못 산 거 같진 않은데…. (갸웃하는데)
주혁	! (순간 혜원이 스치고 지나간다. 설마…?)

14. 은행 남자 탈의실/혜원의 집 안방 (낮)

탈의실로 들어온 주혁. 서둘러 혜원에게 전화 걸어보는….
(화면 분할되며) 안방 침대에서 전화받는 혜원, 숙취에 푸석푸석한 모습.

혜원	(아직 뽀로통) 어, 왜.
주혁	어, 난데….
혜원	알아, 자긴 거. 왜 전화했냐고.
주혁	어 저기… 혹시… 너 비하인드라고 생각나? 왜 펜션에서 얘기했던.
혜원	(찔끔해서) 어…? 글쎄…. 근데 그게 왜.

주혁	아니, 누가 서우진 씨에 대해서 좀… 안 좋은 글을 올려서… 혹 시….
혜원	(더 발끈한 척) 혹시 뭐…? 자기 지금 나 의심하니?!
주혁	아니… 난 그냥, 어제 일도 있었고 혹시 해서….
혜원	그런 걸 내가 어떻게 올려? 할 줄도 잘 모르는데! 그리고… 자긴 내가 그딴 데 남 비방 글이나 올리는 그런 저급한 인간으로 보여? 나 클래식 전공했어!
주혁	알아, 아는데… 알았어, 미안. 그냥 한번 물어봤어.
혜원	그냥 한번도 기분 나빠. 사람을 뭘로 보고 진짜…. (진짜 화난 척)
주혁	알았어, 미안해, 화 풀어…. 일찍 들어갈게.
혜원	진짜 적반하장이 따로 없다. 잘못한 사람이 누군데 진짜… 끊어! (화 끊으며)

주혁 쪽 화면 사라지고… 혜원 뜨끔한 표정으로 휴대폰 보며….

혜원	… 아… 괜히 술 먹고 사고는 쳐서…. (설마 못 알아내겠지? 살짝 불안한)
(장 팀장)	우진 씨도 관상이 문제야, 관상이….

15. 은행 탕비실 (낮)

다 마신 컵 버리며 뒷담화 중인 변 팀장, 장 팀장, 혜정, 향숙, 환.

장 팀장	우진 씨 관상이 좀, 남자가 꼬일 상이거든. 동공 크고 눈꼬리가 밑으로 살짝 처진 게…. 왜 나도 그렇잖아. 원래 우리 같은 관상 들이 구설이 많거든.
혜정	(명확히 아니지만) 아… 그러게요, 좀 비슷한 거 같기도 하고….
변 팀장	자꾸 맞춰주지 마. 사람이 자신을 객관적으로 볼 줄 알아야지 말 이야.

장 팀장	뭐요? (빠직하는데)
환	근데요! 전혀 근거 없는 거긴 할까요? 원래 안 땐 굴뚝엔 연기 잘 안 나잖아요.
장 팀장	(멈칫, 귀 얇은) 아니… 나도 그런 생각이 아주 안 든 건 아닌데….
향숙/혜정	그니까요./솔직히 남녀 관계는 또 아무도 모르는 거고….
환	근데…! 우진 선배를 겪어본 바로는 또 전혀 그럴 사람은 아닌 거 같고. 그죠?
장 팀장	맞아. 여우과는 아냐 확실히. 외려 걸크러시하잖아, 애가.
향숙/혜정	그건 그래요./내숭 스타일은 아니긴 해, 확실히.
환	근데 또…! 본사에서 갑자기 여기로 온 거 보면 또 좀 미스터리한 데는 있는 거 같고. 보통 본사에서 영업점으론 잘 안 오잖아요. (하면)
변 팀장	아이, 씨… 그래서 니 생각은 뭔데 자식아. 왜 왔다 갔다 해? 사람 헷갈리게!
환	제 말의 요지는… (어깨 으쓱하며) 진실은 아무도 모른다는 거죠. 본인 외에는.

16. 은행 옥상 (낮)

우진 담담한 표정으로 휴대폰 보고, 종후 그 옆에서 우진 살피는….

우진	와… 댓글이 하나같이 창의적이야. 능력자들 참 많아요, 우리나라에.
종후	(보며) 지금 농담이 나옵니까? 사태 이거 심각해. 조회 수 느는 거 봐봐. 댓글도 어마어마하게 늘고.
우진	(종후 보며) 그럼 어떡해요, 울어요?
종후	와, 진짜 멘탈 갑이네. 난 열 받아 죽겠구만. 진짜.
우진	방법이 없잖아요. 누군지도 모르겠고. 근데 살짝 긍정적인 측면은… 일단 내 미모를 인정받았다는 거? 싹 갈아엎었다잖아. 그

정도로 예쁘다는 거니까 뭐.

종후   참 대단한 긍정의 아이콘 나셨네요.

우진   칭찬 아니죠? 꼰 거죠?

종후   아, 몰라요. 우리야 우진 씨를 아니까 오해 안 해도, 다른 사람들
        은 색안경 끼고 볼 거 아니에요. 그 생각 하면… 아우 씨…. (씩씩
        거리는)

우진   아, 됐어요. 나만 아니면 되지 뭐. 일일이 변명을 하고 다닐 수도
        없고…. 그리고 뭐 좀 시끌했다가 말겠죠. 남의 일에 길게 관심
        갖겠어요, 사람들이?!

17. 동 시간. SNS 확산 몽타주 (낮)

#. 회사 사무실
출근한 여직원, 컴퓨터에서 혜원 글에 달린 댓글 읽으며 흥미로
워하는 데서 2분할

#. 회사 휴게실
자판기에서 음료 꺼내던 샐러리맨 남자. 휴대폰 메시지 도착, 확
인하면 비하인드 사이트 링크 떠 있는…. 눌러서 댓글 보다가, 재
밌다는 듯 주소 복사, 전달 누르며 4분할

#. 건물 화장실/옥상
화장 고치며 수다 떨던 여자 사원 두 명, 비하인드 들여다보며
'뭐야 이거… 진짜인가 봐…. 요새 은근 사내 불륜이 많대….' 수
군거리고/담배 비벼 끄던 남자 사원, 비하인드 댓글 보며 빠르게
또 댓글 다는 바쁜 손놀림에서 16분할

#. 건물 지하주차장/편의점/거리/헬스장… 기타 등등
사람들 비하인드 글 복사해서 톡으로 링크 전달하고/사람들 저

마다 휴대폰으로 비하인드 글 보며 일시에 댓글 쓰고/클릭해 퍼 옮기는 손 (C.U)

18. 은행 VIP룸 겸 지점장실 (낮)

눈치 보며 서 있는 우진. 지점장 그 앞에서 심각한 표정으로 책임 묻는다.

지점장 아니, 진짜 호사다마라고, 아침에 잘했다고 금일봉 받곤 이게 뭔 일이냐고 이게. 본사에서도 알고 난리야, 지금. 대체 어떻게 된 거야, 우진 씨?

우진 죄송해요, 심려 끼쳐서. 근데 진짜, 그냥 루머입니다. 믿어주세요.

지점장 믿지 나야. 근데 본사가 안 믿으니 문제지. 아니, 본사는 믿고 안 믿고의 문제가 아니에요, 이미지 문제지. 사실 여부가 중요한 게 아니라고.

우진 (일이 커졌구나 직감하며) 죄송합니다.

지점장 죄송하고 끝날 일이 아니에요. 점점 이슈가 커지면 본사도 가만 안 있는다고. 이거 빨리 삭제를 시키든지 해야지 이거, 아이구 두야, 무슨 이런 일이….

우진 (입 꾹 다물고 아무 말 않는. 화난 표정에서)

(혜정) 뭐야 이거? 누가 우리 사진까지 올렸어!

19. 은행 객장 (낮)

#. 사진 인서트 - 올 봄 보육원 봉사 때 찍은 가현점 단체 사진 (지점장, 변 팀장, 종후, 주혁, 환, 장 팀장, 향숙, 혜정, 민수 순서) 그 밑으로 댓글들 달린…

#. 어렵게 구한 사진. 서우진 이 안에 있을 듯 ㅋㅋ

#. 대박. 이 중에 누굴까?

#. 일단 제일 왼쪽 이모님은 제끼고, 두 번째? 여우같이 눈 쫙 째진 것이…

#. 두 번째에 한 표 더. 색기가 촬촬.

셔터 내려진 객장. 우진 제외한 직원들 한쪽에 모여 휴대폰으로 사진, 댓글 보고 있다.

변 팀장	히야… 이거 누가 올렸냐, 이거. 완전 초상권 침해인데?
환	올 봄 보육원 봉사 때 사진인데… 심지어 우진 선배는 있지도 않았는데.
향숙	아니, 내가 무슨 색기가 촬촬이야? 남의 얼굴 가지고 너무 막말하는 거 아냐?
혜정	야, 그래도 넌 예쁘단 거지, 나보곤 남자 밝히게 생겼단다.
장 팀장	잠깐. 근데 난 왜 제껴? (보며) 아니, 왜 제끼냐고 기분 나쁘게.
변 팀장	곤란하게 그런 걸 우리한테 물으면 좀 그렇지 대답하기가.
장 팀장	차라리 못생겼다 그러지, 난 여자도 아니란 거야 뭐야. 왜 제끼냐고!
(우진)	(빠직) 누가 사진을 올렸어요?!
일동	!!! (보면)
우진	(화난 듯 다가와 휴대폰 빼앗아 보곤 입가 실룩, 코 평수 넓어지며) 이런 개싸가지가…! 왜 남의 사진을 올리고 XX이야, 이씨!!!
일동	!!! (놀라서 본다. 우진의 이런 모습 처음이다)
우진	와… 나 못 참겠네 진짜. 인간들이 왜 이렇게 무례해?! (씩씩거리면)
종후/주혁	저기, 우진 씨, 너무 흥분한 거 같은데./그래, 일단 마음을 좀 가라앉히고… 여기 좀 앉아서…. (의자 내주는데)
우진	(의자 밀치며) 아, 됐어요! 후우…. (입바람으로 앞머리 날리며 화 삭여보려는)
종후/주혁	(무섭다… 살짝 물러서는)/(얘 진짜 화났구나… 눈치 보는)

우진	(뭔가 결심한 듯 장 팀장에게 가) 팀장님, 저 잠깐만 좀 나갔다 올 게요.
장 팀장	(우진 서슬에 얼른) 어? 어… 그래그래, 갔다 와. 마감 우리가 할게.
우진	최대한 빨리 오도록 하겠습니다. (하곤 가방 들고 씩씩거리며 나가는)
장 팀장	(휴대폰 보곤) 어어, 우진 씨! 나도 하나 올라왔어. 의외로 이 여자 일 확률도 있대. 댓글 올라왔어. 나 괜찮아, 우진 씨!
종후/주혁	(보며 어디 가는 거지?)/(걱정스러운 표정으로 보는)

20. 우진 차 안/경찰서 (낮)

이 앙다물고 거칠게 운전해 가는 우진. 원하는 장소에 도착한 듯 끼익, 터프하게 차를 세운다.
우진 차에서 줌아웃하면, 도착한 곳은 다름 아닌 경찰서다.

21. 백화점 쇼핑 몽타주 (낮)

#. 백화점 들어서는 현수와 혜원. 아이쇼핑하며 활보하는
#. 스포츠 브랜드 매장. 서로 옷 골라주고 대주고 하는 현수와 혜원
#. 매장 카운터. 고른 옷과 신발, 가방 등을 계산하려는데…
현수, 지갑 뒤적거리며 갸웃한다.

현수	아! 아, 맞다….
혜원	왜?
현수	카드를 책상 위에 올려놓고 그냥 왔나 봐. 아, 진짜…. (곁눈질로 보면)
혜원	(지갑에서 카드 꺼내 내민다) 이걸로 해.
현수	아, 미안하게…. 땡큐, 누나. (카드 받아 계산하는, 만족스런 미소 짓는)

22. 은행 객장 (낮)

각자 자리에서 마감 업무 중인 직원들. 주혁, 복사기에 서류 복사하며 연신 우진의 빈자리 보는데, 종후, 휴대폰으로 전화 시도하며 주혁 쪽으로 온다.

종후   (주혁한테) 야, 우진 씨 전화 안 받는다. 어딜 간 거야 대체….
주혁   …. (걱정스러운 표정인데)
종후   (반색하며 받는) 어, 우진 씨, 어디예요, 지금?
주혁   (얼른 종후 쪽으로 붙어 통화 듣는)
(우진) 아, 생각보다 시간이 좀 걸려서…. 여기 경찰서예요.
종후/주혁 경찰서요?/?!

23. 백화점 VIP 라운지 (낮)

산처럼 쌓인 쇼핑백. 혜원과 현수 테이블에 마주 앉아서 음료수 마시고 있다.

현수   체력 장난 아니다, 누나. 어떻게 지치지도 않아요?
혜원   쇼핑하는데 왜 지쳐? 돈 쓰는 것만큼 재밌는 게 어디 있다고.
현수   재미는 있는데 너무 배고파요. 밥 먹으러 가요. 아, 맞다, 카드…. (눈치 보면)
혜원   내가 쏠게 오늘은, 풀로. (하다가 주혁과 약속이 생각난) 잠깐, 나 전화 좀 하고. (휴대폰 꺼내 전화 거는)
       (E) 주혁 휴대폰 벨 소리

24. 경찰서 앞 (낮)

막 차에서 내리는 주혁과 종후. 마음 급한 종후는 앞서가고, 주혁은 휴대폰 받는데 경찰차가 사이렌 울리며 가는 소리 들린다.

주혁   어, 혜원아….

(혜원)   나 밖이야. 저녁 해결하고 오라고…. (하다가) 어디야, 지금?

주혁   아… 나 잠깐 경찰서에.

(혜원)   경찰서는 왜?

주혁   아까 말한 그 비하인드 건, 일이 커져서… 우진 씨가 사이버 수사 대에 의뢰를 했나 봐. 팀장님이 종후랑 나랑 얼른 가보라고 그래 서….

(혜원)   (놀란) 사이버 수사대…?! 아… 아, 알았어, 끊어. (툭 끊어버린다)

주혁   (휴대폰 넣으며 서둘러 경찰서 쪽으로 가는)

25. 백화점 VIP 라운지 (낮)

휴대폰 들고 하얗게 질린 혜원, 현수 그런 혜원 이상하게 보며….

현수   왜요? 무슨 일 있어요?

혜원   (멘붕) … 아… 어떡하지…? 아… 그럼 안 되는데….

현수   (영문 몰라) 뭐가요? 왜 그러는데요?

혜원   삭제해야 돼, 빨리. 빨리빨리! (휴대폰에서 비하인드 사이트 열어 보려는데 안 열린다) 아, 왜 이래, 왜 안 열려어!!!

현수   뭔데요, 대체?!

혜원   (보며) 비하인드, 사이트에 올린 글, 그거 삭제해야 된다고, 빨리. (계속 시도하지만 안 열리는) 아, 왜 안 열려, 진짜!

현수   봐요. (휴대폰 빼앗아 보며) 서버 과부하 걸린 거 같은데. (하다가) 피씨방! 피씨방으로 가요. 거긴 웬만하면 열릴 거예요!

혜원   피씨방?

#. 경찰서 안
종후와 주혁 뛰어 들어오면, 우진 경찰에게 읍소 중이다.

우진   회사랑 동료들한테 너무 피해가 가서. 어떻게 오늘 중으로 안 될까요?
경찰   아, 그게 절차가 다 있거든요. 가서 기다리시면 연락드릴 텐데.
종후/주혁   우진 씨! / (상황 보는)
우진   (둘 보며) 어, 뭐하러 왔어요? 나 혼자 해도 되는데.
주혁   (얼른 경찰에게) 수고 많으십니다. 여기 동료인데요, 회사에서 문제가 좀 심각해져서… 어떻게 빨리 좀 해결 안 될까요? 부탁드립니다.
종후   (경찰 손 덥석 잡으며) 부탁드립니다, 선생님!
경찰   아… 원래 6시까지가 업무인데, 오늘 회식도 있는데 참….

#. 거리
두리번거리며 피씨방 찾는 현수와 혜원. 멀리 피씨방 간판 보인다.

현수   (보며) 누나, 저기…! (앞서 뛰어가는)
혜원   ! (힐 신은 채 어설프게 쫓아가다 삐끗) 아…!
현수   (가다 멈추고 보며) 괜찮아요?
혜원   어, 어…. (지금 아픈 게 문제가 아니다. 살짝 절뚝거리며 뛰어가는)

#. 경찰서 안
김밥, 초밥, 피자, 만두까지… 회식을 능가하는 음식들 테이블에 올려져 있고, 먹으며 절차 진행 중인 경찰관. 우진과 주혁, 종후는 앉아 기다리는 중….

경찰   (캡처한 페이퍼 보며) … 네, 아이피는 나왔는데 용산구고요. 가입
       자 이름이랑 인적 사항 좀 빨리 부탁드릴게요. 회사에서 압박이
       심한가 봐요. 네….
주혁/종후 (각자 음식 경찰관 앞에 놔주는, 이것도 먹으라며)

       #. 피씨방
       피씨방으로 뛰어 들어온 현수, 가까운 자리에 앉고, 뒤쫓아 온 혜
       원도 현수 옆에 의자 끌어와 앉는다. 서둘러 '비하인드'를 치고
       클릭하는 현수. 역시 안 열리고 '현재 사용자가 많아 접속이 원활
       하지 않습니다….' 안내문만 떠 있다.

혜원   (초조) 왜 안 돼, 여긴 될 거라며….
현수   잠깐만요. (일어나 옆자리로 가 시도한다)

       드디어 '비하인드' 사이트가 열린다. 화면 상단부터 천천히….

현수   어, 열린다, 열린다.
혜원   빨리빨리! 이러다 걸리겠어!

       #. 경찰서 안

경찰   네, 하고 있어요? 얼마나 걸릴 거 같아요? (팩스 쪽으로 가는)
주혁/우진/종후 (고개 동시에 경찰 동선 따라가는)
경찰   (팩스 종이 있나 확인하며) 네, 나오면 바로 팩스로 보내줄 수 있죠?

       #. 피씨방
       비하인드 사이트 홈이 떠 있는 컴퓨터. (C.U)

현수   (급하게) 아이디, 아이디, 아이디요!

혜원	비켜봐, 내가 칠게. (아이디 warningyou와 비번 치는데 비밀번호 오류가 뜬다) 아이씨, 왜 이래…. 뭐가 오류야 또…. (울상 되면)
현수	어어, 캡스락…. (하곤 얼른 CapsLock 버튼 누르는) 누나, 다시요!
혜원	(서둘러 아이디 다시 치고 다시 비번 치고, 엔터 친다…. 로그인되는) 됐어! 됐다 됐어! (표정 밝아지는)
현수	누나, 삭제요, 빨리 삭제!
혜원	삭제, 삭제삭제삭제. (게시판 들어가 자기가 쓴 글 띄우고 삭제 찾아 엔터!)

#. 경찰서 안

경찰	… 아직이에요? 지금 팩스 앞에서 기다리고 있는데…. (하는데)
종후	(휴대폰으로 비하인드 확인하다가) 어! 뭐야… 게시글 삭제됐는데?!
주혁/우진	뭐?/진짜요?! (종후 휴대폰 들여다본다)
경찰	!!! (통화하다 말고 보는)

27. 혜원의 집 외경 (밤)

(E) 띡, 띡, 띡, 띡, 띡 (현관 키 누르는 소리)

28. 혜원의 집 거실 (밤)

주혁 들어오면, 혜원 막 옷 갈아입고 방에서 나온다.

혜원	(눈치 보며) 왔어…?
주혁	(보며) 어. 지금 온 거야?
혜원	(안 쳐다보고) 어…. (주방으로 가 물 따르며) 경찰서 갔던 건, 잘 해결됐고…?

주혁	어. 찾는 와중에 그쪽이 먼저 삭제를 해서….
혜원	(긴장, 주혁 보며) 그래서?
주혁	그냥 왔지 뭐. 고소보다는 삭제가 목적이었으니까.
혜원	어어…. (다행이다. 한시름 났다)
주혁	(보며) 아직 화 안 풀렸어? 그저께 일은 진짜 미안해, 내가.
혜원	(지은 죄가 있으니) 됐어, 다신 그런 일 만들지 마. (욕실로 들어가는)
주혁	휴우…. (봐주고 넘어가려나 보다… 다행이다 싶은)
(주은)	(흥분) 뭐, 남성 편력…? 뭐 그런 개또라이가 다 있어?!!

29. 상식 포차 (밤)

우동 등으로 늦은 저녁 먹는 우진과 종후. 그 앞에 앉아 있는 주은과 상식. 주은은 자초지종을 듣고 흥분한 상태다.

주은	아니, 밥 먹고 할 짓이 없어서 남 해코지하는 글이나 올리고 앉아 있냐고!
상식	에헤이, 애 또 흥분했다. 릴렉스, 어? 릴렉스!
주은	아, 열 받으니까 그렇지. 직장인들이면 배울 만큼 배운 지성인들이구만, 쳇… 지성이랑 인성은 비례하지를 않는 거지. 아주 나빠, 인간들이. 쓰는 인간도 나쁘고 근거도 없이 그걸 또 믿는 인간들은 더 나쁘고. 사람 하나 보내기 쉽다니까 아주.
상식	야, 근거가 있어서 믿나? 믿고 싶으니까 근거를 만드는 세상인데.
종후	그건 그래. 사는 게 빡빡해서 그런가, 그런 거 올리는 걸로 푸는 인간들이 너무 많아요.
우진	(그 와중에 그릇 들고 국물 마시는)
주은	(보며) 와… 넌 참 속도 좋다. 그런 일 당하고도 그게 넘어가니?
우진	어. 나 오늘 이게 첫 끼야. 아침도 못 먹고 나와서.
주은	아우 진짜, 년인지 놈인지 운 좋았다 진짜. 누군지 알았으면 바로

가서 그냥 올린 글자 하나당 한 군데씩 확! (테이블 치며) 분질러
버리는 건데, 그냥!

상식   야, 좀 진정해라. 테이블 다 부서지겠다.

주은   아, 왜 아까부터 진정하래 나더러! 니가 썼냐? 어? 니가 썼어?

상식   아씨… 내가 친구들 앞에서 너라 그러지 말랬지?

주은   지금 그게 중요하냐?!

상식   중요하지 그럼, 넌 뭐가 중요한데. 나보다 우진 씨가 중요하냐?!
           (붙으면)

우진   (말리는) 아, 왜 그래. 이러다 싸우겠다 둘이.

종후   그러게. 사랑싸움은 집에 가서 하고, 마저 먹자 좀. 어?

주은/상식 사랑은 옘병!/내가 욕도 하지 말랬지, 씨. (씩씩거리는데)

우진   (휴대폰 벨 울린다. 발신자 보고 갸웃, 휴대폰 들고 나가는)

30. 상식 포차 앞 (밤)

우진   (전화받는다) 네, 여보세요.

(경찰)   네, 저 아까 뵀던 서현 경찰서 이종현입니다. 늦게 죄송합니다.

우진   아니에요 괜찮아요. 근데 무슨 일로…?

(경찰)   작성자 신원 확인됐거든요. 고소 진행 여부 확인해야 될 거 같아
           서요…. 아… 주소가 한남동 노블클래스 3단지 107호고요, 이름
           은 이혜원입니다.

우진   (놀라) 네, 누구요?

(경찰)   이, 혜, 원요. 혹시 아시는 분이세요?

우진   (잠시 멍했다가) 아, 아뇨. 모르는 사람이에요. 고소는 그냥 취소
           해주세요. 어차피 글도 삭제됐고. (하면서도 충격 가시지 않은 듯,
           심란하고 복잡한 표정이다)

31. 혜원의 집 거실 (밤)

편한 옷으로 갈아입고 나온 주혁. TV 리모컨 찾아 드는데 징⋯,
테이블 위 휴대폰 진동이 울린다. 보면⋯.

#. 문자 인서트 - 대리님, 여신 관련 세칙 변동 있어서 메일 드렸습니다. - 환

주혁, 휴대폰 든 채 안방으로 들어간다.

32. 혜원의 집 안방 (밤)

메일 확인하는 주혁. 메일 닫다가⋯ 혹시나 하는 마음에 확인하
려고 비하인드 사이트 띄워 아이디 빈칸 클릭하고 자기 아이디
스펠링 하나 치는데⋯ 밑으로 다른 아이디가 뜬다. 이전에 접속
했던 다른 아이디, warningyou. 문제의 아이디다.

주혁   !!! (이 아이디가 왜⋯? 그럼 혹시⋯!)

주혁, 황급히 일어나 밖으로 나갔다 얼른 다시 들어온다. 손에는
명함 쥐여 있고, 명함 번호 보고 전화 건다.

주혁   아, 네, 수고하십니다. 이종현 경사님이시죠? 저 아까 그 KCU 건
        동료인데요⋯ 혹시 그 작성자 신상 나왔어요?
(경찰)   네, 나오긴 했는데 원칙상 고소인이 아니면 말씀을 드릴 수가 없
        거든요.
주혁   아, 그럼 한 가지만. 혹시⋯ 작성자 주소지가 용산구 한남동⋯ 인
        가요?
(경찰)   네, 한남동 맞습니다.
주혁   !!! (아⋯ 혜원이가 맞구나⋯. 충격받는데)

(경찰) 본인한텐 방금 연락했는데, 고소 진행 안 하시겠다던데요?

주혁 아… 그래요…. (우진이도 혜원인 걸 알고 안 한 거구나… 마음 복잡해지는)

33. 우진의 집 거실 (밤)

씻고 욕실에서 나오는 우진. 오늘 하루도 진짜 버라이어티했다. 수건으로 얼굴 닦으며 귀찮다는 듯 발 닦는 수건에 손도 안 대고 발을 쓱쓱 문질러 닦는다. 행여 엄마가 깰까 조심조심 안방 문 열어보는데… 빈 이불, 또 엄마가 없다…!

우진 엄마… 엄마…! (놀라서 뒤도는데)

우진 모 (우진 코앞에 서 있다…. 무표정한 얼굴)

우진 아, 엄마! (식겁했다) 놀랐잖아, 엄마 또 없어진 줄 알고….

우진 모 잠이 안 와.

우진 왜? 밥 먹고 약도 먹었다며. 엄마 푹 자야 컨디션 좋단 말이야….

우진 모 몰라, 이년아. 잠이 오는데… 근데 잠이 안 와.

우진 들어가자, 내가 재워줄게. 한동안 잘 주무시더니 또 왜 이러실까? (들어가는)

(컷)다시 방문 조심스럽게 닫고 나오는 우진. 목에 걸었던 수건 식탁 의자에 걸쳐놓고는 냉장고에서 소주를 꺼낸다. 병째 벌컥벌컥 목에 들이붓고… 아… 가글하듯 천장 보고는 쓴 소주를 꿀꺽 삼킨다. 마음이 심란하고 괴롭다…. '차 대리님 와이프가 왜 그랬을까? 엊그제 일을 안 걸까? 나 때문에 차 대리님이 곤란해졌나?' … 복잡한 표정으로 다시 소주 한 모금. 오늘따라 술이 더 쓰다….

지하철역 앞으로 천천히 와 정차하는 주혁 차. 시동 꺼지고, 주
혁이 차에서 내려 지하철역을 본다. 밤새 잠 설친 듯 퀭한 얼굴
이다.

지하철남, 신문지 깔고 앉아 소주에 초코파이류 한 개 쥐고 먹고
있다. … 주혁, 옆에 와 앉는다. 지하철남 주혁을 힐끗 보고는 모
르는 척 먹는 데 열중한다.

주혁　　　(물끄러미 보며) … 맛있어요?
지하철남　(살짝 돌아앉으며 먹기만 한다. 뺏기지 않겠다는 듯)
주혁　　　… 컵라면이라도 드시지…. (보며) 저번보다 더 마르신 거 같아서
　　　　　요….
지하철남　(멈칫 보며) 미친놈. (하고는 다시 먹는다)
주혁　　　(개의치 않고 넋두리하듯) … 결국… 혜원이 짓이었어요. 아니라
　　　　　고 그렇게 펄쩍 뛰더니…. 우진이한테도 미안하고, 혜원이도…
　　　　　좀 이기적이긴 해도 남한테 피해 주는 애는 아닌데 너무 망가져
　　　　　가는 거 같기도 하고….
지하철남　(주혁을 곁눈질해 보고는 소주를 꿀꺽꿀꺽 마신다)
주혁　　　(보며) 어쩌다 여기 계세요? … 이런 데 계실 분 아닌 거 맞죠, 그
　　　　　죠…? 혹시… 아저씨도 저처럼…. (하는데 지하철남이 벌떡 일어
　　　　　나 다른 쪽으로 가버리자 말 더 잇지 못하고… 걸어가는 지하철남 뒷
　　　　　모습 보인다)

36. 도로 인서트 (낮)

1화의 톨게이트 직전의 도로. 비눗기과 광고판 줌인하면… 멀끔하게 의사 가운 입고 웃고 있는 지하철남 얼굴 보인다.

37. 은행 객장 (낮)

변 팀장, 향숙, 혜정, 환, 종후, 우진, 출근해 티타임 중이다.

혜정	너무 신기하죠? 글 삭제되고 나니까 어쩌면 관심이 딱 끊기냐.
변 팀장	우리나라 사람들 냄비 근성 어디 가? 남이 뭐라 그러면 그냥 불나방처럼 붙어서 너도 한 소리, 나도 한 소리. 그랬다가 또 아닌가 싶으면 다른 데로 우르르….
종후	그러니까요. 이 사회가 낳은 일종의 병 같아요, 이것도.
향숙	어쨌거나 다행이에요. 자기도 뭐가 뜨끔하니까 삭제를 했겠지.
환	반응이 너무 핫하니까 겁이 났겠지, 덜컥.
장 팀장	그냥 고소 진행하지 그랬어. 합의금이라도 왕창 뜯어내게.
우진	좋은 일도 아니고 뭐. 어쨌거나 다시 한 번 죄송합니다. 여러 가지로 계속 사고만 치고. 일로 어떻게든 커버해보겠습니다! (선언하는데)

이때, 주혁이 출근해 들어온다.

변 팀장	어, 차 대리 늦었네. 아슬아슬했다 오늘.
일동	오셨어요?/왔어?
주혁	네, 차가 좀 막혀서. (하고는 우진을 본다. 미안하고 고맙고, 면목이 없다)
우진	(눈 마주치자 목례하고, 장 팀장 보며) 팀장님, 시재부터 슬슬 챙겨

올까요?

장 팀장　오케이, 시작해보자 그럼. (박수 치며 흩어지는)

주혁　(자리에 가방 놓고, 우진 간 금고 쪽 보는)

38.　은행 금고 (낮)

우진, 시재 챙기는데… 주혁 들어와 같이 시재 챙기다가 우진 본다.

주혁　(어렵게 말 꺼내는) 저기, 우진 씨.

우진　네?

주혁　(잠시 머뭇하다가 우진 보며) … 미안해. 그리고 고마워….

우진　(아… 대리님도 알았구나, 싫으면서도 일부러) 뭐가요?

주혁　(쓸쓸하게 웃으며) 그냥 그렇다고. (어깨 툭 치고는 시재 들고 나가
는데)

우진　저기, 대리님.

주혁　어? (보면)

우진　(보며) … 저도 죄송해요. 감사하고….

주혁　(알 듯도 모를 듯도 한 표정으로) 뭐가?

우진　저 때문에… (하다 멈칫하고는) 그냥 그렇다고요. (웃으며 다시 시
재 챙기는)

주혁　(그런 우진 보다가 나간다)

39. 은행 객장 (낮)

주혁, 시재 통 들고 앉아 서랍 열고 펜 꺼내는데 서랍 한편에 있
는 약-펜션 여행 때 샀던 우진의 해열제 프리실린-이 보인다.

주혁　('참, 이거 여기 놔뒀었지….' 하며 약 들고 우진 빈자리 한번 본다)

혜정, 까진 뒤꿈치에 밴드 붙이고 있는데 우진 들어온다.

우진   왜, 까졌어요?

혜정   네. 새 구두 신었더니 뒤꿈치가 완전 너덜너덜해진 거 있죠.

우진   그니까, 새 구둔 그게 문제야. (하곤 허브티 티백 꺼내 종이컵에 넣다가, 혜정이 꺼내놓은 상비약 통 속 프리실린을 본다) 어! 이거…?

혜정   에?

우진   (꺼내 보며) 이거 사람들 잘 모르는 건데…. 나 열날 때 듣는 유일한 해열제거든요. 약국에도 잘 없는 건데, 이거. (신기한 듯 보면)

혜정   그래요? 좀 아까 차 대리님이 넣고 나가시는 거 같던데.

우진   ! (놀라서 본다) 차 대리님이요? (이건 또 무슨 우연인가 싶은 표정에서)

직원들, 마무리 업무 중인데… 지점장실에서 지점장 나온다.

지점장   자, 시재들 다 맞췄지? 일찍 퇴근하자고. 꿈에 용을 세 마리나 봤더니 골치 아픈 일도 다 해결되고 말야. 기분 좋아용, 잘했어용, 다행이에용! 하하!!!

일동   … 하하… 하…. (영혼 없이 웃으면)

지점장   그런 의미에서 다 같이 저녁이나? (잔 꺾는 손동작) 곁들이면 더 좋고!

일동   아… 네…. (피하고 싶은 표정들인데)

종후   (얼른) 아, 전 선약이 하나 있어서… 죄송합니다. (나가며 우진한

테 눈짓하는)

우진 　저도 오늘은 약속이… 죄송합니다, 담에 먹겠습니다! (얼른 나
　　　가고)

주혁 　아… 저도 오늘은 좀.

지점장 　어, 그래그래. 안 되는 사람은 가고. 남은 사람끼리 어? 간단하게.
　　　(웃는)

주혁 　먼저 가보겠습니다, 주말 잘 보내십시오. (인사하고 나가는)

변/장/향/혜/환 　(타이밍을 놓쳤다…. 나가는 주혁 뒷모습을 부럽게 바라보는)

지점장 　잠깐만… 그럼 난 마누라한테 전화부터 좀. (돌아서서 전화 거는)
　　　어, 여보, 난데… 오늘 좀 늦을 거 같은데. 왜긴, 간만에 직원들이
　　　랑 친목 도모의 시간 좀 가지려고…. 아, 몰라, 먹어봐야 알지. 자
　　　꾸 쪼고 그러면 나 더 달릴 거야, 막…. (하는데)

변 팀장 　(수신호, 손가락 세 개 꼽는…. 세 명만 뽑자는 의미)

장/향/혜/환 　(수신호, 오케이)

변 팀장 　(가위, 바위, 보! … 보 낸다)

장/향/혜/환 　(가위/보/가위/보 낸다)

장 팀장/혜정 　(만세 부르고)

변 팀장/향숙 　(하아… 낙담하는)

환 　(그 와중에 혼자 씩, 향숙 보며 만족스러운 미소 짓는)

43. 주혁 차 안 (밤)

시동도 안 켠 채 운전석에 가만히 앉아 있는 주혁. 저녁 자리가
싫어 빠져나오긴 했지만 집에 가 혜원을 보기도 불편하다. CD를
플레이해본다. 첼로 독주곡이다. 지금은 듣고 싶지 않은 듯 끄고,
라디오를 누른다. 모던 팝류의 음악이 나오는데… 이때 울리는
휴대폰 진동벨. 보면 '혜원'이다.

주혁 　(전화받지 않고 볼륨 높인다…. 몸을 등받이에 기댄 채 음악 감상만)

가운 차림으로 거실로 나오며 전화 중인 혜원. 휴대폰 끊으며….

혜원   (짜증) 뭐야, 왜 안 받아…. (생각) 무사히 잘 넘어간 거겠지…?
           (하는데 휴대폰 벨 울린다. 주혁인가 해서 보는데 엄마다. 받는) 어,
           엄마.
(혜원 모) 어디, 집이니? 내일모레 아빠 회고록 출판기념회, 안 까먹었지?
혜원   그럼. 그랜드 호텔 맞지?
(혜원 모) 기업연합회 쪽에서도 많이 온다니까 신경 좀 쓰고. 차 서방한테
           도 일러두고.
혜원   알았어, 걱정 마, 엄마. 어… 그럼 내일 같이 관리받으러 갈까…?
(우진)   자, 약 먹읍시다, 아주머니!

우진 모 체조하고 있는데 우진 약과 물 가지고 오는….

우진 모   (멈추고) 약? 나 아까 먹었는데 약.
우진   아까 언제?
우진 모   (뜨끔) 아… 까. 아까 아까 아… 까.
우진   그러니까, 아까 아까 아…까 언제 먹었냐고. 몇 시에?
우진 모   (짜증) 아, 옘병. 먹었다면 먹은 줄 알지, 말이 많어! (돌아서 버리면)
우진   자꾸 약 안 먹고 버리고 그러니까 잠도 못 자고 짜증 나고 그러
           지. 이러면 내일 병원 가서 선생님한테 다 일러바친다, 엄마. 엄
           청 혼내실 텐데.
우진 모   ! (돌아서 얼른 약과 물 빼앗아 입에 넣고 삼키는)
우진   흰 가운에 참 약해, 우리 엄마가. (웃으며 약 먹은 모친 보다 잠시
           생각)

#. 회상 인서트 - 40씬. 약 든 우진에게 혜정, '차 대리님이 넣고 가더라.' 하던

우진   (자꾸 겹치는 우연에 감정이 또 미묘해지는…. 다시 모친 보며) 다 먹었지? 그럼 오늘은 일찍 자자. 내일 컨디션 좋게 병원 가려면, 응?

46. 다음 날/혜원의 집 외경 (낮)

(E) 클래식 음악 흐르는

47. 혜원의 집 거실 (낮)

요가 매트 깔아두고 필라테스 중인 혜원. 주혁, 막 일어난 듯 부스스한 채 방에서 나온다.

혜원   (힐끗 보고) 내일 아빠 회고록 출판기념회 알지? 5시 그랜드 호텔.
주혁   어? 어… 알아.
혜원   이따 머리 좀 자르자, 깔끔하게. 안 그래도 엄마랑…. (하는데)
주혁   (휴대폰 벨 울린다. 보면 주은이다) 주은이네. 잠깐. (받는) 어, 주은아… 왜?
(주은)   어… 아침부터 미안. 아무리 생각해도 오빠한테는 말해야 될 거 같아서.
주혁   뭐가?
(주은)   엄마 입원했어, 어제. 여기 혜성병원이야, 우리 동네 큰길에 있는.
주혁   (놀란) 입원은 왜…? 어디 아파, 엄마?
(주은)   아니, 허리 때문에. 일하다 주저앉았대요. 의사 선생님이 내일 시술하자고.
주혁   근데 왜 그걸 이제 얘기해?

(주은)	엄마 고집 알잖아. 괜히 오빠 신경 쓴다고, 그러고는 은근 기다리는 건 또 뭐냐고. 아줌마 변덕을 내가 맞출 수가 없어요, 아주.
주혁	알았어, 이따 갈게. 어… (끊고 혜원 보는) 저기, 엄마 입원하셨다는데?
혜원	입원? 갑자기 왜?
주혁	원래 허리 안 좋으셨잖아. 시술하신대. 이따 같이 좀 가봐야 될 거 같은데.
혜원	아… 나 엄마랑 관리받기로 했는데. 거기 예약 변경 잘 안 된단 말이야…
주혁	잠깐이라도 들렀다 가면 안 될까…? (심각한 표정)

48. 병원 주혁 모 입원실 (낮)

환자복 입은 주혁 모, 침상 위에 기대 앉아 있고… 주혁과 혜원 문병 와 있다. 주혁 부 보호자 의자에 앉아 있고, 주은은 과일 냉장고에 넣는다.

주혁	(속상) 진작 말씀하시지 엄마는, 아들 죄스럽게…
주혁 모	아, 뭐하러. 죽을병도 아니고, 시술인가 뭔가 하고 바로 퇴원할텐데.
주은	마음에 없는 소리 하지 말지, 엄마. 오빠 기다린 거 엄청 티 났거든. (하는데)
혜원	(영혼 없이) 다리는 좀, 괜찮으세요, 어머니?
주은	허리예요, 언니.
혜원	아, 맞다. 헷갈려서…. (쌜쭉)
주혁	(분위기 수습하려 화제 돌리는) 퇴원은 언제 하래요?
주혁 부	내일 첫 타임에 시술하고 오후에 퇴원하라네. 하루 이틀은 경과 보는 게 좋다고 통원을 하라는데… 봐서 그냥 내려가든가.
주혁	아… 그래도 의사 말은 듣는 게 좋을 텐데…. (혜원 눈치 보는데)

혜원	(시간 보고) 저기, 제가 약속이 좀 있어서… 이만 가볼게요 아버님, 어머님. (하고는 얼른 돈 봉투 꺼내놓는) 이거… 퇴원하고 보약이라도 해 드세요.
주혁 모/부	그래… 고맙다…./벌써 가게?
혜원	네… 좀. (하고는 눈치 주듯 주혁 쿡 찌르는)
주혁	어? (못 알아듣고 물으면)
혜원	(어색하게 웃으며) 데려다 줘야지. 나 차 안 갖고 왔잖아….

49. 주혁 차 안 (낮)

주혁 운전해 가는데, 보조석의 혜원 시계 보며 징징댄다.

혜원	아, 늦었어…. 전신은 못 받겠네…. (짜증 나는 표정이다)
주혁	(대꾸 않고 눈치 보다가) 저기 혜원아….
혜원	왜.
주혁	엄마 내일 퇴원하면… 우리 집에 하루 계시면 안 될까…? 시중은 내가 들게.
혜원	또 시작이야? 아, 싫어. 성한 분도 아니고 환자인데 어떻게 해. 아무리 자기가 시중 든다고 해도 내가 신경 안 쓰이겠어? 아, 몰라, 싫어, 불편해.
주혁	(뭔가 말하려다가 싸움 될 듯해 포기하는)
혜원	그리고 내일 출판기념회 가야지…. 설마 안 갈 생각 아니지, 자기?
주혁	어… 일단 퇴원 상황 좀 봐서….
혜원	봐서가 뭐야? 퇴원은 아가씨가 시키면 되지. 아가씨는 뭐 자식 아니야?
주혁	… 주은이도 자식이지만 나도 자식이잖아.
혜원	그래서 뭐. 진짜 안 가겠다고?
주혁	아니, 안 가겠다는 게 아니고….
혜원	그럼 뭔데 대체? 다른 날도 아니고 아빠 책 출판기념회야. 사위

가 둘도 아니고, 자기 빠지면 아빠 체면이 뭐가 돼, 지인들한테?

주혁　(애써 누르며) 장인 어른 체면도 중요하지만 엄마 퇴원도 중요해, 혜원아.

혜원　(짜증 내는) 누가 안 중요하대? 별로 심각한 수술도 아니잖아!

주혁　!!! (혜원 본다) 어떻게 말을 그렇게…!

혜원　(아차, 싶긴 하지만 어차피 주워 담을 수도 없다. 더 짜증 내는) 그러게 왜 사람을 자꾸 긁어, 이런 일로? 아, 짜증 나. 몰라, 세워!

주혁　(역시 화난. 입 꾹 다물고 가면)

혜원　(버럭) 세우라고! 짜증 나서 같이 못 가겠다고!

주혁　(혜원의 서슬에 갓길에 차를 세운다. 이번에는 주혁도 화가 났다)

혜원　분명히 말하는데, 내일 행사 참석 안 하면 나랑 끝이야. 그렇게 알아. (내리고 문 쾅 닫고 가버리는)

주혁　(잠시 보다가, 이번엔 나도 숙이기 싫다… 출발해 가버린다)

50. 거리 (낮)

혜원, 화난 채 걷는데… 주혁 차가 그냥 지나가 버린다. 멈추는 혜원. '진짜 가…?!' 차 뒷모습 보고는 약 올라 씩씩거린다.

51. 주혁 차 안 (낮)

주혁 입 꾹 다문 채 운전해 가는데, 차창에 빗방울이 떨어지기 시작한다. 끼익! 길가에 정차하는 주혁. 차에서 내린다.

52. 거리 (낮)

차 트렁크에서 우산 꺼내 받쳐 들고 오던 길 쪽으로 가는 주혁. 그새 혜원 사라지고 없다. '아, 우산도 없을 텐데…!' 다투기는 했지만 걱정되는 표정이다. 이때 휴대폰 벨 울린다. 혜원인가 해서 얼른 보는데 '주은'이다.

주혁   (… 받는) 어, 주은아.

(주은)   오빠 미안한데… 오늘 오빠가 병실에 좀 있으면 안 돼? 준희가
열이 많이 난대서…. 아빠도 잠자리 불편해서 모시고 가야 될 거
같고….

비를 피해 버스 정류장 지붕 아래로 뛰어드는 혜원. 택시 잡아보
려고 손 들지만, 이미 승객을 태운 택시만 획획 지나쳐 간다. 오
늘따라 되는 일이 없다…. 속상한 혜원. 휴대폰 꺼내 엄마에게 전
화 건다.

혜원   (투정하듯) 엄마 어디야? 나 좀 데리러 와…. (씩씩거리는)

의사 앞에 앉아 있는 우진 모. 눈치 보며 책상 위 물건을 만지작
거리고, 우진, 모친 옆에 앉아서 상태 설명 중이다.

우진   … 부쩍 잠을 못 주무세요. 밥이랑 약도 잘 안 드시려고 하고…
짜증도 부쩍 느셨어요. 병이 악화된 건지 걱정돼서.

의사   불면증에 거부증까지 동반된 거면, 심리적인 이유일 가능성이 더
커요. 어머니 스스로 기억력이 감퇴하는 걸 느끼니까 정서적으로
불안하신 거죠.

우진   (아… 하는데)

우진 모   (의사 목에 건 청진기로 의사 가슴 쪽을 짚어보곤) … 쯧쯧…. (혀 차는)

의사   (자연스럽게 우진 모 손에서 청진기 빼며) 계속 못 주무시면 치매

가 악화될 수 있어요. 우울증이 동반될 수도 있고. 제 생각에는 일단 1박 2일 정도 입원해서 수면다원검사를 받아보는 게 어떨까 싶은데. MRI랑 다른 검사도 좀 하고.

우진 모 (다시 청진기 잡고 이번엔 의사 입에다 댄다)

우진 엄마! (청진기 뺏으며 쩔쩔) 네, 그렇게 할게요, 선생님….

55. 병원 우진 모 병실 (낮)

병원복 입은 우진 모 침대에 앉아 있고, 우진은 옷 개어서 넣고, 수건과 휴지 등 챙긴다.

우진 엄마, 바나나 좀 먹을래? 점심도 제대로 안 먹었잖아, 아까….

우진 모 (고개 절레절레 젓는다. 싫다는)

우진 알았어. 그럼 먹고 싶을 때 얘기해. (하고는 바나나 접시에 담아 올려놓고, 요거트 종류 냉장고에 챙겨 넣으며) 엄마, 그럼 요거트 하나 먹을래? 엄마 이거 좋아하잖아. 이것도 싫어…? (하며 돌아보는데)

어느새 침대에서 감쪽같이 사라진 우진 모.

우진 !!! (놀라서) 엄마, 엄마! (뛰어나간다)

56. 병원 복도 (낮)

병실에서 뛰어나온 우진, 두리번거리는데 모친이 보이지 않는다.

우진 엄마, 엄마! (살피다가 간호사에게) 저기, 좀 아까 입원한 이은미 환자 못 보셨어요? 얼굴 동그랗고, 파마머리 한….

간호사 못 봤는데… 왜, 병실에 안 계세요?

우진　　네. (불안한 표정으로 두리번거리며 찾는데) 엄마 또 어딜….

(우진 모) 나랑 쳐! 혼자 하면 재미없잖아!

우진　　!!! (모친 목소리다. 소리가 나는 쪽을 보니 우진 모 병실 바로 옆 병
　　　　실이다)

57. 병원 주혁 모 병실 (낮)

주혁 모, 환자복 입고 침상 위에서 화투 패 뜨고 있던 중. 우진
모 그 앞에서 화투판 보며 서 있고, 주혁 부 황당한 표정으로 보
고 있다.

우진 모　점 백 어때, 아줌마. 우리 동네에서는 주로 점 백 치는데.

주혁 부　아… 근데 실례지만 누구신지…?

우진 모　나요? 나 이은미인데요.

(우진)　엄마!

우진　　(뛰어 들어오는, 당황해서) 여기서 뭐 해, 엄마! (주혁 모, 주혁 부
　　　　보며) 죄송합니다. 저희 엄마가 살짝 치매가 좀 있으셔서.

주혁 부/모　(아… 그제야 이해되는)

우진　　정말 죄송합니다, 죄송합니다. (모친 잡으며) 가자, 엄마, 어? 가,
　　　　얼른.

우진 모　아, 싫은데. 난 여기가 더 재밌는데. (버티면)

우진　　(민망하고 난감한) 엄마아…! (하는데)

이때, 주혁이 죽 사 들고 들어온다.

주혁　　엄마, 녹두죽 없어서 그냥 전복…. (하다가 우진 보고 놀라 얼음 되는)

우진　　대리님…!

우진 모　(보고 표정 환해지며) 차 서방! (손 흔들며 반긴다)

주혁 부/모　('아는 사이야?' 하며 의아해 번갈아 본다)

(컷)우진 모, 주혁 모, 우진, 침대 위에서 고스톱 치고, 주혁과 주혁 부는 보호자용 의자에 앉아 귤 까먹고 있다.

우진 모   (신났다. 고스톱 패 짝, 짝, 내리치며) 그렇지! 광에다 피까지 붙여주시고!

우진   아… 엄마 또 밑장 뺀 거 아냐? 양심적으로 합시다, 우리. 어?

주혁 모   오… 밑장도 빼셔, 엄마?

우진   그럼요. 방심하시면 큰일나세요. 완전 타짜예요, 저희 엄마.

우진 모   앗싸 고도리! 스탑 스탑! 움직이지 마시고. 여긴 광박, 여긴 피박. 2점, 5점, 총 7점에 14점. 흔들었으니까 곱하기, 2800원 되겠습니다!

주혁 모 우진   아… 망했네. / 얼마를 쓸어 간 거야, 진짜.

주혁 부   (구경하며) 근데, 저 아줌마 치매 맞냐? 셈이 엄청 정확한데.

주혁   그러게요. 아주 날아다니시네. (웃으면)

주혁 부   그나저나 세상 참 좁지. 어떻게 니 직장 사람을 여기서 다 만나고.

주혁   집이 근처예요. 주은이랑도 친하고.

주혁 부   (우진 보며) 성격이 참 밝네 아가씨가. 엄마한테도 아주 곰살맞게 잘하고.

주혁   (원래 며느린데… 이 상황이 너무나 아이러니하고 씁쓸하다)

58. 종후 원룸 (낮)

싱글 침대, 일인용 소파와 미니테이블 등 기본 가구만 세팅된 원룸. 욕실에서 씻고 나오는 종후, 스킨 바르려고 하는데 휴대폰 알림 울린다.

#. 문자 인서트 - '담주 키당 윤 대리님이시죠? - 최혜정'
종후, 'ㅇㅇ' 쳐서 보내고는 내려놓으려다가… 우진 생각난 듯 문자 친다.

#. 문자 인서트 - '엄마는 괜찮으세요? 못 보니 더 보고 싶네. 전화해요 ♥♥'
내용 다 치고는 보내기 누르는데…, 다시 보니 혜정에게 잘못 보
냈다.

종후   (놀란) 아…! 아씨!!! (얼른 문자 다시 친다)

#. 문자 인서트 - '쏘리. 친구한테 장난친다는 게 잘못 보냈네요.'
종후 보내면, 알림음과 함께 바로 답장 온다.
#. 문자 인서트 - '넵 - 최혜정'

종후   휴우… 큰일 날 뻔했네…. (다행히 그냥 넘어갔다 싶다. 식겁했단
듯이 고개 흔드는)

59. 혜원의 집 거실 (밤)

침대 위며 바닥이며 옷들 잔뜩 늘어져 있다. 혜원, 거울 앞에서
이 옷 저 옷 대보며 행사 때 입을 옷 고르는 중이다.

혜원   (기분이 별로다. 다 맘에 안 드는 듯 옷 대보고 침대에 던지는데… 이
때 지잉, 문자 진동 울린다. 휴대폰 확인하는)

#. 문자 인서트 - '준희가 아프대서 내가 오늘 병실에서 잘 거야 - 남편'

혜원   … 사람을 길바닥에 버리고 가놓고, 딸랑 문자야…? (괘씸해 죽겠
다) 계속 그렇게 해봐, 차주혁. (벼르는 표정이다)

60. 병원 외경 (밤)

머리에 뇌파 전극 붙이고 자고 있는 우진 모, 수면 검사에 들어간 상태다. 조용히 병실을 정리하던 우진, 모친 얼굴 보는데… 좋은 꿈이라도 꾸는 듯 웃으며 자고 있다.

우진   (피식 웃으며) 좋은 꿈이라도 꾸시나…? 오늘 여러 모로 참 즐겁네, 우리 엄마가. (하고는 옆 병실 쪽에 시선 한번 주고는, 얼른 시선을 거둬 창밖을 본다. 묘한 쓸쓸함이 가슴을 스친다)

'왜 이렇게 자꾸만 센치해지는 걸까…?' 어떻게든 그런 기분을 떨치려 제자리 뛰기를 해보는 우진.
핫, 둘, 핫, 둘…. 팔 벌려 뛰기도 해보고… 스트레칭도 해보고… 애쓴다.

TV 보다가 리모컨 쥔 채 잠들어 있는 주혁 모. 주혁, 리모컨 빼서 끄려는데….

주혁 모   (게슴츠레 눈 뜨며) 어, 끄지 마 끄지 마. 나 안 자.
주혁   어… 자는 줄 알았지, 난. (놔두는)
주혁 모   (다시 눈 감고 잠드는)
주혁   (이번엔 진짜 자는 듯하다. 조심조심 리모컨 들고 TV 끄는)

아직 자기에는 이른 시간이다. 실내등 끄고 조용조용 밖으로 나간다.

미등만 켜진 병원 휴게실. 몇몇 보호자들, 듬성듬성 앉아 앞쪽의 공용 TV 보고 있다. 주혁 나오는데, 우진도 나오다 딱 마주친다.

우진   아….

주혁   어….

우진   … 왜 안 주무시고….

주혁   어, 아직… 잠이 안 와서. (뻘쭘) 뭐, 음료수라도 마실래?

우진   네, 동전 드릴까요? 고스톱 해서 딴 거 있는데.

주혁   됐어, 용돈에 보태. (농담하곤 또 어색, 얼른 자판기에 지폐 넣는데)

우진   (옆에서 보다가, 생각난 듯) 저기요, 대리님….

주혁   어? (음료수 누르며 보는)

우진   탕비실 상비약 통에 프리실린, 대리님이 넣으셨다던데… 그 약 어떻게 아세요?

주혁   어? 어, 그게… (당황) 그냥 약사님이 추천해주시길래….

우진   아… 그래요…? (참 이상한 우연이구나 싶은)

주혁   (뜨끔, 눈치 보며 음료수 빼내 우진에게 주는)

(컷)앞에서 세 번째 줄 의자에 나란히 앉아 음료수 마시며 TV 보는 주혁과 우진. TV에서는 예능(혹은 코미디) 프로가 방영 중이다. 보며 코미디 포인트에서 동시에 웃는 주혁과 우진. 순간 새끼손가락이 살짝 맞닿는다. 움찔하는 두 사람. 살짝 떨어졌다가… 이내 자석에 이끌리듯 천천히, 조금씩 움직이며 다시 닿는다.
침 꼴깍 삼키는 두 사람, 온 신경이 그 새끼손가락에 쏠려 있고… 미세한 떨림과 심장의 쿵쾅거림이 서로에게 들릴까 신경 쓰인다. 다른 보호자들, TV의 코미디 포인트에서 동시에 웃는데, 주혁과 우진만 경직된 채 웃지 못한다.
TV 프로가 끝나고… 하나둘 일어나 병실로 들어가는 보호자들….

주혁 (우진 쪽 쳐다보지도 못하고) … 들어… 갈까 우리도…?

우진 (역시 보지 못하고) … 그럴… 까요…?

주혁 (일어나며) … 그럼… 잘 자….

우진 (일어나며) … 네…, 대리님도요…. (어색하게 각자의 병실로 간다)

64. 병원 주혁 모 병실/우진 모 병실 (밤)

간이침대에 누운 주혁. 잠이 오지 않는다… 뒤척이다가 벽 쪽으로 돌아눕고….

화면 분할되며 우진 모 병실, 간이침대. 역시 잠들지 못한 우진… '너 자꾸 왜 이래, 제발 정신 차려…!' 라는 듯 자기 뺨을 두 번 짝짝 때리고는, 벽 쪽으로 돌아눕는다.

그렇게 벽 하나를 사이에 두고, 긴 한숨을 내쉬며 서로를 마주 보고 있는 듯한 주혁과 우진의 모습 부감으로….

9화 엔딩.

10
화

🌙

☾

경 로 를

———

이
탈
하
였
습
니
다

앞에서 세 번째 줄 의자에 나란히 앉아 음료수 마시며 TV 보는
주혁과 우진. TV에서는 예능(혹은 코미디) 프로가 방영 중이다.
보며 코미디 포인트에서 동시에 웃는 주혁과 우진. 순간 새끼손
가락이 살짝 맞닿는다. 움찔하는 두 사람. 살짝 떨어졌다가… 이
내 자석에 이끌리듯 천천히, 조금씩 움직이며 다시 닿는다.
침 꼴깍 삼키는 두 사람, 온 신경이 그 새끼손가락에 쏠려 있고…
미세한 떨림과 심장의 쿵쾅거림이 서로에게 들릴까 신경 쓰인다.
다른 보호자들, TV의 코미디 포인트에서 동시에 웃는데, 주혁과
우진만 경직된 채 웃지 못한다.

화면 분할된 상태에서 뒤척이며 잠 못 이루다 벽 쪽으로 돌아눕
는 주혁…. 역시 긴 한숨 쉬며 자기 뺨을 때리고 생각을 떨쳐버리
려는 우진도 벽 쪽으로 돌아눕고…. 그렇게 벽 하나를 두고 마주
보고 있는 듯한 두 사람 부감으로…. (f.o/f.i)

3. 다음 날/병원 옥상 정원 (낮)

화창한 아침. 환자복 입은 사람들 삼삼오오 산책 나와 있다.

4. 병원 주혁 모 병실 (낮)

퇴원하는 길인 우진 모와 우진, 가방 들고 주혁 모에게 인사한다.
주혁 어색하게 옆에 서 있고….

우진   저희 먼저 퇴원해요, 어머니. 쾌차하세요.
우진 모   (주혁 모에게) 우리 집에 놀러 와. 또 치자 점 백, 알았지?
주혁 모   그래요, 잘 가요. (우진한테) 아가씨도 애쓰고.
주혁   (우진을 예뻐라 하는 부모님을 보니 만감이 교차한다)
우진   네, 안녕히 계세요. (애써 감정 감추고 주혁에게도) 그럼 대리님…
          고생하세요.
주혁   (역시 어색하지만 내색 않고) 어, 그래… 조심히 가. 가세요, 어머니.
우진 모   어, 차 서방, 담에 봐. 안녕! (우진과 함께 나가는)
주혁 모   (보며) 쯔쯔… 볼수록 그 엄마는 안타깝고 그 처자는 참하고 그
          러네.
주혁   (우진과 우진 모 나간 쪽 보며 복잡한 표정)

5. 우진 차 안 (낮)

꼿꼿하게 상체 세운 채 거칠게 운전해 가는 우진. 우진 모 겁에
질린 표정으로 손잡이 잡고 우진을 연신 쳐다본다.

우진   아이씨… 좀 껴주라 좀. 내가 쌩 초보라 그런다….
우진 모   (겁먹은 채 힐끔)

우진	아, 쌔끼, 거 되게 안 껴주네. 나 좌회전해야 된다고!
우진 모	(눈치 보며) 우진아, 나 택시 타고 가면 안 돼?
우진	뭐, 엄마? (하며 휙 핸들 꺾는다) 저런 씨! 미친 거 아니야, 저거? 왜 깜빡이도 안 켜. 깜빡이라고 붙어 있는 거라고, 깜빡이가, 이 자식아!
우진 모	(완전 겁먹은) 나 택시 탈래, 내릴래.
우진	아, 엄마! 말 좀 시키지 좀 말고!
우진 모	(깜놀하곤) 네…. (얌전히 눈 깔고 가는)
우진	(해맑게) 근데 엄마, 이게, 묘한 쾌감이 있다, 운전이? 속력 내다 보면 속이 뻥 뚫리는 거 있지? 나 은근 스피드 체질인가 봐. 오, 길 뚫린다…. 좀 밟아볼까?
우진 모	(고개 세차게 절레절레 흔드는데)
우진	(가차 없이 밟는) 와, 죽인다. 나 운전 잘하지, 엄마! (액셀 밟으며 백미러로 멀리 병원 건물을 본다. 어젯밤의 여운에 뭔가 뒤숭숭함 남아 있는 듯)

6. 병원 전경 (낮)

병원 건물에서 카메라 틸업, 주혁 있는 중간층에 멈추며 타이틀….

제10화 | 경로를 이탈하였습니다…

7. 병원 복도 (낮)

수납한 영수증 들고 걸어오는 주혁, 주혁 모 퇴원 준비 중이다. 병실 쪽으로 서둘러 걸어가는데 비상계단 쪽에서 주은 목소리 들린다.

주은   아니, 소파를 안방에다 넣어놓으라니까. 엄마 환자인데 이불을
         좀 넓게 펴야 될 거 아니야. 어. 식탁은 좀 주방 쪽으로 밀어놓고.
         어어….

주혁   …. (엄마 때문에 통화하고 있었구나)

주은   준희는 어때? 자꾸 울어? 또 열나?! 왜… 약 먹였잖아, 계속. 아
         안 되는데, 자꾸 그럼 엄마까지 못 잘 텐데 어쩌냐? 어… 아니 아
         직….

주혁   (오빠로서 면목이 없다. 착잡한데… 휴대폰 진동벨 울린다. 혜원이
         다. 받는) 어….

(혜원)   (다짜고짜) 어디야? 아직 병원이야?

주혁   어….

(혜원)   아직 병원이면 어떡해? 행사 안 올 거야? 엄마 아빠 벌써 와 계신
         단 말이야.

주혁   진통제랑 받고 퇴원 수속하느라고. 엄마가 좀 아파서…. (서…
         하려는데)

(혜원)   아가씨더러 하라고 해, 좀! 아 빨리 와, 늦겠어. 얼른 와! (툭 끊는)

주혁   (끊긴 휴대폰 보고, 비상계단 쪽 또 한 번 보며 마음 안 좋은)

8. 주혁 차 안 (낮)

         주혁 운전 중이고, 조수석에 주은, 뒷자리에 주혁 모와 주혁 부
         타고 있다.

주은   택시 타고 가도 되는데.

주혁   차 있는데 뭐하러…. 이거라도 하게 해주라, 오빠. (쓰게 웃는데)

         주혁 휴대폰 벨 징, 징, 울린다. 보나마나 혜원이다. 주혁 슬쩍 휴

대폰 엎어버리고 계속 운전한다.

주은   (그런 주혁 힐끗 보며, 언니랑 안 좋구나… 눈치채는)

9. 호텔 일각 (닛)

격식 있는 정장 차림의 혜원, 잠시 빠져나와 주혁에게 전화 중이다.
(E) 고객이 전화를 받지 않아 음성사서함으로…

혜원   하…! (신경질적으로 끊고는) 이 남자가… 뭐 하자는 거야, 진짜?!
(부글부글 끓는)
(E) 띠띠띡, 현관 번호키 누르는 소리

10. 혜원의 집 거실 (낮)

씩씩대며 들어오는 혜원. 열 받은 듯 소파에 가방 집어 던지고 곧
바로 주방으로 가 냉수 꺼내 병째 벌컥벌컥 들이키는데… 또 띠
띠띡, 현관 번호키 누르는 소리 들리고 주혁이 들어온다.

혜원   (죽일 듯 째려보는)
주혁   (들어오다가 그런 혜원 보고… 담담하게) 언제 왔어? 출판기념회
는…?
혜원   (독이 바짝 올라) 궁금하긴 해? 왜, 아예 망하길 바라지.
주혁   그런 말이 어딨…. (하는데)
혜원   내가 안 오면 끝이라고 했지! 왜 내 말 무시해? 사람들이 인사한
다고 사위 찾을 때마다 내가 얼마나 민망했는 줄 알아?!
주혁   그래도… 엄마 시술은 잘됐는지, 퇴원은 잘했는지 묻는 게 먼저
아냐?
혜원   잘하셨겠지. 실패할 확률 별로 없는 시술인데! 자기는 뭐가 그렇

	게 화가 나는 거야, 대체? 정 마음에 걸리면 아가씨한테 간병비 조로 돈을 좀 주든가 그럼!
주혁	(더는 못 참고 들고 있던 재킷 바닥에 확 던지는)
혜원	!!! (놀라) 뭐 하는 거야, 지금?
주혁	진짜 너무하는 거 아니야? 넌 어떻게… 불편하고 힘든 건 다 돈으로 해결하려고 그래?
혜원	그런 데 쓰라고 있는 게 돈인데 뭐! 내 말이 틀려?!
주혁	하아… 니 사고방식은 진짜… 이해를 하고 싶어도 할 수가 없다… 어쩜 그렇게 모든 게 니 중심이니? 하기 싫은 건 죽어도 못 하고, 하고 싶은 건 죽어도 해야 되고… 남의 입장 같은 건 아랑곳없고, 남한테 피해가 되든 말든, 남의 밥줄이 끊기든 말든 니 화풀이만 하면 그만이고. 어떻게 모든 일이 그렇게… 너한텐 쉽고 간단하고, 그래?
혜원	?! (주혁 말이 이상하다) 지금 무슨 얘기 하는 거야? 남의 밥줄이 뭐…?
주혁	(홧김에 말하고 말았다. 더 이상 말 않으면)
혜원	(보며) … 알았구나…? 그치, 그 얘기 하는 거지 지금? (하곤) 그래, 서우진 글, 그거 내가 올렸어. 왜? 내 입장에서는 당연히 그럴 수 있는 거 아냐? 자기가 잘못했잖아! 그 여자도 잘못했고!
주혁	잘했다고 안 했어. 그래도… 있지도 않은 사실을 어떻게…
혜원	기분 나빴으니까! 날 기분 나쁘게 했으니까 그 정도 벌은 감수해야지.
주혁	뭐…? (말문이 막히는) … 됐다, 그만하자. (방으로 들어가려는데)
혜원	(보며, 원망스럽다는 듯) 당신, 변했어. 뭐든 내 말대로 하던 예전의 당신이 아냐.
주혁	예전의 나 뭐…? 니 말이라면 죽는 시늉이라도 하는 나…?
혜원	뭐? 하…! (표정 싸늘해지며) 당신, 나랑 살기 싫구나?
주혁	혜원아. (하는데)
혜원	그래. 당신 뜻, 잘 알았어. (차갑게 획 돌아서 가방 들고 나가버린다)

| 주혁 | 혜원아… 이혜원…. (하다 멈춘다. 후우… 깊은 한숨 내쉬며 괴로운 표정) |

11. 거리 (밤)

어둑어둑해진 거리. 좀 전 옷차림 그대로 길가에 서 있는 혜원. 그 앞으로 현수 차 와서 서고, 혜원 기다리고 있었다는 듯 옆자리에 탄다.

12. 현수 차 안 (밤)

현수	(분위기 파악 이미 된. 힐끔 눈치 보며) 어디로 가요…?
혜원	(성난) 어디든. 여기서 최대한 멀리.
현수	(혼잣말하듯) 멀리… 얼마나 멀리 가도 되는 거야, 대체.
혜원	(보며) 얼마나 멀리 갈 수 있는데? 내가 가자면 지구 끝까지도 갈 거니 넌…?
현수	(중요한 순간이다…. '대답 잘해야 된다, 기회다…!' 혜원 보며) 우주 끝까지도.
혜원	! (그나마 위로가 된다. 감동받은 표정으로 보면)
현수	('앗싸, 모범 답인가 보다….' 기쁨 애써 감추며 가는)

13. 다음 날/아침 출근 풍경 인서트 (낮)

14. 혜원의 집 거실 (낮)

출근복 차림의 주혁, 주은과 통화 중인….

| 주혁 | 잠은, 잘 주무셨어? |
| (주은) | 통증 때문에 잘 못 주무셨어…. 새벽에야 겨우 잠드셨는데 준희 |

가 깨서 우는 바람에…. 오늘 병원 가면 진통제 좀 센 걸로 바꿔달라고 하려고.

주혁 그래… 병원이라도 내가 모시고 가야 되는데, 미안하다.

(주은) 됐네요. 시간 되는 사람이 하는 거지. 근데 혹시 오빠… 언니랑 싸웠어?

주혁 아냐, 싸우긴…. 주은아, 오빠 이제 출근해야겠다. 고생하고. 무슨 일 있으면 바로 전화하고. 끊는다. (끊고는 바로 표정 굳는. 결국 혜원은 안 들어왔다. 심란하다. 혜원 번호 띄우고, 전화하려다… 그냥 끊고 집 나서는)

15. 은행 객장 (낮)

영업 준비 중인 객장. 향숙과 혜정 은밀하게 뭔가 속삭거린다.

혜정 (휴대폰 문자 보여주며) 실수 아닌 거 같지? 여자 있는 거 맞지, 그치?

향숙 (갸웃) 글쎄… 친한 친구면 하트 정도는 장난칠 수도 있지 않나?

혜정 아냐, 내 촉이 맞아. 여자 있어, 윤 대리님. 틀림없어. (수상한 듯 종후 보는데)

종후 (우진과 작은 목소리로 통화 중) … 이따 점심 같이 먹어요. 1번 받으라고.

우진 (작게 통화) 봐서요. 나 시재 준비해야 돼요, 끊어요. (얼른 끊는)

종후 (미소로 휴대폰 보며 쪽, 뽀뽀 시늉하고는 끊는)

혜정 !!! (향숙 보며) 봤어? 봤지? (쪽, 흉내)

향숙 글쎄… 그냥 입술 건조해서 그런 거 아냐?

종후 (기분 좋게 콧노래 흥얼거리며 화장실 가면)

혜정 아냐, 백퍼야. 방금 그 여자랑 통화한 거라니까. (하다) 아, 답답해! 몰라, 난 궁금한 건 못 참아. (하곤 종후 자리로 슬금슬금 다가가는)

향숙 (쫓아와 주변 눈치 보며) 뭐 해, 언니, 미쳤어…?

혜정	있어봐, 좀…. (휴대폰에 손대면)
향숙	윤 대리님이 바보야? 당연히 잠금 걸려 있겠…. (하다가 !!! 잠금 없다. 헐)
혜정	(아싸…. 최근 통화 목록에 들어가면… 방금 통화한 발신자가 '진♥'로 입력되어 있다…. '거 봐' 하는 표정, 망설임 없이 바로 통화 버튼 누른다)
우진	(모니터 보고 발신 확인도 않고 받는) 여보세요? (사이) 여보세요?
혜정/향숙	!!! (왜 뒤에서 음성이…?! 동시에 뒤돌아보는)
종후	(화장실 쪽에서 오다가 보고) 응? 혜정 씨, 내 폰 들고 뭐 해?
혜정/향숙	(그런 종후와 우진 번갈아 보며… 동시에) 둘이 사겨요?!
	(E) 현관문 도어락 열리는

16. 혜원의 집 거실 (낮)

거실로 들어오는 노한 표정의 혜원. 집 한번 휘 둘러보고는… 장식장 위의 주혁과 찍은 사진 액자들, 신경질적으로 탁, 탁… 엎어 놓는다. 이어 뭔가 결심한 듯 옷방 쪽으로 들어가 트렁크를 끌고 나오는 혜원. 안방으로 들어간다.

17. 은행 옥상 (낮)

우진 서 있고, 종후 쩔쩔매며 열심히 변명 중이다.

종후	… 아니, 폰을 얼마 전에 바꾸는 바람에… 잠금 걸어둔다는 게, 귀찮아가지고… 미안해요, 내가 5분 동안 손 들고 있을게. (팔 드는데)
우진	(의심스럽다는 듯 보는)
종후	(눈치 보며) 근데 나도 살짝 억울한 면은 없잖아 있는 게… 누가 작정하고 볼 줄은 몰랐으니까…. (하다) 아니, 사람들이 말이야,

매너 없이 남의 폰을….

우진   그러게 의심 살 행동을 말았어야지, 굳이 왜 폰을 해? 사내 메신 저도 있고, 이메일도 있는데.

종후   그러게, 내가 왜 그랬을까…? (슬쩍 팔 내리며)

우진   (팔 올리라는 듯, 손가락 까딱까딱)

종후   (바짝 올리는)

우진   문자 잘못 보낸 건, 왜 말 안 했어요?

종후   그건 그냥 넘어간 줄 알고…. (하며 팔 내린다) 이왕 이렇게 된 거, 당분간 그냥 사귀지 나랑. 한 달만 만나기로 했다 그럼 좀, 또라 이라고 그럴 거 같은데.

우진   그죠…? 안 그래도 난 좀 또라이로 찍혔는데?

종후   그치, 많이 찍혔지.

우진   걱정은 고마운데, 근데 남 걱정할 때만은 아닌 거 같던데.

종후   어? 내가 뭐?

우진   향숙 씨, 혜정 씨… 아까 보니까 분위기 완전 싸하던데…. 대리님 막 쩨려보고.

종후   그녀들이? 아니 왜?!

우진   글쎄, 난 모르죠. 여지 같은 거 줬었던 건 아닐까요?

종후   아우, 여지는 무슨. 난 진짜 하늘을 우러러 한 점 부끄럼이 없는 남자야, 진짜!

주혁   (심란한 듯 옥상으로 나오다가 두 사람 보고 멈칫, 다시 들어가는)

(혜정)   아니, 호박씨를 까도 어떻게, 그렇게 깔 수가 있어?!

18. 은행 탕비실 (낮)

향숙, 혜정, 장 팀장, 환, 음료 들고 뒷담화 중이다. 향숙, 혜정은 화가 나 씩씩거리고, 장 팀장은 우울 모드다.

혜정   윤 대리님 진짜 그렇게 안 봤는데… 어쩜 시치미를 뚝 떼고, 우리한테 눈웃음 살살 흘려가면서 말이야, 마음은 엄한 데다 주고.

향숙 내 말이. 난 진짜 대리님이 언니한테 마음 있는 줄 알았다니까.

혜정 난 너 좋아하는 줄 알았잖아. '그대' 어쩌고 이러면서 얼마나 들이댔니, 솔직히?

환 윤 대리님이요? 언제요? 난 전혀 못 느꼈는데?

혜정 이렇게 눈치가 없다. 환 씨가 썸을 아니? 알어?

향숙 알긴 뭘 알아, 냅둬. 아니 둘은 대체 언제부턴 거야? 연수원부턴 거야?

장 팀장 (한숨 섞인) … 고만해라… 이제 와서 그게 다 뭔 소용이니…

환 팀장님 어디 아프세요? 아까부터 안색도 안 좋고.

장 팀장 … 글쎄… 그냥 이상하게 힘이 쪽 빠지고 기운이 없네… 다 짝이 있는데 세상에 나 혼자만 외톨인 거 같고… 그냥 헛살았다 싶고….

향숙/혜정 아우, 왜 그러세요, 팀장님…./저희도 없긴 마찬가지잖아요.

장 팀장 자기들은 젊기라도 하지…. 난 점점 늙어가잖아.

향숙/혜정 아니에요, 팀장님 하나도…./전혀 나이 그렇게…. (하는데 말들이 막히는. 환 보면)

환 (급하게 음료 마시는)

장 팀장 … 위로할 필요 없어. 흐르는 세월을 어떻게 막냐고…. 다 부질없다…, 부질없어…. (나가는)

혜정 (보며) 완전 우울 모드네. 쨍쨍거릴 때보다 더 무섭다, 야….

향숙 이게 다 그 커플 때문이야. 아 짜증 나, 나 언니가 말한 그 소개팅 할까 봐.

혜정 아, 그 회계사 선배? 그래, 해라. 내가 바로 전화 때려볼게. (하는데)

환 (바로 끼어드는) 회계사요? 에이, 향숙 씬 회계사랑은 완전 아니지.

향숙 내가 왜요?

환 글쎄, 향숙 씬 뭔가 자유로우면서 여유 있는 그런 스타일이…. 아! 우리 선배 중에 강남에서 레스토랑 하는 선배 있는데, 소개시켜줘요? 완전 잘생겼는데.

향숙	(눈 반짝) 잘생겼어요? 진짜? 언제 시켜줄 수 있는데?
환	말 나온 김에 뭐, 오늘? 그 형은 거기 늘 있으니까. (하며 회심의 미소 짓는다)

19. 은행 객장 (낮)

주혁 일하는데, 변 팀장 옆에 앉아서 계속 질문 중이다.

변 팀장	와, 진짜 꿈에도 몰랐네, 둘이 그런 사이인 줄은. 내가 그렇게 눈치가 없는 사람이 아닌데 말이야. 차 대린 진작 알고 있었지?
주혁	(일하는 척하며) 예, 뭐, 대충.
변 팀장	아아, 연수원! 그때도 알고 바꿔준 거구나. 그치?
주혁	(어쩔 수 없이 대답해주는) 네, 뭐, 호감 정도는.
변 팀장	히야, 완전 큐피트였네, 우리 차 대리가. 그럼 우진 씨는? 서우진 씨는 언제부턴데?
주혁	글쎄요, 그것까진 잘⋯. (짜증 난다. 컴퓨터 자판 소리 나게 탁, 탁, 치는데)

이때 장 팀장 탕비실 쪽에서 와 자리에 앉는다.

변 팀장	어이구, 우리 팀장님 뒷담화는 다 끝나셨습니까? (하는데)
장 팀장	(대구 없이 자리에 앉아 있다)
변 팀장	(보며) 어라, 뭐가 톡하고 바로 날아와야 되는데, 답지 않게 왜 이래? 뭐, 묵언 수행이라도 하시나? 커플 탄생했다니까 왜, 우울해?
장 팀장	⋯ 말 시키지 마⋯. 다 귀찮아⋯. (시재 챙겨 넣는)
변 팀장	에이, 왜 그래, 장 팀장답지 않게. 그러니까 재미없잖아. 그냥 쏴!
장 팀장	쏘면 뭐하니⋯ 내 입만 아프지⋯. 다 부질없습니다⋯. (일하는)
변 팀장	아, 진짜 왜 이래⋯. 나 적응이 안 되네⋯. (하는데)

이때 퀵서비스 배달맨이 큰 트렁크와 서류 봉투를 들고 온다.

배달원 퀵이오! (메모지 보며) 차… 주혁 씨?
주혁   예, 전데요. (일어나 나가는)
배달원 이혜원 씨가 보내셨습니다, 여기 사인 좀 해주시고요. (종이 내미는)
주혁   (어리둥절해 사인하고, 서류 열어보면)

#. 서류 인서트 - 이혼 신청서다. 혜원 사인까지 되어 있다.

주혁   !!! (놀라는)

20. 은행 남자 탈의실 (낮)

트렁크 옆에 놓고, 혜원에게 전화 거는 주혁.
(E) 휴대폰 연결음

(혜원) (받는다. 냉담한) 어. 퀵 받았어?
주혁   이거… 무슨 뜻이야?
(혜원) 본 대로야. 난 벌써 사인했으니까 당신만 하면 돼.
주혁   혜원아, 너 진짜… 이렇게까지 해야겠어…?
(혜원) 차주혁 씨, (잠시 정적… 냉소적으로) 나 홧김에 이러는 거 아니야.
        당신은 더 이상 내가 바라는 대로가 아니고, 난 당신이 바라는 대
        로는 살 수 없는 사람이야. 나한테는… 내가 그 누구보다 우선인
        사람이 필요해.
주혁   혜원아….
(혜원) 시간 끌어봤자 피곤할 거야, 피차. 사인하면 전화해. (툭 끊는)
주혁   (휴우…. 전화 끊고 트렁크 보며 한숨 짓는)

21. 실내 포차 외경 (밤)

(상식)   야, 이혼이라니…? 아니지, 이건. 뭐 이딴 일로 이혼을 당하냐고!

22. 실내 포차 (밤)

주혁 트렁크 옆에 놓고 앉아 있고, 앞에 상식과 주은 앉아 있다.
상식이 흥분한 것과 달리 주은은 웬일로 차분하다.

상식   와, 진짜… 제수씨 이 정도인 줄은 몰랐다, 진짜. 출판기념회인가
        그거 한 번 안 갔다고 바로 이혼 서류 날리는 게 이게, 말이 되냐
        이게?!

주혁   … 그거 때문만은 아냐…. 다… 내 잘못이야…. (심란함에 물 들이
        키는데)

이때, 문 열리고 종후와 우진 다급하게 들어온다.

종후   야, 이혼이라니. 갑자기 무슨 소리야, 뚱딴지같이?!

주혁   ! (상식 보면)

상식   아니, 좋은 일은 몰라도 나쁜 일은 같이 공유를 해야지. 대책도
        필요하고.

우진   (주혁과 눈이 마주친다. 걱정되는 표정)

(컷)맥주, 소주, 안주 등이 차려진 테이블. 마셔가며 의논 중이다.

종후   퀵으로 이혼 서류라…. 제수씨가 비범한 건 알았지만, 이건 좀
        세네.

상식   그럼, 비상식적이지. 사랑과 전쟁에서도 본 적 없는 전개야, 이건.

종후   그래서… 어떡할 건데? 설마, 진짜 이혼할 건 아니지?

주혁	… 모르겠어, 나도.
상식	모르긴 인마, 어떻게든 버텨야지! 자그마치 JK 사위야, 인마. 너 여기서 못 버티면, 한도 없는 체크카드에 대박 노후 적금 한 방에 날리는 거야, 너!
주은	난 찬성.
주혁	(보면)
주은	오빠 이혼 찬성이라고 해. 해버려, 이혼.
상식/우진	얘가 지금 뭐라는 거야? 말려도 모자랄 판에?/(의아하게 주은 본다)
주은	솔직히 그동안 오빠 부부 사는 거 보면서, 난 좀 아슬아슬했어. 살아온 환경도 너무 다르고, 한쪽이 다른 한쪽 맞추는 데도 한계가 있고. 누가 나쁘고 어쩌고를 떠나서 두 사람, 내가 보기엔 안 맞아. 그냥 헤어져, 깔끔하게.
상식	야, 깔끔한 게 뭐가 중요해? 그래도 이혼은 하면 안 되지!
종후	(조심스레 나서는) 내 생각엔… 그냥 주혁이 마음 가는 대로 하는 게 정답인 것 같다. 우리가 어떻게 알겠냐? 남의 부부 사이 일을. (우진한테) 안 그래요?
우진	… (걱정스러운 표정으로 주혁 보고 있는)
주은	? (그런 우진 표정 보는)
종후	(대답 없자 우진 보며) 우진 씨…? 내 말 안 들려요?(손으로 눈앞 휘저으면)
우진	(그제야 종후 보며) 아… 미안. 뭐라 그랬죠?
주은	(갸웃, 이 쎄한 느낌은 뭘까 싶은)

23. 이탈리안 레스토랑 (밤)

테이블에 앉아 있는 향숙. 잽싸게 가방에서 파우더 꺼내 두드리는데… 이때 환이 카운터 쪽에서 자리로 온다.

향숙	(얼른 파우더 넣고 새침 떨고 있는데)
환	아… 어쩌죠? 오늘 형이 가게에 안 나왔다는데….
향숙	에? (실망, 짜증) 없는 날 없다면서요. 연락하고 올 필요 없다더니….
환	아, 진짜 그런 적 없는데… 하필 오늘 지방에 갔다고…. (의도적이었다. 연기하는) 할 수 없죠, 뭐. 대신 내가 밥 살게요, 맛있는 거 먹어요.
향숙	(김샜다) 아, 진짜 뭐야…. 대충 시켜요, 나 화장실 갔다 올게. (입 나온 채 가는)
환	(씩 웃으며 셔츠 단추 하나 풀어본다. 괜찮은데? 자백 어린 표정)

(컷)나온 음식 먹고 있는 향숙과 환. 향숙은 배라도 채우자… 하며 열심히 먹는다.

환	(힐끗 보며) 밥 먹고 소화시킬 겸, 볼링이나 치러 갈래요?
향숙	뭐하러? 여름에 땀만 나게.
환	볼링장 에어컨 빵빵하거든요. 그럼 영화를 한 편 보든지. 그것도 내가 쏠게요. 새로 개봉한 게 뭐 재밌다 그러던데. (휴대폰으로 검색해 보는데)

이때 문 열리고 혜정이 들어온다.

향숙	(보고 손 흔드는) 어, 언니, 여기!
환	?! (혜정 보고, 이게 무슨 상황인가? 어리둥절한데)
혜정	(다가오는) 여기 완전 괜찮다. 분위기 짱인데? 하이, 환!
향숙	(환 보며) 제가 불렀어요. 언니 친구들이랑 막 헤어졌대서.
환	아…. (완전 김샜다…. 이게 아닌데)
혜정	(앉으며) 벌써 먹고 있네? 환 씨가 산다며. 괜히 애 바람만 맞히고…. 지은 죄가 있으니까 내 것도 사야 돼. 미리 얘기하는데 나

많이 먹는다!

환   아… 예…, 시키세요… 많이.

향숙   언니, 밥 먹고 영화 보러 가자. 그것도 환 씨가 쏜대.

혜정   진짜? 대박. 그럼 너랑 나랑은 커플석에서 보자. 거기 완전 편한
        거 알지? (신난)

환   (망했다, 속 타는 듯 물 원샷하는)

21. 장어구이집 (밤)

장어구이 놓고 마주 앉아 술잔 기울이는 변 팀장과 장 팀장.

장 팀장 (하아…) 변 팀장… 인생이 뭘까? 사랑은 뭐고… 남잔 또 뭔
        데…?

변 팀장 얼씨구?

장 팀장 대체 난 뭐가 문제인 걸까…? 왜 남들 다 하는 연애, 남들 다 하는
        결혼, 남들 다 있는 짝이 난 없을까? 하다못해 변 팀장도 한 번은
        갔다 왔는데 말이야….

변 팀장 아, 임자를 못 만나 그렇지. 장 팀장 괜찮아, 아직 안 죽었어.

장 팀장 아니, 죽었어. 위로하지 마. 마트에서 장 볼 때 말이야… 유통기
        한 임박해서 떨이로 파는 거 의외로 안 사 간다? 돈 더 주고라도
        싱싱한 애들 사 가지….

변 팀장 아, 왜 자길 비하하고 그래. 떨이랑 장 팀장이랑 같냐?

장 팀장 다를 게 뭐야… 나도 여자로서 유통기한 다 돼가는데….

변 팀장 아니지. 연륜에서 오는 뭐가 있지 또 여자는. 너 매력 있다니까.
        (잠시 생각) 오죽하면 나도 예전에 잠깐 흑심 품었었잖아. 장 팀
        장한테.

장 팀장 (눈 빛난다) 진… 짜…?

변 팀장 그럼. 그러니까 기운 내라. 너무 철벽을 쳐서 접근을 못 하는 거
        야, 남자들이.

장 팀장   (마음 풀리는) 그런가? 나 철벽 치는 거 아닌데, 그게 그렇게 보이나? 아니, 변 팀장도 그랬으면 내색을 하지. 그럼 못되게는 안 굴었을 텐데, 내가. (완전 풀린) 어머, 장어 타겠다, 먹자 먹자, 아깝다. (식욕 돌아온 듯 먹는)

         (컷)장 팀장 '가요, 입가심 커피는 내가 쏠게.' 하며 기분 좋게 나가고, 변 팀장 카운터에서 카드 내밀며….

변 팀장   … 참… 내가 동기 사랑 때문에 별 거짓말을 다한다, 진짜…. (고개 내젓는)

25. 종후 원룸 (밤)

불 꺼진 원룸 - 번호키 누르는 소리. 이어 문 열리고 트렁크 밀며 종후가, 그 뒤로는 주혁이 들어온다.

주혁   (어색하게 쭈뼛거리면)
종후   야, 왜 어색해하고 그래? 남자 친구 집 처음 온 여자마냥 사이하게.
주혁   그러게, 오늘은 좀 낯서네. 살림이 늘었다?
종후   어, 이거 저거 사다 보니까. (하고는) 가방 이쪽으로 놓고, 너부터 씻어. 아… 멘트가 좀 이상한가? 너 먼저 씻어? 이것도 이상한데… 어쨌든 씻어, 얼른.
주혁   미친놈. (피식 웃다가 이내 씁쓸한 표정)

25-1. 종후 원룸 욕실 (밤)

세면대에서 세수하던 주혁, 거울 보며 잠시 생각에 잠기는….

(혜원)   당신, 변했어. 뭐든 내 말대로 하던 예전의 당신이 아냐.

주혁　… 하… 한심한 놈…. 결국 또…. (이런 자신이 너무 한심하고 싶다. 주머니에서 휴대폰 꺼내 혜원에게 전화해보는데… 연결음 울리지만 안 받는다)

(E) '고객이 전화를 받지 않아…' 안내음 들리고

주혁　(전화 끊고 휴우… 긴 한숨 내쉬며 휴대폰 본다)

25-2. 종후 원룸 (밤)

밀착해 나란히 누운 주혁과 종후. 침대가 좁다.

주혁　봐 인마, 좁지? 내가 밑에서 요 깔고 잔다니까.
종후　됐어, 인마. 등 배겨서 안 돼…. 안 떨어지려면 아주 꽉 껴안고 자야겠구만, 이거.
주혁　말만 들어도 징그럽다, 야….
종후　우진 씨라고 생각하지 뭐. (주혁 끌어안고) 아, 좋다. 생각만 해도!
주혁　야야 쫌! 이거 안 놔? (질색하는데)
종후　(!) 아 맞다, 문자 안 했다. (벌떡 일어나는) 내가 너 때문에 정신이 빠져가지고 진짜…. (휴대폰 들어 문자 보내는) 잘… 들어갔죠? 내 꿈 꿔요…. (보내는)

26. 우진의 집 거실 (밤)

우진 모 거실 바닥에 스케치북과 크레파스 펼쳐놓고 그림 그리고 있고, 편한 차림의 우진은 소파에 앉아 종후 문자 보고 답장 보내는 중이다. '넵.'까지 쓰고, '…차 대리님은 괜찮…'까지 쓰다가 다시 지운다. 잠시 생각하다 결국 앞의 것만 보내는 우진. 휴대폰 닫고 일어서 우진 모 곁으로 앉는다.

우진   (친근하게) 뭐 그려, 엄마?

우진 모   응. (열중한)

우진   보자, 우리 엄마가 뭘 이렇게 열심히 그리시나…? (스케치북 들어
보는)

    #. 그림 인서트 - 초등학생 같은 솜씨로 그린 어른 두 명, 아이 두 명 그림
남자 어른이 작은 아이 안고, 여자 어른이 조금 큰 아이 손을 잡
고 서 있다.

우진   (갸웃) 이게 누구야 엄마…?

우진 모   누구긴 바보야. 너랑 차 서방이랑 애들이지.

우진   으응? 엄마 진짜! (어이없는) 소설로 모자라서 이제 그림까지…?
(장난치듯 간질이며) 딸내미를 유부녀 만들고 싶어? 어, 그럴 거
야?

우진 모   아, 간지러워, 이년아. 가 좀, 가라고…! (꺄르르 웃으며 뒹구는)

27. 다음 날/은행 회의실 (낮)

    회의 대형으로 앉아 있는 지점장과 가현점 직원들.

지점장   장 팀장, 변 팀장은 이번 주까지 상반기 실적 달성도 체크해서 올
리고.

변/장 팀장   옙./네.

지점장   오케이. 그리고 이번 주말에 행장배 마라톤 대회 있는 거 다 알지?

일동   아…! (하기 싫다는 듯)

지점장   이왕 하는 거 제대로 해보자고. 1등 나오는 지점은 여름 휴가비
200퍼센트 지원이라니까, '죽었다' 하는 마음으로, 어? 우리 점은
무조건 전원 참석이야, 알지?

환/변 팀장   아, 그런…. (항의하려는데)/(옆에서 얼른 환의 입 막는)

지점장	그리고 마지막으로… (종후, 우진 보며 웃으며) 우리 점에 경사가 하나 있다고 들었는데 말이야… 축하해, 윤 대리, 서우진 씨! 내 이 커플 미리 찬성이랬지! 하하…. 아주 잘 어울리는 한 쌍이야. 이왕 만나는 김에 결혼해버려! 내 주례 서줄게!
종후/우진	네, 노력하겠습니다!/(부담스러워하는 표정)
지점장	커플 된 기념으로 마라톤도 열심히 뛰고, 이왕이면 1등 하고 이상!

28. 은행 객장 (낮)

회의실에서 나와 각자 자리로 가는 가현점 직원들. 환은 입이 한 참 나와 있다.

환	아니, 뭔 주말 행사를 강제적으로 시켜요. 여름에 뛰는 거 질색인데 진짜….
변 팀장	그냥 좀 해, 시끼야, 말이 많아, 애가. 너 인마, 탕비실 비품 수시로 체크하고 채워 넣으랬지, 내가. 신입이 할 일은 제대로 안 하고, 확 그냥!
환	아, 신입이 뭐요! 신입이라고 대출 업무 덜 시키는 것도 아니고…. 그리고 탕비실 정리나 하려고 죽어라 공부해서 은행 들어온 거 아니거든요, 저?
변 팀장	(살짝 위축) 이 자식이 진짜… 군말 없이 잘하다가 왜 반항이야, 갑자기?
환	갑자기 화가 나서 그래요. 다들 너무 만만하게 보는 거 같아서요. (향숙 보는)
변 팀장	누가 널 만만하게 봐? 눈치 보여 죽겠구만. (하는데)
장 팀장	(지나가며 환 등짝 때리고는) 어디 팀장님한테 따박따박! 혼나 너, 김환!
변 팀장	(웬일이냐는 표정으로) 동기 땡큐!
장 팀장	(흐뭇한 표정으로 윙크해 보이고 가는)

변 팀장 (부담스럽다. 끙… 아무래도 괜한 짓을 했나 보다, 하는)

환 (입 나온 채 그런 두 사람 째리는데)

변 팀장 (보고) 눈 안 깔아? 넌 인마, 오늘 남아서 비품 정리 싹 해놓고 가. (향숙 보며) 주향숙이, 너도 애랑 남아. 탕비실 인수인계 제대로 못한 벌이야.

향숙 네…. (하곤 짜증 난다는 듯 환 째려보는)

환 (모른 척 화장실 쪽으로 가며 향숙 툭, 치고 지나가는)

향숙 아…! 아… 왜 저래 진짜…?! (울상 되는데)

주혁 (휴대폰 울린다. 보면 '장인 어른'이다. 혜원이한테 무슨 얘길 들었나? 긴장하고 받는) 네, 장인 어른….

29. 한식당 룸 (낮)

주혁에게 명함 건네는 한 사장. 옆에는 혜원 부 앉아 있다.

한 사장 우성컴퍼니, 한영진입니다. 회장님께 얘기 많이 들었습니다.

주혁 아 네…. (얼떨떨해 보면)

혜원 부 출판기념회 때 소개해줄까 했는데 우리 사위가 워낙 바빠서…. 우리 하청 업체인데 동남아 사업 확장 건 때문에 대출이 좀 필요하다 그래서 말이야….

주혁 아… 금액은 얼마나…?

한 사장 대충 60억 정도 생각하고 있습니다.

주혁 60억요? (금액이 크다. 놀라면)

혜원 부 추진력 있는 친구야, 아이템도 좋고. 신진인데도 내가 손잡고 일하는 거 보면 알겠지? 이왕이면 자네 지점에서 하는 게 실적에도 도움이 될 거 같아서.

(지점장) 아이고, 그럼요. 가능하지요, 가능하지요!

30. 은행 객장 (낮)

지점장실에서 나오는 한 사장과 지점장. 주혁 따라 나오는….

지점장   (대박 실적에 싱글벙글) 최대한 빨리 처리하면 늦어도 다음 주 초까지는 꽂힐 겁니다.

한 사장   예, 지점장님만 믿고 가겠습니다. 다음에 이 회장님이랑 사위분이랑 다 같이 한잔하시죠. 제가 좋은 데로 모시겠습니다.

지점장   아유, 좋죠! 승인되면 따로 연락드리겠습니다, 살펴 가십시오!

한 사장/주혁   (눈인사하곤 나가고)/(꾸벅, 인사하는)

지점장   차 대리, 차 대리, 우리 차 대리! 차 대리 덕분에 이번 분기 실적 한 방에 채웠네?

주혁   (염려) 근데 진짜 실사 안 나가도 될까요? 오늘 저녁에라도 제가….

지점장   아유, 됐어, 급하다잖아. 보내준다는 사진이랑 대충대충 써서 올리면 되지. 다른 사람도 아니고 우리 이 회장님 소개인데 이거보다 확실한 담보가 있나? 고마워, 차 대리! JK 덕을 아주 여러 번 본다, 우리가.

주혁   아니에요…. (이혼 얘기 오가는 와중이라, 어색하게 웃는데)

우진   (그 모습 보며 걱정스러운 표정)

31. 은행 탕비실 (낮)

주혁 들어와 커피 따르다 멍때리고 있는데… 우진 들어온다

우진   (보고) 대리님….

주혁   (순간 화들짝) 어어… 점심을 너무 먹었나 졸려서….
뭐, 우진 씨도 커피 한 잔 줄까? (하다가) 아참, 커피 안 마시지?
(뻘쭘한)

우진	저기… 대리님.
주혁	(일부러 밝게) 어? 왜?
우진	(망설이다) 사모님 일이요… 혹시 저번에 저 도와주신 거 때문에, 그 일도 영향을 끼친 건가 해서. 그런 거면 제가 사모님한테….
주혁	아냐, 그런 거. 우진 씨랑 상관없어. 그냥, 내 탓이야.
우진	(진짜인가 하는 표정으로 보면)
주혁	진짜야. 그러니까 괜히 신경 쓰지 말고…. (하는데 휴대폰 벨 울린다. 보면 '혜원'이다. 우진 앞에서 받기 좀 그런 듯 힐끗 보면)
우진	(눈치채고) 통화하세요, 그럼. (나가는)
주혁	(받는) 어, 나야….
(혜원)	왜 연락이 없어? 오늘 시간 내. 끝 일 아니랬잖아, 내가.
주혁	이렇게 후다닥, 그럴 일도 아냐. 좀만 더 시간을….
(혜원)	아니면 내가 은행으로 갈까? 지점장한테 직접 시간 빼달라고 해?
주혁	(강경하구나. 피해서 될 일이 아닌 듯싶다. 착잡한)

32. 법원 앞 (낮)

법원으로 들어가는 혜원과 주혁. 혜원, 주저 없이 앞장서 들어가는데, 주혁 멈칫해 선다.

혜원	(보며) 여기까지 왔으면 자기도 결심 선 거 아냐? 들어가. (가려는데)
주혁	잠깐만. (보며) 한 번만 더 생각해, 혜원아….
혜원	(짜증) 뭘 또 생각해? 난 생각 끝났고, 감정 소모하기 싫어.
주혁	….
혜원	엄마 아빠한텐 나중에 얘기할 거야. 당신 엄마 아빠 당신이 해결해. (들어가는)
주혁	(그런 혜원 보다가, 어쩔 수 없겠구나… 결심한 듯 따라 들어가는)

간병인 이모, 주방 쪽에서 죽 만들며 간간이 우진 모 체크하고⋯
우진 모, 거실 바닥에 앉아 또 스케치북에 크레파스로 그림 그리
고 있다. 카메라, 우진 모가 그림 그리는 스케치북으로 천천히 줌
인하면⋯.
#. 그림 인서트 - 달 두 개가 그려진 밤하늘 밑에 '장원'이라 쓰인 톨게이
트가 서 있다. 그 그림에서 diss 되며 톨게이트 실사로 나타난다.

실제 장원 톨게이트 모습에서⋯
지잉⋯ 하는 오디오와 함께 신기루처럼 서 있던 톨게이트 사라
지고 (C.G)
톨게이트 없이 차들 오가는 현재의 도로 모습으로 바뀐다.

종후와 우진, 저녁 먹으러 온 분위기다.

우진   그냥 우동이나 먹고 가자니까.
종후   그놈의 우동 질리지도 않아요? 가끔은 이런 데서도 좀 먹읍시다, 좀.
우진   알았어요, 먹어요 그럼. (웃으며 들어가려다가 멈칫!)

현수가 새침해 있는 혜원 어깨에 양손 얹고 뒤에서 밀며 나오는
모습 보인다.

우진   !!! (놀란 채 두 사람 본다. 혜원한테 남자가⋯?)
종후   (못 보고) 여기 스테이크가 예술이라던데. (하는데 휴대폰 벨 울린

다. 보면 '상식'이다) 아, 이 자식은 타이밍 못 맞추고 꼭….

우진   (주차장 쪽으로 가는 혜원과 현수에게서 눈 못 떼는데)

종후   (휴대폰 받는) 어, 왜 인마.

(상식)   야, 일 났다, 어쩌냐….

종후   아, 뭐가 또.

(상식)   방금 전화해봤는데… 주혁이 기어이 오늘 법원 갔단다.

종후/우진 뭐? 진짜?!/?? (종후 보는)

36. 종후 원룸 (밤)

뚜껑 뜯은 컵라면 식탁 위에 있고, 전기 포트 물 다 끓어 틱, 소리
내며 꺼진다. 멍때리던 주혁, 포트 들고 컵라면에 물 막 부으려는
데… 띡, 띡, 띡, 띡 소리와 함께 현관문 열린다.

주혁   ? (현관 쪽 보면)

종후   (장 봐 온 듯 커다란 비닐 들고 들어온다) 아, 이거 은근 무겁네. 너
무 많이 샀나?

우진   (뒤따라 들어오며) 그러게 같이 들자니까…. (하다 주혁 본다. 혜원
과 현수를 목격한 후라, 주혁을 보는 마음이 더 짠하다)

주혁   (뭐야, 하는 표정으로 보면)

종후   어, 주혁아. 아니, 그냥 둘이 저녁 먹으려다가… 너 혼자 있을 거
같아서. (보며) 이거 봐라 이거, 또 컵라면…. 이걸로 저녁이 되
냐? 너 내가 스파게티 장인인 거 모르지. 까무러치게 맛있는 스
파게티 만들어줄게 기대해, 너.

주혁   (상식이한테 들었구나, 감 잡고) 그냥 둘이 먹지 뭐하러.

종후   아, 내 마음이야. 너 저기로 가 앉아 있어, 차리면 먹기나 해.

우진   난 보조할게요, 그럼.

종후   아유, 도움 안 돼요. 우진 씨도 가 쉬어요. 오늘은 혼자 할 테니까.
(우진 등 밀며) 얼른, 얼른얼른. (주혁도 밀며) 가시라고요!

(컷)주방에서 분주하게 요리 중인 종후 뒷모습 보이고… 뻘쭘하게 소파에(또는 바닥에) 앉아 있는 우진과 주혁.

주혁   (침묵 불편해 뜬금없이) … 지점 일은 어때? 이제 적응 다 됐지?
우진   그럼요, 다들 잘해 주시니까. (역시 할 말 찾다가) 어머님은, 안녕하시죠? 허리는 좀 괜찮으신지….
주혁   어, 회복 중이셔. (다시 침묵, TV라도 켤까? 리모컨 집으려는데)
우진   (동시에 같은 생각, 리모컨 집는)
주혁   (화들짝 놀라서 손 떼고)
우진   (역시 손 떼는데)

이때, 초인종 소리 울린다.

주혁   (얼른) 내가 나갈게. (일어서 현관으로 뛰어가 문 열면)
상식   (들어온다. 주혁 보며) 주혁아…! (다짜고짜 끌어안고 울먹거리는) 불쌍한 놈. 하루아침에 끈 떨어진 연 되어가지고…. 이게 뭔 일이야, 이게, 씨이….
주혁   (당황, 무안, 안긴 채 상식 등 토닥토닥해주는)

37. 은행 외경 (밤)

셔터 문 내려진 은행 – 안쪽엔 환하게 불 켜져 있고….

38. 은행 탕비실 (밤)

환과 향숙, 둘만 남아서 탕비실 비품 정리하고 있다. 약은 약상자에 챙겨 넣고, 커피와 차는 일일이 유통기한 확인해 라벨 붙인다.

향숙   (짜증 난) 남들 다 퇴근하고 남아서 이게 뭐야 진짜…. (환 보고)

	아, 그건 거기 아니거든요? 아직 위치 파악도 안 돼 있어요?
환	아, 그냥 가르쳐주면 되지, 짜증은. 정 그럼 본인이 하든가.
향숙	어머? 지금 누구 때문에 이 고생인데, 환 씨는 나한테 미안하지도 않아요?
환	안 미안한데요, 하나도. 이럴 줄 알고 미리 쏜 것도 있고. (라벨 들고 나가고)
향숙	하… 저 인간이 진짜…! (쓰레기봉투 묶고, 들고 쫓아 나간다)

39. 은행 객장 (밤)

환, 라벨 용지 책상에 챙겨 넣는데, 향숙 쓰레기봉투째 들고 나온다.

향숙	환 씨, 혹시 어제 밥 쏜 거 때문에… 그거 아까워서 삐딱선이에요, 지금?
환	(꽁꽁 묶으며) 아니거든요, 그런 거?
향숙	아닌 게 아닌데 뭘. 맞잖아요, 하루 종일 퉁퉁거리고.
환	아니라니까요.
향숙	아니면 뭐예요? 어제 쏜 거 주세요, 영수증. 내가 줄 테니까.
환	아 참, 아니라니까. 사람을 뭘로 보고 진짜.
향숙	그럼 이유가 뭔데? 유난히 나한테 까칠하고, 나이는 한 살 차이밖에 안 나도 그래도 내가 선밴데 깐족깐족 나한테만, 대체 이유가 뭔데요, 그럼?
환	(보며) 좋아서 그래요, 왜요.
향숙	뭐요?
환	좋아해서요, 그래서 심통 났다고요. 됐어요?

향숙, 너무 놀라서 들고 있던 쓰레기봉투를 툭, 떨어뜨린다.
그 결에 바닥에 꽉 쏟아지는 쓰레기들.

향숙	… 자… 장난치지 마요…. (하곤 쓰레기 다시 줍는데)
환	(향숙 손목 잡는) 장난 아닌데요.
향숙	(당황) 왜… 왜 이래 진짜…. 드라마를 너무 많이 봤나 봐…. (다른 손으로 환의 손 떼려는데)
환	(그 손도 잡으며) 나 드라마 안 보는데, 웹툰 보는데, 주로.
향숙	(멈칫, 환 보는) ….
환	(보며) … 3초 후에 키스할 거예요. 싫으면 피해요.
향숙	…! (놀라 눈 동그래지는)
환	(1… 2… 3… 세고 키스하려고 다가가는데)
향숙	(순간 당황해 뒤로 주춤 피하는)
환	…! (그대로 앞으로 넘어지듯 기우뚱하더니 쓰레기 널린 바닥에 손 짚고 겨우 버틴다. 무안한) 오케이, 난 뭐… 오는 여자 안 막고 가는 여자 안 잡자 주의니까…. 노프라블럼. 깔끔하게 우린 아닌 걸로. (쿨한 척 일어나 가방 들고) 그럼 내일 봅시다. (가는)
향숙	(너무 당황해서 그런 건데… 보다) 아, 저기…!
환	(됐다는 듯 손 들어 보이고 가는데, 신발에 쓰레기가 들러붙어 있는)

40. 은행 앞 (밤)

| 환 | (쿨한 척 나오다 인상) 아씨… 드라마에서는 잘만 먹히더니만. 아, 쪽팔려…! (가다가 그제야 발에 붙은 쓰레기 발견) 앤 또 뭐야… 젠장…. (발 허공에 툭툭 차며 쓰레기 떨쳐내고는 내빼듯이 가는) |

41. 종후 원룸 (밤)

식탁 위에 음식 놓고, 맥주 마시며 앉아 있는 종후, 상식, 주혁, 우진.
(*또는 구조에 따라 좌식 테이블 위에 놓고 바닥에 앉아도 될 듯)

| 상식 | (술잔 들고) 참… 인생이 진짜 한 치 앞을 모른다…. 같이 여행 갔 |

다 온 게 엊그제 같은데 참. 솔직히 내가 이렇게 됐으니까 말인데, 제수씨, 아니 이제 제수씨 아니지, 그 여자분. 진짜 그렇게 살지 말라 그래. 어떻게 남편을 그렇게 헌신짝 버리듯이 버리냐? 인정머리 없게.

주혁   (듣기 불편한) 됐어, 그만해…. 혜원이 잘못 아니야….

종후   뭐가 아냐, 인마. 이혼을 당하고도 편을 들고 싶냐?

주혁   그만하라고… 넌 몰라…. 내 탓이야… 내가 죽일 놈이야…. (참담한 표정 지으면)

우진   (일부러 분위기 바꾸려) 됐고, 일단 좀 먹죠. 음식 앞에 놓고 이게 뭐하는 짓입니까? 음식에 대한 예의가 아니지. (접시 밀며) 먹어요, 먹자고.

종후   그래, 일단 먹자. 배고파 뒤지겠다 아주. (먹기 시작하는)

주혁   (수저 들고 깨작깨작할 뿐, 입에 넣지 못하는)

상식   (보고) 야, 먹어! 하늘이 무너진 것도 아니고 뭐, 내일 되면 또 내일의 태양이 뜰 거고! JK 사위 아니면 뭐, (하다) 열라 아깝긴 하지만 뭐, 인생 끝나냐? 먹어, 먹어. 이럴 때일수록 먹고 힘내야지. 야. (음식 집어 주혁 입에 넣어주는)

주혁   (피하며) 됐어, 내가 먹을게.

상식   먹어, 인마! 내가 진짜 속상해서 진짜, 아 얼른…! (들이대면)

종후   야, 억지로 먹이지 마. 그러다 애 체한다.

주혁   (상식의 성의를 봐서 억지로 먹는다)

우진   (그런 주혁 보며 짠해 죽겠다)

(컷)걱정스런 표정의 상식, 종후, 우진… 바늘 준비하고 서 있고… 물 내리는 소리와 함께 욕실에서 나온 주혁. 얼굴 하얗게 질린 채 탈진한 듯 소파 위로 쓰러져 눕는다.

우진   어떻게 해… 얼굴이 너무 하얘요. 진짜 급체인가 봐.

종후   … 그러게 억지로 먹이지 말라니까, 새끼…. 아, 얼른 따봐. 딸 줄 안다며, 너.

상식   아, 알았어, 구박 좀 하지 마… (앉아 주혁 손 따려는, 손 덜덜 떤다) 후…. (포기)

주혁   으음…. (눈 감은 채 신음하고)

상식   … 야, 이번엔 진짜 딴다…. 나 따. (주혁 손 잡고 따려다가) 후우…. (또 포기하는)

종후   아, 뭐야, 새끼야! 따는 덴 도사라며?

상식   아, 내 손 따는 거랑 같냐, 이게? 아우! 남의 살 찌르는 게 이게 보통 일이 아니네 이게. 영화 보면 푹푹, 사시미 같은 걸로 잘만 찌르더구먼.

종후   (바늘 뺏으며) 야, 줘봐, 내가 딸게, 내가. (주혁 손 잡고 다가가는데, 역시 긴장되긴 마찬가지다. 손 덜덜 떨며 주저하는데)

우진   (바늘 확 빼앗더니 가차 없이 주혁 손가락 찌른다)

주혁   !!! (탈진한 와중에도 깜짝, 반응하는)

종후/상식   오…./올…! (감탄하듯 보며 박수 치는)

우진   따서 될 일은 아닌 거 같아요. 약이라도 사 오는 게 나을 것 같은데.

상식   어, 내가 사 올게요. (일어나며) 종후야, 근처 약국 어디 있어?

종후   요기 큰길 쪽으로 나가서…. 야, 그냥 같이 가. (일어나 상식과 나가는)

현관문 닫히고, 오롯이 우진과 주혁만 남은 거실. 우진, 안쓰럽다는 듯 주혁 보다가 수건으로 식은땀을 닦아준다.

주혁   (비몽사몽… 힘겹게 반쯤 눈 뜨는)

우진   대리님… 괜찮으세요? (하는데)

주혁   (땀 닦아주던 우진 손 위에 자기 손 올리고)… 나 괜찮아… 우진아….

우진   ! ('우진아…'라는 말에 또 심장이 찌릿한데)

주혁   (손 떨구곤 이내 색색…, 숨소리 내며 다시 눈 감는)

우진   (가슴 아프다…. 이 사람이 왜 이렇게 짠한지 모르겠다. 다시 땀 닦아 주는)

42. 우진의 꿈 - 버스 안 (낮)

1회 회상 속의 버스 안 상황.
(*뭔가 꿈인 듯한 느낌… 조금은 몽환적인 화면으로)
변태남이 우진의 엉덩이에 손을 갖다 댄 순간, 그 손목을 거칠게 잡는 우진.

우진   (앙칼지게) 아저씨! 지금 뭐 하시는 거예요? 왜 남의 엉덩일 만져요?!

승객들   ?! (일제히 우진과 변태남을 보는)

변태남   (시침 떼는) 내가 언제 학생 엉덩이를 만졌다 그래? 차가 흔들려서 그냥 살짝 닿았나 어쨌나, 난 알지도 못했구먼.

우진   뻥치시네. 이렇게, 이렇게 더듬었잖아요, 아저씨가.

변태남   근데 이게 아니라는데 어디 어른한테 바락바락, 진짜 혼나볼래? 난 아니라고 했지! 내가 니 엉덩이 만지는 거 본 사람 있어? 있으면 나와보라 그래!

우진   (씩씩….)

변태남   너야말로 학생 맞아? 이거, 괜히 시비 걸어서 돈 뜯어내는 꽃뱀 아냐?

우진   뭐라고요?! (지지 않고 남자 째려보는데)

(주혁)   제가 봤는데요!

우진   (돌아보는데, 버스 승객들에 가려 잘 안 보인다)

(주혁)   (보며) 제가 봤다고요. 아저씨가 저 학생 엉덩이 만지는 거.

우진   (어떻게든 그 사람을 보려 애쓰다가, 차가 크게 덜컹 흔들리며)

번쩍 눈 뜨고 일어나는 우진.

(우진)　… 또 그 목소리… 같은 목소리야…. (혼란스러운 듯한 표정인데)

우진 모　(앞치마 맨 채 거실에서 방 쪽으로 고개만 홱 내미는) 밥 먹어.

우진　엄마, 언제 일어났어?

우진 모　밥 먹어. 이따 달리기 한다며.

우진　나 지금 별로 생각 없는데….

우진 모　밥 먹어야 달리지. (손에 든 숟가락으로 문틀 치며) 밥밥밥밥바
　　　　 압…!

44. 마라톤장 전경 (낮)

'제17회 KCU 하프 마라톤 대회' 플래카드 붙어 있고… 스태프들
곳곳에서 대회 준비하고 있는….

45. 마라톤장 일각 (낮)

속속들이 모이는 참가자들. 스트레칭하며 몸 푸는 모습들 보이
고… 운동복 차림의 장 팀장, 혜정, 향숙, 우진, 몸 풀고 있다. 변
팀장 휴대폰 끊고 오며….

변 팀장　아… 이 환장할 놈의 환. 결국 못 온다네. 몸살이 났다나 뭐라나.

장 팀장　와… 걔 진짜 강적이다. 어쩜 그렇게 주변 눈치를 안 보니. 부럽
　　　　 다 진짜.

향숙　(혹시 나 때문인 건가? 신경 쓰이는)

장 팀장　하긴, 나도 주말에 나오려니까 짜증은 나더라. 근데 또 나오니까
　　　　 좋기도 하고.

변 팀장	어이 장, 입 그만 풀고 몸 좀 푸시지. 뛰다 또 삐끗하지 말고.
장 팀장	(눈 흘기며) 왜, 또 걱정돼? 나 다칠까 봐…? (미소 띤 채 변 팀장 툭 치는)
변 팀장	(장 팀장의 태도가 당황스럽다. 진짜 괜한 짓을 했구나… 싶은)
혜정	(몸 풀며) 근데 차 대리님이랑 윤 대리님은 왜 이렇게 안 오셔? 우진 씨, 같이 안 왔어요?
우진	아, 네…. (얼버무리며 두리번, 걱정되는 표정으로 보는데)
변 팀장	아, 저기 오네. 윤 대리, 차 대리! (손 흔드는)
우진	! (보면)

저쪽에서 손 흔들며 걸어오는 종후와 주혁. 주혁 얼굴이 핼쑥하다.

우진	(주혁 안색 살피며 얼른 다가가) 괜찮아요, 차 대리님…?
종후	말도 마요. 어제 밤새 토하고 한잠도 못 잤어요, 얘.
우진	그럼 집에 계시지, 뛰는 거 무리일 것 같은데.
주혁	(기운 없는) 괜찮아. 그냥 살살… 걷기만 하지 뭐.
종후	전원 참석하라잖아요, 지점장님이. 급체했다고 그래도 안 믿을걸요? (주혁 보며) 대충 출발하는 척만 해, 알았지? 절대 뛰면 안 돼, 인마 너.
우진	(서 있는 거 자체가 무리 같은데… 걱정스런 표정으로 주혁 보는)
(지점장)	어이, 다들 모였구만!

일동, 소리 나는 쪽 보면… 딱 붙는 운동복 세트에 머리띠, 아이스 토시까지 풀세팅하고 뛰어오는 지점장. 다들 '헐… 눈 버렸다….' 하는 표정이다.

46. 마라톤장 출발선 (낮)

다른 지점 사람들과 함께 출발선에 선 가현점 직원들. 다들 긴장한 표정. 특히 지점장은 투지와 각오가 남다르다.

지점장   자, 자, 자! 가보자고! (제자리 뛰기 하며 눈 이글거리는)

변 팀장   (뒤돌아 직원들에게) 죽을 힘을 다해라…. 객장에서 피 말라 죽는
        거보다 여기서 뛰다가 쓰러지는 게 나아… 알지?

장/혜/향   (끄덕끄덕…!! 비장하고)

우진   (그 와중에도 힐끗… 주혁 보는)

주혁   (컨디션 좋지 않은… 벌써 힘든 듯 땀 닦는다…. 손목에 찬 시계. C.U)

지점장   (전방 보고) 자, 다들 레디…!

        (E)시작을 알리는 총소리 탕!
        총소리 울리면 일제히 뛰기 시작하는 사람들. 직원들, 우르르 출
        발해 나가고… 우진과 종후도 나란히 뛰기 시작한다. 주혁은 초
        반부터 힘에 부친 듯 뒤로 처지는데… 죽어라 뛰던 지점장, 출발
        선에서 10미터도 채 못 가서….

지점장   아아…! 쥐, 쥐…! 쥐!!! (쓰러지고, 안전 요원들 지점장한테 달려드는)

47. 마라톤장 초반 코스 (낮)

        나란히 달리는 우진과 종후. 우진, 신경 쓰이는 듯 뒤돌아보는
        데… 주혁은 보이지 않는다.

종후   (헉헉… 벌써 지친) 우진 씨, 힘들면… 말해요. 내가… 업고 뛸 테
        니까.

우진   (보며) 괜찮아요? 난 업을 자신 없는데.

종후   아유, 무슨…. 나 끄떡없어요… 아직…. (숨소리 엄청 거친)

우진   (그 와중에 또 뒤돌아본다. 아예 출발만 하고 안 뛰나? 계속 신경 쓰
        이는)

힘에 부친 듯 걷다가 멈추다 걷다가 멈추다 하는 주혁. 이미 얼굴
은 땀으로 흠뻑 젖은 상태. 해는 아직 안 저물어 쨍하고… 체력
은 바닥이고…. 순간, 어지러운 듯 휘청한다.

49. 혜원 차 안 (낮)

혜원, 운전하면서 엄마와 통화한다.

혜원	… 어, 엄마. 나 지금 압구정 명품관에. 아니, 이번 시즌 신상이 여기밖에 안 남았대서…. 주말에? 이번 주말은 좀 그럴 거 같은데…. 아니, 그런 건 아니고… 나중에 얘기할게, 엄마. 어, 나중에. 알았어요, 끊어. 어…. (끊고는 착잡한 표정)

운전해 간다. 그러다 현수 생각이 난 듯 다시 통화 시도하는….

(현수)	와, 안 그래도 딱 보고 싶었는데… 우리 진짜 텔레파시 통하나 봐.
혜원	(기분 좋다) 어딘데? 볼 수 있어?
(현수)	아… 오늘은 빼박이에요. 전공 수업이 완전 줄줄이야.
혜원	그래? 알았어. 그럼 수업 끝나고 전화하든지.
(현수)	알았어요. 정 못 참겠으면 땡땡이 치고 갈게요.
혜원	됐어, 공부나 열심히 해. 끊는다. (끊고 기분 좋게 지하 주차장으로)

50. 명품관 주차장 (낮)

혜원, 차 키 발렛남에게 주고 입구 쪽으로 걸어가는데… 일각에
서 발렛유니폼 입은 현수가 동료와 낄낄대며 장난치고 있다.

동료	와, 이제 뭐, 거의 남친이다, 너?
현수	그럼, 내가 누구냐? 카운터펀치 날린다고 했지, 내가? (의기양양한)
혜원	! (익숙한 목소리에 본다. 쟤 현수 아냐? 긴가민가하며 천천히 다가가는데)
동료	JK 딸내미라길래 저게 또 헛짓거리한다 싶었는데, 그 여자도 은근 허당이다? 아니, 니가 어딜 봐서 대학생에, 부잣집 아들내미냐? 무식이랑 빈티가 아주 줄줄 흐르는구만.
현수	(확!) 뒈질래? 야, 완전 넘어왔다니까, 나한테. 아빠랑 싸워서 용돈 끊겼다니까 바로 수표 꺼내주더라. 그걸로 우리 월세도 해결한 거 아니야.
혜원	!!! (충격에 완전 얼음 되는)
동료	그니까. 땡큐긴 한데, 너 들키면 끝장이다. 조심해, 새꺄.
현수	걱정하지 마. 적당히 놀아주고 용돈이나 얻어 쓰다가 됐다 싶으면 딱 끊을 거야. 어디 외국이라도 간다고 뻥치고⋯. (하는데)

이때 현수의 뒤통수를 강타하는 가방. 현수 돌아보면, 혜원이 얼굴 벌게진 채 씩씩거리며 서 있다.

현수	!!! (너무 놀라 아무 말도 못하는데)
혜원	후진 새끼. (하고는 가방 탁탁 털고 돌아서 간다)
현수	(얼떨떨한 채 가는 혜원 뒷모습만 본다)

51. 혜원 차 안 (낮)

혜원, 거칠게 차 몰고 나와 거리 한쪽 길에 끼익, 차 세운다.

#. 회상 플래시 - 3회 52씬. 혜원 우산에 뛰어 들어오던 현수 /9회 53씬. 빗속에서 격하게 안던 현수

혜원　… 하…, 다 계획적인 거였어? 그지 같은 놈…. (씩씩거리곤 휴대폰 꺼내 현수 번호 삭제하고, 그래도 분이 안 풀리는 듯 뭔가 검색하더니 바로 전화를 건다) 네, 명품관이죠? 제보 좀 하려고요. 주차장 발렛 알바 중에 정현수라고, 상습적으로 고객 차 몰고 다니거든요. 네? 아 사실 여부는 직접 확인하시고요, 바로 조치하세요. 알았죠?! (툭 전화 끊어버리는)

혜원, 그러고도 분이 안 풀린 듯 씩씩거리며 휴대폰 내팽개쳐버리는….

52. 마라톤장 중간 코스 (낮)

10여 명의 그룹과 같이 뛰고 있는 종후와 우진. 우진은 걱정되는 마음에 연신 뒤돌아보는데… 주혁의 모습은 보이지 않는다. 이때 변 팀장 뒤에서 치고 나오며 종후 손 잡아끄는….

변 팀장　얀마, 여기서 치고 나가야 돼. 1등 해야지 1등!
종후　아, 나 우진 씨랑 같이 뛸 건데.
변 팀장　우진 씨고 나발이고 1등을 해야 할 거 아니야… 얼른! (잡고 앞서 나가는)
종후　(앞서 뛰어가며) 천천히 와요, 우진 씨! 가서 기다릴게….
우진　(가라 손짓하고는) 후우… 후우…. (호흡 조절하며 뛰어가는데)

이때 계속 떠들며 우진 옆쪽으로 붙는 타 지점 직원 두 명.

남자1　야, 집에서 늘어져야 될 시간에, 이게 뭐 하는 짓이냐 주말에.
남자2　그니까. 한여름에 진짜 너무하는 거 아냐? (휴대폰 보고) 아이구야, 저 뒤쪽엔 결국 남자 하나 쓰러졌다는데? 심정지 와서 구급차 오고 난리도 아니란다. 톡방 불났다, 지금.

남자2	진짜? (하곤 계속 뛰어가는데)
우진	!!! (우뚝 멈춰 서는)
사람들	(멈춰 선 우진 곁을 훅훅, 비켜 지나간다)
우진	(표정 경직된 채 있다가 바로 뒤돌아 뛰어가기 시작한다)

앞으로 뛰는 사람들 사이를 역주행해 뛰어가는 우진, 전력 질주한다.

53. 마라톤장 중간 코스 앞쪽 (낮)

삼삼오오 모여 앞으로 뛰어가는 사람들을 뚫고 역주행해 뛰는 우진. 드디어 전방에 구급차가 보인다.

우진	(멈칫 서면)

구급 요원이 들것에 쓰러진 남자 싣고 구급차로 옮기는 중이다. 남자 얼굴은 보이지 않고 의식이 없는 듯 들것 밖으로 툭 떨어진 팔이 보인다. 우진, 떨리는 표정으로 다가서는데… 축 늘어진 팔의 손목에 찬 시계가 눈에 들어온다.

#. 인서트 - 49씬. 주혁의 손목에 찬 시계, 같은 시계다.

우진	… (주혁이 맞구나… 들것남 향해 걸어가며)
	대리님, 대리님… 대리님! (달려가 들것에 매달리는데)
(주혁)	우진 씨…?
우진	!!! (돌아보면)

여전히 창백한 안색의 주혁, 어리둥절한 표정으로 우진 보고 서 있다.

우진   (보고도 안 믿기는 듯) 대… 대리님…?

주혁   … 왜, 무슨 일 있어? 어디 아파…?

우진   (들것남 얼굴 확인하면, 주혁이 아닌 다른 남자다)

주혁   … 왜 그래… 무슨 일이야…?

우진   … (멍한 채 본다…. 아직 눈에는 눈물이 그렁그렁… 결국 한 방울
       툭, 떨어진다)

주혁   우진 씨…. (영문 몰라 보는데)

우진   (안도감과 애써 외면해왔던 자기 감정을 확인한 당혹감에 어쩔 줄
       모르는…. '나는 이 사람을 사랑한다… 그것도 아주 많이….')

54. 삼계탕집 외경 (밤)

(지점장)   (낙담한 듯한) 어쨌거나 뭐… 고생들 했고….

55. 삼계탕집 (밤)

마라톤 후 회식 자리. 낙담한 표정의 지점장 멘트 중이고… 직원
들, 각자 자리 앞에 삼계탕 한 그릇씩 받은 채 눈치 보고 있다.

지점장   (애써 만족하려는) … 그래도 3등 나온 게 어디야 우리 점에서,
        어? 민수 씨, 잘했어. 역시 젊은 피가 달라. 안 그래?

변 팀장 그럼요. 젊음이 무기죠. 잘했어, 민수 씨. 막판 스퍼트 보니까 뭐
        거의 우사인 볼트던데? 앞으로 정볼트라고 불러야겠어. 하하….
        (너스레 떠는)

장 팀장 아휴, 그럼… 다리 길이가 있는데 (대견한 듯 본다)

지점장   그래, 주말에 쉬지도 못하고 고생들 했고. 먹자고, 어? 보신해야지.

일동   네! (하고 먹으려는데)

지점장   아… 근데 생각할수록 아깝네. 눈앞에서 휴가비를 날렸으니
        참….

일동 (닭다리 들고 뜯으려다가, 멈칫)

지점장 아예 가능성 없었으면 이렇게 아쉽지는 않을 건데 말이야… 아, 속상하네 진짜….

장 팀장 (지점장 눈치 보며) 그러게요, 민수 씨 애가 눈치 없이 3등을 해가지고 참…. 왜 그랬니? 그냥 평소처럼 하지….

변 팀장 그치, 아슬아슬하게 밀려서 좀 아까운 면은 없지 않아 있지.

지점장 아냐, 됐어. 그래도 잘한 거지. 어쨌거나 전원 참가에 의의를 두기로 했으니까 뭐. 안 먹고들 뭐 해? 먹자고, 응? 먹어.

일동 네…. (다시 닭 드는데)

지점장 근데 3등은 상금도 없고 뭐 꼴랑 음료수 한 박스…? 나참. 그래… 뭐 그거라도 어디냐….

일동 (다시 멈칫)

지점장 1등이 송산점이었나? 거기 지점장이 아주 입이 함박만 해졌더라고. 거기가 실적도 좋잖아, 왜. 그러고 보면 참… 체력이 국력이라고, 이 체력이 지점 성과랑도 무관한 게 아니에요. 음…. (둘러보며) 뭣들 하고 있어? 먹어, 어? 먹어먹어.

일동 (안 먹고 보는…. 혼낼 거 다 혼내라는)

종후 잘 먹겠습니다…? (일동 먹기 시작하는)

지점장 응, 잘 먹어야 체력도 느는 거야.

우진 (이 와중에 지점장 말 안 들리는 듯, 소주 마시고 주혁 보는)

주혁 (역시 우진이 신경 쓰인다. 아까 그 눈물은 뭐였을까? 힐끗 보다 시선 피하는)

우진 (그런 주혁에게서 시선 거두지 않고 보며)

#. 회상 플래시 - 4화 주혁 '우진아!' 하며 오토바이 위험 구해주던/4화 자전거 넘어졌을 때 주혁, 차에서 내려 뛰어오던/8화 우진의 집 골목. 우진, 우진 모 찾아 오는 길에 주혁 보고 안기던/8화 지구대. 우진 머리 받쳐주던/9화 병원 휴게실. 나란히 앉아 TV 보며 미묘한 설렘 느끼던…

우진	(자기 감정은 아까 확실히 알았다. 그럼 주혁의 감정은 뭘까? 소주 털어 넣는다)
종후	에이, 뭐가 그렇게 급해요? 천천히 먹어요, 속부터 채우고.
우진	(종후 보며 애써 밝은 척) 내 주량 몰라요? 괜찮아요.
종후	이상하시네, 오늘… 뭐, 술 땡기는 일 있었어요? (따라주는)
우진	그러게… 오늘 좀 술이 땡기네. (쓸쓸한 표정 지으며 또 반잔 꺾어 마시는)

주혁, 그런 우진을 건너편 자리에서 계속 주시해서 보는데… 이 때 휴대폰 울린다. 보면 '모친'이다. 바로 받지 않자 울리다 끊어 지는 벨….

56. 삼계탕집 앞 (밤)

주혁, 나와서 모친과 통화 중이다.

주혁	… 엄마 허리는 어떠신가 해서 전화했었지. 설마 벌써 가게 나가 시는 건 아니지? 아직은 조심하셔야 돼요. 네… 또 전화드릴게요. 네, 쉬세요…. (끊는)

휴대폰 넣고 하늘 한 번 올려다보는 주혁. 오늘따라 달이 밝다. 주혁, 다시 들어가려는데… 구석에 시커먼 물체가 웅크리고 있는 게 보인다.

주혁	? (뭐지? 다시 보는데 사람이다…! 누구지? 다가가 보면)

바닥에 웅크리고 앉아 있던 우진. 긴 머리를 쓸어 올리며 고개 든 다. 급하게 마신 술에 취한 상태.

우진   (주혁 보고 생글, 혀 꼬이며) 어… 대리님이다…. 차, 대리님….

주혁   (다가선다) 우진 씨, 취했어요?

우진   넵! 취해쑵니다. 서우진 만땅 취해쑵니다아…. (머리 한 움큼씩 양
쪽으로 잡고 밧줄인 양 자기 목을 조르는 시늉 한다. 눈 풀린 채 배시
시 웃는)

주혁   (많이 취했구나… 하는 표정)

57. 근처 놀이터 (밤)

시소를 의자 삼아 앉아 음료수 마시는 우진. 좀 전보다는 살짝 술
이 깬 듯하다. 주혁, 그 옆에 서서 우진을 지켜봐 준다.

주혁   … 어때? 좀 깨는 거 같아…?

우진   (끄덕끄덕, 크게)

주혁   그러게 왜 그렇게 많이 마셨어? … 자기 주량 너무 믿는 거 아니
야?

우진   (대답 않고, 혼자 발 올렸다 내렸다 하며 방아 찧는)

주혁   (우진 보면)

우진   (타며) 어렸을 때… 시소 타고 내려가면요… 고무 타이어에 쿵,
쿵, 엉덩방아를 찧으면 심장도 같이 쿵, 쿵, 내려앉고 그랬거든
요… 기분 진짜 이상했는데. (웃는)

주혁   (피식, 웃으며 공감하는)

우진   (홱 올려다보며) 저쪽에 좀 앉죠. 나 고개 아픈데.

주혁   (시키는 대로 시소 반대쪽에 가 앉는다)

우진   (자연스럽게 공중으로 솟는데) 어어… 안되겠다, 나 토할 거 같애!
스톱, 스토옵!

주혁   (놀라 얼른 뛰어내리면)

우진   (쿵! 엉덩방아 찧고) 아…. (아파하는)

주혁   (헐… 미안한 표정)

(컷)시소 한가운데 엉덩이만 붙이고 앉은 우진. 속 진정시키고 있
는 중이다. 주혁, 옆에 서서 보다가….

주혁   … 괜찮아? 이제 우리 가야 될 거 같은데. 다들 찾겠다.
우진   오케이, 됐어요. 진정됐어요…. 갑시다. (일어서는데 중심 잃고 비틀)
주혁   (잡으며) 에이, 안 괜찮은데 아직. 걸을 수 있겠어?
우진   네네… 그럼요, 그럼요! (하면서도 비틀)
주혁   휴우…. (한숨 쉬는데 놀이터 한쪽에 있는 유아용 세발자전거가 보
인다)

58. 골목 (밤)

우진, 유아용 자전거에 타고 다리 뻗은 채 와아!!! 환호성 지르고,
주혁은 자전거 손잡이와 뒤쪽 잡고 밀어준다.

우진   (신난) 와, 너무 재미있어요!
주혁   (입 꾹 다문 채 밀고 가는)
우진   (신나서) 세게, 더더, 더 세게! 아, 더어어어!
주혁   (어쩔 수 없이 더 세게 미는데)

속도 때문에 균형이 무너지며 옆으로 나자빠지는 자전거. 우진도
옆으로 콰당, 넘어지고 만다.

주혁   (놀라 다가서며) 우진아!
우진   아….
주혁   괜찮아? 그러게 왜 자꾸 세게 밀라고 참…. (우진 손 잡아주는)
우진   (손 잡은 채 주혁 보는)

주혁   일어나 봐. 어디 다친 거 아니야? 괜찮아? 어? (다시 묻는데)

우진   (주혁 뚫어져라 보며) … 아뇨, 안 괜찮아요.

주혁   ? (보면)

우진   (진지하게) 하나도 괜찮지가 않다고요…. 아닌 줄도 알고 안 되는 것도 아는데, 처음부터 내 마음대로 안 됐어요, 고장 난 것처럼. 자꾸만 눈이 가고, 까불고 싶고, 남 같지 않고, 편하고, 의지 되고….

주혁   …!

우진   힘들 때마다 고개를 돌리면… 이상하게 제 옆에 대리님이 계셨어요. 왜 그랬어요?

#. 회상 플래시 - 4화 자전거 넘어졌을 때 주혁, 차에서 내려 뛰어오던/8화 우진의 집 골목. 우진 우진 모 찾다 오는 길에 주혁 보고 안기던/8화 지구대. 주혁이 졸고 있는 우진 머리 받쳐주던

우진   (울컥) 다른 건 모르겠고 그냥 확실한 건… 내가 대리님을 많이… 좋아한다는 거예요.

주혁   (놀란 채 보며) 아니, 아냐… 안 돼…. (당황해 손 놓고 물러서려는데)

우진   (그 손 꽉 잡고 안 놔주는)

주혁   (잡힌 채 우진 보면)

우진   (손 끌어당기며 키스하는)

주혁   (눈 동그래진 채 키스당한 상태에서, 천천히… 저도 모르게… 눈을 감는다)

그렇게 조용한 밤 골목, 키스하는 두 사람 모습에서….
10화 엔딩.

11
화

🌙

☾

다
시

———

사
랑
한
다
말
할
까

1. 전화 연결 - 골목 (밤)

우진 (주혁 뚫어져라 보며) … 아뇨, 안 괜찮아요.

주혁 ? (보면)

우진 (진지하게) 하나도 괜찮지가 않다고요…. 아닌 줄도 알고 안 되는 것도 아는데, 처음부터 내 마음대로 안 됐어요. 고장 난 것처럼. 자꾸만 눈이 가고, 까불고 싶고, 남 같지 않고, 편하고, 의지 되고….

주혁 …!

우진 힘들 때마다 고개를 돌리면… 이상하게 제 옆에 대리님이 계셨어요. 왜 그랬어요?

    #. 회상 플래시 - 4화, 자전거 넘어졌을 때 주혁, 차에서 내려 뛰어오던/8화 우진의 집 골목. 우진 우진 모 찾다 오는 길에 주혁 보고 안기던/8화 지구대. 주혁이 졸고 있는 우진 머리 받쳐주던

우진 (울컥) 다른 건 모르겠고 그냥 확실한 건… 내가 대리님을 많이… 좋아한다는 거예요.

주혁 (놀란 채 보며) 아니, 아냐… 안 돼…. (당황해 손 놓고 물러서려는데)

우진 (그 손 꽉 잡고 안 놔주는)

111

주혁   (잡힌 채 우진 보면)

우진   (손 끌어당기며 키스하는)

주혁   (눈 동그래진 채 키스당한 상태에서, 천천히… 저도 모르게… 눈을 감는다)

그렇게 조용한 밤 골목, 키스하는 두 사람 모습에서….

주혁   ! (순간 각성한 듯 화들짝 물러서는)

우진   …. (보면)

주혁   (당황한)… 아냐, 우린… 우린 안 돼…. (뒷걸음질 치다 돌아서서 도망가는)

우진   대리님…. (일어나는데)

주혁   (그 방향이 아니다, 다시 급유턴해 반대쪽으로 도망가는)

우진   대리님… 대리님! (좇아가는데, 주혁이 더 속력 내 도망간다. 따라가다가 도저히 안되겠다… 멈추는…. 원망스럽고 착잡한 표정에서)

2. 삼계탕집 앞 (밤)

얼굴 벌게진 채 잰걸음으로 삼계탕집 쪽으로 걸어오는 주혁. 좀 전 키스의 여운에 넋이 반쯤 나갔다. 하아… 긴 한숨 내쉬고는 복잡한 표정으로 우진이 있는 골목 쪽을 다시 돌아본다.

3. 골목 (밤)

어두운 밤 골목. 세발자전거를 타고 천천히 페달 밟아 가는 우진. (제자리에 갖다 놓을 양이다) 술기운이 남은 데다 작은 자전거를 몰고 가는 게 쉽지만은 않은 듯 멈춰 선다. 이내 일어나 손으로 자전거를 끌고 가는 우진의 모습 부감으로…. (f.o/f.i)

청량한 아침 전경에서 타이틀….

제11화 | 다시 사랑한다 말할까

(E) 지글지글… (기름에 뭔가 굽는 소리)

5. 종후 원룸 (낮)

주혁, 욕실에서 씻고 나오는데 종후, 아침 차리는 중이다. 프라이 팬 속 계란프라이, 식탁 위 접시에 막 옮긴다.

종후　　아, 뜨거…. (주혁 보며) 야야, 일루 와 앉아. 와, 아침 먹어.

주혁　　(보며) 아… 나 아침 별로 생각 없는데….

종후　　야, 이씨… 먹어. 너 먹이려고 내가 아침부터 일어나서 계란 사 오고 난리를 떨었구만…. 성의를 봐서라도 좀 먹어, 어? (프라이 팬 갖다 놓는)

주혁　　…. (어쩔 수 없이 와서 앉는다)

종후　　(만족) 먹어봐. 자그마치 자취 10년 내공이 담긴 후라이다 이게. (앉으며) 너 후라이가 이게 은근 까다로운 음식인 거 알지. 간이 맞아야 되거든.

주혁　　(먹고) 어, 맛있네. 시집가도 되겠다, 야.

종후　　그치? 그럼 우진 씨한테 확 시집이나 가버려? (웃는데)

주혁　　(먹다가 우진 이름에 멈칫, 종후 얼굴 못 보는)

종후　　아, 우진 씨는 일어났나? 어제 과음해서 힘들 텐데… 설마, 일어 는 났겠지?

6. 우진의 집 안방 (낮)

대자로 뻗어 자고 있던 우진, 눈 번쩍 뜬다. 우진 모 혼자 일어나 화투 패 뜨고 놀고 있고… 우진, 벌떡 일어나 앉는다.

우진   (불길한 예감이 드는 표정으로) 엄마, 지금 몇 시야?
우진 모   (아무렇지도 않게) 응, 8시.
우진   8시?! (벌떡 일어나는) 아 깨워야지 그럼, 지각이잖아! (뛰쳐나가는)

7. 은행 앞 (낮)

우진, 허둥지둥 뛰다시피 오다가 멈칫한다. 은행 입구에서 우진이 왔나, 안쪽을 기웃거리는 주혁의 뒷모습 보인다. 그러곤 무심코 뒤쪽 보다 우진을 보고 화들짝 놀라는….

우진   (어색하지만… 애써 태연하게) 좋은… 아침요, 대리님….
주혁   어어… 왔어…? 나도 방금 왔는데… 변 팀장님 안에 있나 보려고…. (후다닥 들어가는)
우진   (나 때문에 불편하구나…. 불편하긴 매한가지다… 한숨 내쉬고 들어가는)

8. 은행 객장 (낮)

우진, 유니폼으로 갈아입고 자리로 오는데… 주혁, 이쪽 방향으로 오다가 우진 보고 또 되돌아간다. 씁쓸한 우진, 자리 앉는데… 종후, 다가와 톡 친다.

종후   … 괜찮아요? 속 엄청 부대낄 텐데. 뭔 술을 그렇게 많이 마셨어요, 어젠.

우진	(종후 보기 미안한) 그니까요….

종후	아예 들이붓더구만 나중엔…. 자기 주량 너무 믿는 거 아냐? (하
	는데)

변 팀장	(지나가며) 좋을 때다, 아주! 적당히 꽁냥거려라, 이혼남 열 받는
	다…. (가는)

종후	넵! 자제하겠습니다, 팀장님! (웃는데)

우진	(도저히 안 되겠다. 조금이라도 빨리 종후에게 솔직한 자기 마음을
	얘기해야 할 것만 같다. 종후 보며) 저기 대리님… 퇴근 후에 시간
	좀 내줄 수 있어요?

종후	그걸 뭘 물어요? 내 시간은 다 그대 건데.

우진	(면목 없는 미소) 이따 봐요. 할 얘기… 있어요.

종후	와, 뭘까? 프로포즈 이런 거면 나 아직 마음의 준비가 안 됐는데.
	(웃는)

9. 은행 옥상 (낮)

초조한 듯 달달 떨고 있는 다리에서 틸업 하면… 종후다. 좀 전의
여유로운 표정은 온데간데없이, 주혁에게 토로 중인….

종후	… 뭘까? 뭘 거 같냐? 갑자기 뭔 얘길 할라 그러지?

주혁	그, 글쎄…. (말은 그렇게 했지만 감이 온다. 정리하려고 하는구나)

종후	(손톱 잘근잘근 씹으며) 아… 나 왜 이렇게 불안하냐? 뭐가 쎄한
	게 촉이 너무 안 좋아. 실은 우리 일단 한 달만 만나보기로 한 거
	거든. 한 달 되려면 아직 며칠 남긴 했는데… 아… 대체 할 얘기
	가 뭘까? 무슨 일일까…?

주혁	(그렇구나… 한 달만 만나보기로 한 거였구나…)

종후	주혁아, 나 이대로 까이는 건 아니겠지? 그치? 아니겠지?

주혁	…. (뭐라 대답 못하면)

종후	야이 씨… 아니라고 안 해? 안 그래도 불안해 죽겠구만. 아니라

고 해, 빨리. 빨리!

주혁   (눈치 보며 어쩔 수 없이) 아… 아닐 거야….

종후   아… 아냐. 그래도 불안해. 야, 아니라고 세 번만 더 해줘. 어?

주혁   (어쩔 수 없이) 아닐 거야, 아닐 거야, 아닐… 거야….

종후   아씨… 그래도 불안이 가시지가 않아. 열 번만 더. 열 번!

주혁   후…. (한숨 쉬곤 단숨에) 아닐거야아닐거야아닐거야아닐거야아 닐거야아닐거야….

10. 은행 객장 (낮)

주혁과 종후 자리 앉으며 동시에 우진 힐끗… 눈치 본다. 우진이 무심코 이쪽을 보자 동시에 고개 처박는다. 환은 객장 마지막 고객 상담 중이다.

환   (전세 자금 대출 서류 내밀며) 우대 이율 모두 적용해드렸고요. 대출 이자는 매달 20일 결산일에 통장에서 출금될 겁니다. 뭐 더 필요한 거 있으세요?

여자   (홍조 띤 얼굴로) 아니, 없고요… (가방에서 민트 초콜릿 꺼내 환 앞에 놓으며) 이거 드세요. (하고는 부끄러운 듯 후다닥 나간다)

장 팀장/혜정   (동시에) 올….

향숙   (흠칫, 의식하고 보는)

장 팀장   요새 김환 아주 잘나가? 저 여자분도 상담만 벌써 세 번쨴 거 같은데.

혜정   맞아요. 요새 환 씨 보러 오는 여자 고객들 꽤 있어요. 근데 뭐예요?

환   민트 초콜릿 같은데요? 나 민트 별로인데, 치약 같아서.

향숙   어… 난 민트 초콜릿 좋아하는데…. (기대의 눈빛으로 환 보는)

환   (못 들은 척하고 혜정에게) 혜정 씨, 이거 먹을래요? (주는)

혜정/향숙   어, 그래… 고마워…. (받는)/(뭔가 서운한 표정)

환   저 잠깐 서고에 좀 갔다 올게요. (안쪽으로 가면)

혜정	(그런 환 보다가 향숙 툭 치며) 야, 김환… 좀 이상하지 요새.
향숙	(뾰로통해서) 뭐가?
혜정	너한테 하는 거 나한테 하는 거 너무 다르잖아. 자꾸 페로몬을 팍 팍 쏘는 게… 나한테 관심 생겼나 봐, 쟤. 봐봐, 완전 노골적이잖아. (초콜릿 보이는)
향숙	(설마… 하는 표정에)
혜정	아, 진짜, 너무 대놓고 들이대면 곤란한데…. 나 연하는 별로인데.
향숙	(진짠가 하는 표정으로 환이 나간 입구 쪽 보는…. 화가 치밀어 오르는)

11. 저녁 인서트 – 퇴근길 러시아워 시작되는 (밤)

12. 은행 앞 거리 (밤, *이후 16씬까지 킷, 컷 느낌으로)

퇴근해 나온 종후와 우진 – 종후, 일부러 끊임없이 떠드는….

종후	와… 해가 떨어졌는데도 푹푹 찌네, 쩌. 어쩜 이렇게 바람 한 점 안 부냐? 작년에도 이렇게 더웠나? (아무 말이나 하는데)
우진	어디로 갈까요? 어디 조용한 데로….
종후	아, 근데 나 배 너무 고픈데. 일단 밥부터 먹고 얘기하면 안 돼요?

13. 메밀국수집 앞 (밤)

식사하고 나오는 우진과 종후. 우진은 불편하고 종후는 여전히 밝은….

종후	아… 이 집 메밀 잘하네. 다음에는 돌솥 정식도 한번 먹어봐야겠다. 하나 맛있는 집은 다른 메뉴도 뭐, 여지없이 맛있더라고요. 그죠.
우진	네, 맞아요…. 대리님, 저기 이제…. (하는데)

종후   아, 근데 너무 먹었나? 우리 어디 가서 소화 좀 시키고 얘기할래
           요?

14. 게임장 (밤)

격투 게임 중인 종후. 우진 계속 옆에서 보는….

종후   죽어! 죽어! 아, 안 돼, 아!!! (우진 보며) 나 동전 좀 더 바꿔 올게요.
우진   (잡으며) 여기. (동전 주면)
종후   아, 땡큐. (하고는 급히 다시 동전 넣는다)

(컷)이번엔 농구 게임 중인 종후. 우진은 옆에서 참을성 있게 기
다리는….

종후   (공 던지며) 우진 씨! 같이 좀 해요! 요기 공 있잖아, 공!
우진   (그저 기다리는)
종후   (공 던지다, 마지막 공 던지는데 노 골) 아… (아쉬운 듯 본다) 한 골
           만 더 넣었으면 스테이지 더 가는 건데…. (눈치 보며) 근데 게임
           을 너무 열심히 했더니 또 배고프네. 우리 어디 가서 샌드위치라
           도…. (하는데)
우진   (더 이상은 안 된다는 듯) 저기, 윤 대리님, 우리 이제… 얘기하죠.

15. 공원 (밤)

벤치에 앉아 있는 우진과 종후. 어색한 침묵 흐른다.

종후   (각오한 듯) 됐어요, 준비됐어요. 이제 말해요….
우진   (얘기 시작하는) … 아직 한 달 되려면 며칠 남았지만… 조금이라
           도 빨리 말하는 게 대리님한테 예의인 거 같아서….

종후	(아 이별 통보구나… 직감하는)

우진 … 저… 대리님이랑 더 못 만날 거 같아요. 대리님 생각보다 훨씬 좋은 사람인데, 머리로는 그걸 알겠는데, 마음이 자꾸 엉뚱한 데를 봐요…. 안 되겠어요 이제.

종후 (표정 굳는다. 역시 슬픈 예감은 틀리지를 않는구나)

우진 이럴 거면 시작을 말았어야 했는데… 완전 진상이죠, 저.

종후 뭐 쬐끔? (애써 웃으며) 아닙니다. 한 달 만나보고 결정하라 그런 건 난데, 뭐.

우진 (미안해 죽겠다는 표정으로 보면)

종후 (그 표정 보고, 일부러 오버해) 아, 그러지 마요 쫌, 그 표정 뭐야. 뭔 죽을죄 지은 것도 아니고. 아니, 남녀가 만나다 뭐가 안 맞으면 헤어질 수도 있는 거지, 연애 한두 번 해봤나? 차기도 하고 차이기도 하고, 어? 다 그런 거지.

우진 (진짜 괜찮은 건가 싶은)

종후 (호기롭게) 그냥 자연스럽게, 편한 동료 사이로 돌아가자고요. 괜히 촌스럽게 어색해하고 쌩까고 그러지 말고. 할리웃에서는 이혼하고도 친구 하고 그러잖아요, 왜. 어때요, 이건 괜찮죠? 오케이? (여유 있게 웃음 짓는다)

(상식) 뭐, 진짜야? 진짜 헤어졌다고? 우진 씨랑?!

16. 실내 포차 (밤)

생맥주 벌컥벌컥 원샷하는 종후. 어지간히 속이 타는 듯. 테이블 위에 번데기탕, 오징어 안주 있고… 상식과 주혁 앞에 앉아 있다.

상식 야, 술만 처마시지 말고, 얘기를 좀 해봐. 헤어지다니? 잘 만나다가 이게 무슨 날벼락이냐고 인마! 아, 얘기 좀 해보라고 답답하다고! (소리 지르면)

종후 야…! 내가 까였거든, 니가 아니라! 왜 소리는 지르고 난리야?!

	(울컥) 안 그래도 지금 내 마음이 씨… 내 마음이 아니구만. 씨….
	(맥주 더 마시려는데 잔이 비었다)
주혁	(상식의 생맥주 잔 종후 앞에 놔주는)
종후	(또 벌컥벌컥 마시는)
상식	아, 당최 이해를 못하겠네. 펜션 가서 재밌게 논 게 엊그제 같구만, 아니 왜…. 우진 씨도 분명히 너 좋아하는 거 같더니만. 이유가 뭐래, 대체?
종후	후…. (한숨 쉬곤) 따로 좋아하는 사람이 있나 봐.
상식	진짜?! 아니, 그 쉐끼가 누구야 대체? 이런 빌어먹을 쉐끼….
주혁	! (당황하는, 갑자기 목이 탄다. 종후 췄던 생맥주 잔 들어 한 모금 마시는)
종후	… 몰라, 나도…. 뭔 수로 알겠냐, 그 죽일 놈의 쉐끼가 누군지.
주혁	(입 뗐다가 한 모금 더 마시는)
상식	야, 그럼 그동안 우진 씨 혹시, 양다리였던 거야?
주혁	아냐, 그건! (하다 아차) 아, 내 말은… 그건 아니지 않을까 뭐 그런….
종후	맞아, 아니야. 그냥 짝사랑 같기도 하고.
상식	오마이갓…. 그럼 쌍방도 아닌데 밀린 거라고? 미치겠다, 아주. 천하의 윤종후가 어쩌다 참…. 얘 천벌 받나? 그동안 여자 여럿 울려서?
종후	(무시하고 한탄하듯) … 만나면서도 계속 불안하긴 했어. 주는 만큼 오는 거 같지 않아서…. 그래, 그럼 내가 이백을 주자, 그럼 백이 오겠지…. 그래서 더 표현하고 들이댄 건데, 내가 부담스러웠나…? 그런 거냐, 주혁아?
주혁	(왜 나한테) 아냐, 넌 할 만큼 했어….
종후	(살짝 취한, 고개 저으며) … 모르겠다, 나도. 마음이 뻥 뚫린 거 같고, 온 세상이 다 슬프게 보이고… (번데기탕 보며) 얘네도 안됐지… 이게 뭐야… 세상에 태어나 날갯짓 한번 못해 보고… 번데기야, 다음에는 꼭 인간으로 태어나라….

상식   미친놈, 취했냐?

종후   (이번엔 오징어 집으며) 니들 얘가 바다에서 얼마나 빠른지 모르
       지. 날아다닌다 얘네가? 근데 이게 뭐야… 그물에 잘못 걸려서
       죽은 것도 억울한데… 몇 날 며칠을 빨랫줄에 매달려가지고 쭈
       글쭈글해지고… 불에 구워지고…. (울컥하면)

주혁   (이 자리가 바늘방석이다. 그저 토닥토닥, 종후 등 쳐주는데)

상식   야, 궁상떨지 말고 인나! 세상에 여자가 뭐 서우진뿐이냐? 너 오
       늘 내가 무슨 수를 써서라도 여친 만들어줄게. 나가자, 어? 나가!
       (일어서는)

주혁   야, 가게는…? 주은이도 없는데.

상식   아, 됐어, 지금 가게가 문제냐? 친구가 실연의 늪에서 허우적거리
       는데? 가자, 종후야! 내가 오늘 헌팅이 뭔지 제대로 함 보여줄라
       니까! 아 가자니까!

17. 클럽 (밤)

뺄쭘한 표정의 주혁, 종후, 상식 얼굴에서 줌아웃하면… 고립된
채 세 사람만 뻣뻣하게 서 있고 주변 젊은이들 자유롭게 춤추고
있다. 딱 봐도 세 사람만 30대이고 나머지는 다 20대다.

주혁   … 야… 우리 아무래도 못 올 데 온 거 같은데….

종후   그래… 물 흐리지 말고 가자, 야…. 애들이 자꾸 쩨려보는 거 같아.

상식   (오기 어린) 야, 왜 미리 쫄아서 그래! 남자는 자신감이라고, 어?
       있어 봐! (하고는 주변 여자들 스캔, 타깃 정했다) 호우! (이상한 춤
       추며 다가가는)

종후   (뺄쭘하게 서서 주혁에게) 야… 내일 출근해서 나 우진 씨 얼굴 어
       떻게 보냐? 있는 대로 쿨한 척은 해놨는데, 잘 대할 수 있을까?
       아무렇지도 않게?

주혁   (기다 아니다 말 못하는, 마음 안 좋은데)

상식	(여자들과 뭐라뭐라 얘기하다가 다시 오는)
주혁/종후	? (상식 보면)
상식	(웃는 얼굴 유지한 채 두 사람 귀에 대고) 꺼지래. (멋쩍은 표정에서)

18. 한강변 (밤)

트레이닝복 차림으로 전속력으로 내달리다 멈추는 우진. 헉헉⋯
종후에게 이별 선언하고 자신도 마음이 괴롭다. 뒤이어 주은 뒤
쫓아 오고⋯.

주은	⋯ 야⋯ 너 왜 이렇게 빨라⋯? 아이고, 앓느니 죽겠다 진짜⋯.
우진	(헉헉⋯ 가쁜 숨 몰아쉬며⋯ 아직 마음 괴로운)

(컷)한강변에 앉아 물 마시는 우진과 주은. 강물 바라보는⋯.

우진	이럴 거였으면 시작도 말걸⋯. 윤 대리님한테 미안해 죽겠다 진짜.
주은	야, 뭘 또 그렇게⋯. 한 달만 만나보기로 한 거라며.
우진	그래도, 내 마음이 조정이 안 돼, 길을 잃었어⋯. 경로를 이탈하였습니다, 경로를 이탈하였습니다⋯ 경고는 울리는데⋯ 그쪽은 멀고 험한 길인 걸 나도 아는데⋯ 자꾸만 그 길로 들어서, 내 마음이. (씁쓸한 표정 지으면)
주은	(우진 본다. 긴가민가 보며) 우진아, 혹시⋯ 이렇게 된 거, 우리 오빠 때문이야⋯?
우진	?! (놀란 듯 보면)
주은	(표정 보고 감 잡는다) 아, 맞구나⋯. 난 설마했는데.
우진	(부정 못하고) 어떻게 알았어⋯?
주은	글쎄, 그냥 직감? 그럼 전에 말했던 그 쿵, 그 사람도 오빠였던 거야⋯?
우진	(씁쓸하게) ⋯ 나 너무 나쁘지? 둘이 절친인 거 뻔히 알면서. 드라

마에 이런 삼각 나오면 욕을 바가지로 했었는데…. 내가 생각해도 너무 재수 없다. 내가.

주은 그치, 나도 친구 아니면 아마 죽일 년 썩을 년 했겠지. 근데… 마음이 의지대로 되면 그 다양한 러브스토리가 나왔겠냐? 안 그래?

우진 ….

주은 (보며) 난 스위스 할게, 중립. 밀어주지는 못해도 최소한 비난은 안 할란다.

우진 … 그것만도 감지덕지야. 고맙다. (주은 손 잡고 쓸쓸한 미소 짓는)

19. 다음 날/은행 외경 (낮)

(종후) (과하게 밝은) 하이루, 좋은 아침!

20. 은행 객장 (낮)

오픈 전 영업 준비 중인 객장. 과하게 밝은 표정의 종후, 테이크아웃 음료 돌린다.

종후 자자, 날도 더운데 시원하게 '아아' 한 잔씩 하고 시작하시자고요!

직원들 오, 땡큐./어머, 잘 마실게, 윤 대리!/잘 마실게요.

종후 제 거 사는 김에 산 거예요. (하며 우진 앞으로) 자, 우리 우진 씨는 커피 대신 달달한 딸기셰이크, 좋죠? (건네면)

우진 (어색하지만 종후가 애쓰므로) 네, 고마워요, 대리님.

주혁 (종후 본다. 그렇게 힘들어하더니… 진짜 애쓰는구나 싶은)

장 팀장 뭐야, 윤 대리, 여친 것만 사 오기 미안하니까 우리 것까지 사 온 거야?

변 팀장 그러게. 달달구리한 냄새가 그냥 여기까지 난다야. 그렇게 좋냐? 우리 올해 안에 국수 먹는 거 아냐, 이거? (하는데)

종후 (별일 아니라는 듯) 아, 우리 어제 헤어졌어요.

변 팀/장 팀   (멈칫) 뭐?/어머, 어머, 어머 진짜…?

항/혜/환   (커피 마시다가 놀라서 보는)

종후   에이, 리액션이 왜 이렇게 구려? 남녀가 만나다 헤어질 수도 있
지. 우린 진짜 아무렇지도 않거든요. 그냥 편하게, 좋은 동료로
잘 지낼 거니까 여러분들도 너무 괘념치 마시고 편하게. 그죠, 우
진 씨?

우진   (종후에게 맞춰주는) 네… 맞아요.

장 팀장   어머, 두 사람 진짜 쿨하다. 보통 사내 연애하다 헤어지면 완전
원수 되던데.

변 팀장   그러게. 젊은 사람들이라 그런가, 마인드가 참 열려 있네.

항숙/혜정   그러게… 대단하다./멋있어요. 완전 세련됐어.

종후   아, 세련은 무슨, 나쁘게 끝난 것도 아닌데요 뭐. 어쨌거나 우진
씨랑 저, 이제 공식적으로 싱글입니다! 착오 없으시길 바래요.
(너스레 떠는 모습에)

(혜정)   분위기 보니까 우진 씨가 까인 것 같지? 그치?

21. 은행 탕비실 (낮)

향숙, 혜정, 장 팀장, 변 팀장, 커피 마시며 수군거린다.

향숙   어. 그러고는 윤 대리님이 살짝, 쉴드 치는 느낌?

혜정   아우, 윤 대리님 그렇게 안 봤는데 생각보다 은근 잔인하다….

장 팀장   아, 됐어, 우리야 나쁠 거 없지 뭐. 쟤들 둘이 쌩, 했어봐. 같이 먹
어도 될 밥 두 팀으로 나눠 먹어야지, 말 가려 해야지, 눈치 봐야
지. 아우, 그거 은근 스트레스다, 아주.

변 팀장   맞는 말이야. 사내 연애 끝이 좋은 경우를 못 봤다니까. 그래서
내가 지금까지 사내 연애를 안 한 거 아냐.

장 팀장   안 한 게 아니고 못 한 거겠지. 하고는 싶었던 거잖아. (하며 쿡, 찌
르는)

혜정/향숙   ?! (보면)

변 팀장   (당황해) 아, 연애야 하고 싶지, 안 하고 싶은 사람 있나? (더 허튼
        소리 할까 봐) 아유, 벌써 시간이… 자자, 가서 일합시다, 일…. 갑
        시다…. (장 팀장 끌고 나가는)

장 팀장   어머, 왜 이래, 나 다 안 마셨는데…. (끌려 나가는)

향숙   두 분도 참…. 케미는 좋은데 그림이 저렇게 안 나오기도…. (고
      개 젓는데)

혜정   어쨌든 사내 연애는 신중해야 돼. 쿨한 게 어딨니? 만나다 헤어
      지면 다 불편하지. 아… 이 시점에서 또 고민되네. 김환 애 마음
      을 받아줘 말아…?

향숙   (힐끗 혜정 눈치 본다…. 진짜 둘이 잘되면 어쩌지 싶은)

22. 은행 객장 (낮)

뚫어져라 종후 보는 환. 종후, 노래 흥얼거리며 휴대폰 서핑 중이다.

종후   (환에게) 야, 이거 복근 만드는 기구, 효과 있을까? 여름 가기 전
      에 바짝 몸 만들어볼까 싶은데…. 참, 그리고 너 다니는 중국어
      학원 있지? 거기 새벽반도 있냐? 나 중국어도 좀 해놓고 싶은데.
      거기 그룹 말고 일대일도 하냐?

환   (그런 종후를 보기만 하는)

종후   뭐냐, 그 재수 없는 눈빛은?

환   (탐색하듯이 보다) 대리님 까였죠?

종후   뭐? (당황) 야, 무슨, 까이긴…. 우리 그냥 합의한 거야, 피차.

환   (보며) 아닌데, 이건 전형적인 까임 증후군인데. 평소 같지 않게
      이거 저거 배우려고 그러고, 최대한 바쁘게 스케줄 짜고. 아니라
      고요…?

종후   (정곡을 찔렸다) 그래, 아냐, 아냐, 인마. 아니라고…. (욱해서 일어
      나는)

23. 은행 옥상 (낮)

밝은 척하는 종후가 마음 안 좋았던 우진. 바람 쐬며 마음 다스리는 중이다. 하늘 한 번 올려다보고는 들어가려는데… 어느새 주혁이 와 서 있다.

우진   ! (놀라 멈칫하고 보면)

주혁   윤 대리랑… 다시 생각해, 우진 씨. 그놈 진짜 괜찮은 놈이야, 알잖아….

우진   (가만히 본다)

주혁   무엇보다 우진 씨를 진짜, 진심으로 좋아해. 그건 내가 알아. 혹시라도… 그날 일 때문에 불편해서 그러는 거면, 그러지 마. 누구나… 술 마시고 실수 한 번은 할 수 있는 거야. 그러니까…. (하는데)

우진   실수 아닌데요, 전.

주혁   (보면)

우진   실수 아니에요. 그래서… 더 이상은 윤 대리님하고 만날 수가 없어요. 그건… 대리님한테도 예의가 아니니까. 그분의 진심을 기만하는 거니까.

주혁   우진 씨….

우진   그렇다고 차 대리님한테… 대답을 바라는 거 아니에요. 힘든 일 겪은 지 얼마 안 되셨고, 윤 대리님하고 얼마나 가까운 사이인지도 아니까… 그냥 저한테 다른 강요만 말아주세요. 저도 나쁠 각오하고 어렵게, 마음 꺼내 보인 거니까.

주혁   (본다. 마음이 아프고 착잡하다)

우진   너무 불편해도 마셨으면 좋겠어요. 계속 한 공간에서 일해야 되는데…. 그래도 정 불편하시면 그 키스도… 의미 두지 마세요. 대리님 말처럼 취중 실수라고 치세요…. 그게 대리님 마음이 편하시면요.

주혁   (뭐라 더 반박 못하고, 우진의 슬픈 눈을 보기만 하는데)

카메라 줌아웃하면, 옥상 입구에서 얼음 된 채 서 있는 종후. 충격에 표정이 멍하다.

종후   …! (충격에 어쩔 줄 모르다가 획, 그냥 돌아 들어가 버리는)

24. 세차장 (낮)

주유 중인 혜원 차. 혜원, 카드 건네고 주유 끝나기 기다리며 무심코 보는데…. 주유소 한편 세차장 쪽에 서 있는 현수를 본다. 걸레 손에 든 현수, 차 옆에 서 있는 40대 여자에게 뭔가 혼나고 있는 듯하다.

혜원   (!!!) 뭐야… 발렛 잘리고 여기서 일하는 거야? 하…. (계속 보는)

현수, 황당한 표정으로 여자 보고 있고… 여자 격앙된 목소리로 질러댄다.

여자   눈이 있음 똑바로 봐! (사이드미러 가리키며) 이 기스, 이거 어쩔 거냐고!
현수   아니 사모님, 저희는 솔도 안 쓰고요… 제가 휠까지 다 수건으로 닦은 거거든요. 수건으로 어떻게 이런 기스가 나요. 누가 봐도 방금 긁힌 거 아니구만, 이거….
혜원   (난감해하는 현수 보며 흥… 고소하다는 표정 짓는데)
여자   뭐야… 지금 내가 뒤집어씌운다는 거야?! 어머, 얘 봐, 완전 웃기네. 야! 내가 성북동에 5층짜리 건물이 있어! 돈 몇 푼에 그딴 짓을 하겠니? 별 그지 같은 게 진짜… 부모한테 뭘 배워 처먹은 거야 진짜….
현수   (발끈) 아씨… 여기서 부모 얘기가 왜 나와?! 당신 부모는 그럼, 이딴 데 와서 알바생 등이나 처먹으라고 가르쳤어요?

여자	뭐? 이 쓰레기 같은 게…. (현수 툭툭 치며) 야, 너 말 다했니? 다 했냐고?!
(혜원)	아, 시끄러워서 진짜, 얼마면 되는데요?

보면, 어느새 와 서 있는 혜원. 지갑에서 100만 원짜리 수표를 꺼 낸다.

현수	!!! (놀란 표정)
혜원	(수표 내밀며) 이거면 새로 하나 달 거 같은데…. 됐죠? (날리는)
여자	(보며) 여, 여기… 사장님이세요?
혜원	알 거 없고. (현수한테) 돈 냈으니까 (턱짓으로 사이드미러 가리킨 다) 쳐. 어차피 갈 거잖아.
현수	에?
혜원	치라고 열 받은 만큼. 이 여자가 너 개무시했잖아. 왜, 못하겠어? 그럼 내가 대신 해줘? (백으로 사이드미러 치며) 이렇게 하라고, 이렇게!
현수	(혜원 보다가, 그래 까짓 거…! 하고는 혜원 물러나게 한 뒤 다리로 힘껏 차버린다)
여자	(!!! 놀라서) 엄마아… 뭐야 얘네 진짜…?!
혜원	(만족스럽게 보며) 잘하네. 아줌마, 진짜 있는 사람들은 이렇게 돈 써요. 돈으로 자존심, 양심을 지켜. 그쪽처럼 자존심, 양심 팔아서 돈 지키는 게 아니라.
현수	(통쾌함에 미소 머금고 혜원 보는데)
혜원	(보며) 너도 마찬가지야. 똑바로 살아. 이런 있는 척할 주제도 못 되는 여자한테 개무시당하지 말고. (하고는 뒤돌아서 차로 가는)
현수	(가는 혜원 보며 제대로 심쿵한 듯한 표정)

지상 주차장에 주차되는 주혁 차. 차에서 주혁 내리고, 화를 참느라 입 꾹 다문 종후도 내린다.

주혁   (종후 상황 모르고) 근처에서 간단하게 저녁 먹고 들어갈래?

종후   ….

주혁   보니까 요 앞에 냉면집도 하나 있던데…. (하다 종후 말 없자, 보며) 너 아까부터 왜 그래? 차 안에서도 말 한마디 없이… (하다 우진 때문인가 해서) 그러게 뭐하러 그렇게 오버를 해. 기분 안 좋으면 안 좋은 대로 그냥…. (하는데 퍽!)

종후   (못 참고 주먹 날린)

주혁   !!! (뒤로 넘어질 뻔한 채로 놀라서 보면)

종후   너 인마, 니가 어떻게 나한테… 어떻게 그럴 수가 있어, 어? 난 그래도 널… 회사 동기지만 학교 때 친구보다 더 가깝게 생각했는데, 그래도 내가 사회 생활에서 친구 하나는 건졌구나 믿었는데…! 어떻게 날 그렇게 기만하냐?

주혁   (잠시 생각하다가 혹시…? 하는 표정으로 보면)

종후   그래, 사람이 사람 좋아할 수 있지. 그거 마음대로 되는 거 아니지. 그래도…! 최소한 나한테 티는 내줬어야지…. 내가 우진 씨 때문에 그러는 거 보고 재밌디? 저 여잔 나 좋아하는데 등신… 우월감에 아주 짜릿했냐?

주혁   (다가서며) 그런 거 아니야, 종후야!

종후   (원망하듯 보면)

주혁   … 그런 거 아냐, 진짜 니가 생각하는 단순한… 그런 게 아냐, 우린. 우진이랑 나는… 우진이랑 나는…. (부부였다 얘기하고 싶지만 차마 꺼내지는 못하는)

종후   그런 게 아니면 뭔데? 뭐, 둘이 결혼이라도 했냐?!

주혁   (말 못하는)

종후　그게 뭐든 확실한 건, 니가 나쁜 놈이란 거야, 나한텐. (들어가
　　　버리는)

주혁　(결국 터져버렸다…. 얼굴 쓸어내리는데 아…! 따갑다. 입술 터져 피
　　　맺힌)

26. 종후 원룸 (밤)

종후, 큰 생수통을 들고 벌컥벌컥 마시고… 주혁은 조용히 트렁
크에 짐 싼다. 종후 일부러 생수통 소리 나게 쾅, 내려놓고. 주혁
트렁크 닫으려는데… 고장이 났는지 제대로 닫히지가 않는다. 어
떻게든 닫으려 애써보는…. 그러다 이내 포기하고, 채 닫히지도
않은 트렁크를 손으로 여민 채 밀고 나가다가 종후 보며….

주혁　… 미안하다…. 근데… 진짜 니가 생각하는 그런 건… 아니야….
　　　(나가는)

종후　…. (씩씩거리며 그런 주혁 힐끗 보는)

27. 종후 원룸 복도 (밤)

주혁 트렁크 잡고 끌고 가는데 급기야 트렁크 툭 터지며… 트렁
크 안에 있던 옷 등이 쏟아져 나온다.

주혁　하아…. (다시 앉아 주섬주섬 천천히 챙겨 넣는데)

종후　(어느새 나와 나머지 물건들 휙휙 집어 빠르게 트렁크 안으로 쑤셔
　　　넣고, 다시 트렁크 여민 채 집 쪽으로 끌고 들어간다)

주혁　…! (그런 종후 보면)

종후　(집으로 들어가려다 보며) 봐주는 걸로 착각하지 마. 난 너 같은
　　　놈 아니라서, 여자 때문에 오갈 데 없는 놈 내쫓는 그런 치사한

짓 안 해. 불편하면 불편한 대로 벌이라 생각하고 받아. (하고는
가방 들고 들어간다)

주혁   (들어가지도 어쩌지도 못하고 서 있는)

28. 종후 원룸 (밤 → 낮)

침대 위, 돌아누운 종후. 자는지 안 자는지 알 수 없다. 그 밑에
이불 깔고 누운 주혁. 돌아누운 종후 등을 보며 불편하고 씁쓸하
고… 고문도 이런 고문이 없다. 한숨조차 눈치 보여 제대로 못 쉰
다….

(diss) 어느새 밝은 아침. 종후 토스트 하나, 계란프라이 하나만
해 접시에 올린 채 식탁에 앉아 먹고 있다. 욕실에서 씻고 나온
주혁, 그런 종후 한 번 보고… 말없이 컵라면을 꺼내 뜯고는, 전
기 포트에 물 끓인다.

종후는 식탁에서 빵과 계란 먹고 주혁은 미니테이블에서 컵라면
먹으며… 정적… 참을 수 없는 어색한 공기만이….

29. 은행 객장 (낮)

한창 고객 업무 중인 객장. 수신 쪽에는 고객 가득 차 있고, 대출
쪽에는 종후만 고객 상담 마무리 중이다.

종후   (미소로) 승인 떨어지는 대로 연락드리겠습니다, 사장님. 안녕히
       가십시오. (웃으며 인사한 후 고객 가자 바로 정색, 서류 정리하는데)
환   그래도 전단지 돌린 게 효과 있나 봐요. 상담 고객이 좀 늘었어요.
주혁/종후 (대꾸 없는, 웃음기 없이 각자 서류 업무만)

환	? (그런 둘 분위기 감지하고 이상하다는 듯 둘 보는데)
주혁	(종후에게) 저기, 신화 건물 법인 인감증명서 왔어?
종후	(대답 없이 서랍 여는)
주혁	(가져가며) 김준영 고객 재직증명서는?
종후	아직. (하고는 서류 들고 일어나 복사기 쪽으로 가다가 우진과 눈 마주친다. 잠시 멈칫, 그 남자가 주혁이었어…? 원망스런 눈빛 스치고는 그대로 복사기로)
우진	(또 달라진 종후의 태도에 사뭇 마음 쓰이는)

환, 복사기 쪽 종후 힐끗 보고는 주혁 눈치 살피며….

환	(조심스럽게) 저기, 두 분 혹시… 싸웠어요?
주혁	아냐, 싸우긴.
환	근데 왜 분위기가… 평소랑 완전 다른데. 필요한 말만 딱 하시고.
주혁	(뭐라 대답 못하는데 종후 다시 와 자리에 앉는다. 보는데)
장 팀장	벌써 12시네. 우진 씨부터 점심 먹고 와야 될 거 같은데?
우진	아, 네. (지갑 챙기는)
변 팀장	야, 우리도 더 몰리기 전에 먹고 오자. 차 대리부터 갔다 와. 우진 씨랑.
주혁	(우진, 종후 눈치 보며) 아… 전 지금 별로 생각이 없어서.
변 팀장	그래? 그럼 누가 갈래? 윤 대리가 갈래? 아니면 환이 갈래?
종후	(못 들은 척 서류만 들여다보는)
환	(눈치 보다가 손 들며) 제가, 제가 가겠습니다, 팀장님!

30. 거리 (낮)

우진과 환, 식사 후 아이스바 하나씩 물고 걸어오고 있다.

환	… 우진 선배, 윤 대리님이랑 많이 불편해요?

우진	어? 아니, 별로…
환	티 나요 다. 선배가 찼죠? 원래 깐 사람 속이 더 지옥인 거거든.
우진	(강하게 반발 못하고) … 아닌데, 그런 거. (눈치 보면)
환	하여튼… 이 은행, 이 시스템이 문제야. 아니, 혈기왕성한 젊은 남녀를 한 공간에 몰아넣고 하루 열 시간씩 같이 일하라고 하니까, 어떻게든 한 번은 눈이 맞을 수밖에 없는 거지! 하… 어쩌다 내가… 밖에서 만났음 어림도 없는데 진짜….
우진	? (의아해서 보면)
환	아니, 그냥 넋두리예요, 넋두리. (하다 또 생각, 갸웃하며) 근데 선배랑 윤 대리님은 그럴 만하다 치고… 두 분은 또 왜 그러시는 거지…?
우진	뭐가?
환	아니에요, 그런 게 있어요. (아이스바 쪽쪽 빨며 걷는)
우진	(아이스바 먹으며 환과 나란히 가는… 여러 모로 마음이 힘들다)

31. 은행 객장 (낮)

마감 시간 임박한. 우진, 마지막 고객 응대 중이다.

우진	(신분증 건네며) 감사합니다, 고객님, 안녕히 가십시오.
변 팀장	(고객 나가자 일어나) 오늘도 무사히 끝! 슬슬 마감합시다. 민수 씨, 셔터!
민수	넵! 셔터 내리겠습니다. (나가는)
우진	(파지함에 고객 서류 넣고는, 파지함 들고 파쇄기로 가려는데)
종후	(동시에 파지함 들고 일어났다가… 우진 보고는 도로 자리에 앉는다)
우진	(보고 씁쓸한데… 그런 종후 보며 착잡한 표정 짓는 주혁과 눈 마주친다.)
주혁	(잽싸게 눈 깔고 일하는 척하는)
우진	(이 상황이 너무 불편하다…. 두 사람도 나 때문에 많이 불편하구나

싶은데)

장 팀장   (서고 쪽에서 나오며) 아우, 외화 송금 신청서 하나 찾는데 20분 걸렸다. 우리 문서 정리 좀 체계적으로 해야 될 거 같은데? 통장 폐기 내역서, 불비 거래 내역서, 모출납 마감 내역도, 외화 마감 내역… 다 날짜별로.

우진   !!! (손 번쩍 든다) 저요! 저요, 팀장님!

장 팀장   어?

우진   제가 정리한다고요! 제가 싹 다 정리할게요, 날짜별로다가!

장 팀장   우진 씨 혼자? 그거 꽤 걸릴 텐데.

우진   괜찮아요, 할 수 있어요. 바로 할게요! (도망치듯 후다닥 서고 쪽으로 가는)

장 팀장   어머, 우진 씨 진짜 인간성 보인다. 해도 그만 안 해도 그만인 일을 혼자 저렇게 앞장서서…. (향숙, 혜정 보며) 좀 배워라, 자기들도, 어?

향숙/혜정   (삐죽거리고)

주혁/종후   (우진이 가는 쪽 본다. 그러다 눈 마주치자 또 쌩)

32. 은행 탕비실 (낮)

탕비실 테이블 위에 서류들 쌓아놓고 날짜별로 분류 중인 우진. 라벨 스티커에 깨알같이 연도와 월 적어 일일이 붙이고 있자니 눈이 따갑다.

우진   으… (눈 끔뻑거리며 고개 흔들다) 그래도 여기 있으니까 마음은 편하네…. (하고는 다시 집중하는데)

이때, 향숙, 혜정 음료수 들고 들어온다.

향숙   와… 양이 많긴 많구나. 여기 음료수. (음료수 놓고)

혜정	우리도 같이 할게요. (앉으려는데)
우진	(후다닥 서류 감싸 안으며) 아뇨, 괜찮아요! 제가 할게요, 두세요!
향숙/혜정	?! (뭐지? 놀라는)
우진	(머쓱, 억지웃음 지으며) 아니, 일도 많은데, 셋 다 여기 매달릴 필요가 없을 거 같아서…. 그냥 제가 다 할게요. 두 분은 나가서 다른 일 보세요.
향숙	아니, 우린 팀장님이 같이 하라 그래서….
혜정	그냥 나가면 또 뭐라 그러실 텐데….
우진	제가 하고 싶어 한다고 하세요! 혼자 할 수 있다고! (보며) 진짜 괜찮아요, 진짜. 제가 하게 해주세요…! (사정하는 표정 지으면)
혜정	(향숙 한 번 보고는) … 알았어요 그럼. 그렇게 하세요….

33. 은행 객장 (낮)

향숙과 혜정, 탕비실 쪽에서 나오면 장 팀장 보고….

장 팀장	아… 우진 씨 좀 도우라니까 왜 나오니 또? 자꾸 꾀부릴래 진짜?
향숙	아니, 그게 아니고, 우진 씨가 굳이 괜찮다고….
혜정	혼자 하게 해달라고 사정을 하더라고요. 그래서 그냥 나오는 건데….
장 팀장	참 둘러치는 재주도 없다, 니들도. 그게 뭐 좋은 일이라고 사정을 하니, 우진 씨가. 아우 됐어, 니들 일해 그럼. 싫으면 못하는 거지 어쩌겠니? (가버리는)
향숙	아우, 뭐야 진짜, 괜히 우리만….
혜정	아, 몰라. 신경 끌래 짜증 나. (하곤 자리로 앉는)
향숙	(입 나온 채 자리 앉는데)
환	(전단지 들고 와) 이거 추가 발부한 건데, 저희끼리 돌리긴 좀 많아서… 팀장님이 좀 돌려달래, 100장씩만. (전단지 주고 가는)
혜정	알았어, 이 정도야 뭐. (하고는 환이 가자) 치… 속 보인다 아주….

향숙	뭐가?
혜정	나중에 같이 돌리러 가자고 하려고 밑밥 까는 거 아냐. 그래도 짜증 나는 와중에 이런 썸이 에너지가 되긴 하네. 오케이! 나 결정했스.
향숙	(뭘 결정했다는 거지? 불안한데)
혜정	(환 쪽 보며) 환 씨, 오늘 저녁에 시간 어때? 나 영화표 두 장 있는데 같이 볼래? 향숙이도 시간 없다고 하고, 오늘 지나면 못 보는 표라서.
환	(아무 생각 없이) 오케이, 봐요. 나 오늘 학원 없어요.
향숙	(승낙하는 환 보며 부글부글, 열 받는)

31. 캠퍼스 음대 건물 앞(낮)

건물 쪽으로 걸어오는 혜원. 학생들 인사하면 까딱 받아주는데, 멈칫한다. 건물 앞, 스쿠터 세워놓고 기다리던 현수. 혜원 보고 다가온다.

혜원	(무시하고 지나가려는데)
현수	저기요, 잠깐만요.
혜원	(보며) 뭐지? 너랑 아는 체 안 하고 싶은데 난.
현수	(주머니에서 봉투 꺼내 내미는)
혜원	? (뭐냐는 듯 보면)
현수	일단 50밖에 안 돼요. 세차장 깽값에, 저번에 돈 주신 거에, 백화점 쇼핑한 거까지 합하면 250 정도 되는데… 앞으로 매달 50정도씩 갚을게요.
혜원	하… 너 여러 가지 한다 진짜. 갑자기 왜?
현수	그냥… 이렇게 사는 게 좀 싫어졌어요. 내가 양아치처럼 사니까 양아치 취급밖에 못 받는 거 같아서… (혜원 손에 봉투 쥐여주며) 따박따박 갚을게요. 그리고 이자도… 어떤 식으로든 갚을게요.

(하곤 스쿠터 올라타고 쌩, 가는)

혜원　(그런 현수 보며) 뭐야 진짜…. (봉투 열어본다. 만 원짜리로 현금이 가득한 것이 힘겹게 끌어모은 듯하다…. 살짝 누그러지는 듯한 표정)

35. 저녁 거리 인서트 (밤)

36. 실내 포차 (밤)

종후 앉아 있고, 갓 삶은 삼계탕을 큰 그릇에 담아 옮겨 오는 상식.

상식　앗, 뜨뜨… 좀 받아라 좀.

종후　(받아 놓으며) 웬 삼계탕…? 이거 먹으라고 오라 그런 거냐?

상식　그래, 인마. 실연의 늪에 빠져 밥도 못 먹고 다닐 거 같아서, 이 형님이 이 찌는 날에 꼬박 두 시간을 서서 기름 걸러가며 삶은 거여, 이거. 알고나 먹어.

주은　(깍두기 날라 오며) 삼계탕집 가 사 온 거야. 그래도 유명한 집 거야, 먹어봐.

상식　(뻘쭘) 꼬박 두 시간 줄 섰어, 직접 삶은 건 아니고. (하는데)

주혁　(들어온다) 야, 왜 오라 가라…. (하다가 종후 보고 멈칫)

종후　(삼계탕 먹으려다가 멈칫, 상식 보면)

상식　어, 내가 불렀어. 얘도 그닥 나을 거 없잖아, 상황이. 어쩌다 둘 다 이런 그지 같은 상태가 되어가지고, 푸닥거리라도 한번 해야지, 진짜. 야, 앉아, 얼른.

주혁　(눈치 보며 와서 앉는데)

종후　(일어선다) 나 가야겠다, 갑자기 약속 있던 게 생각나서.

상식　야, 인마, 그런 게 어딨어? 가더라도 먹고 가, 인마.

종후　미안. 니 마음만 받을게. 고맙다. (쌩하니 가는)

상식　야, 종후야! 사 온 거라서 그래? 종후야! (하다가) 아, 자식, 사람 성의를 무시해도 유분수지…. 생닭을 사 와서 삶았어야 했나, 진짜?

주혁   (괜히 나 때문에…) 저기, 나도 오늘은 속이 안 좋아서. 미안, 갈게. (나간다)

상식   안마! 이거 다 어쩌라고 그럼… 야! (하다) 아, 자식들, 오늘따라 왜 저래, 진짜? (주은 보며) 쟤들 왜 저러냐? 내가 뭐 잘못했냐? 어? 잘못했어?

주은   에이효… 결국 터졌구나…. (대충 짐작이 간다. 긴 한숨 쉬는)

상식   ! (보며) 터지다니 뭐가…? 그 한숨은 뭔데 또?!

주은   아냐, 그냥. (하고는 않는다) 우리나 배 터지게 처먹읍시다. (젓가락 드는)

상식   (표정 살피며) … 뭐 아는 거 있는 거 같구만, 뭘. 뭔데? 어? 어?

주은   아, 아니라고. 아니라면 아닌 줄 알고 닥칠 줄도 알아라 좀.

상식   아, 내 친구들 일이니까 그러지…. 뭔데 또! 아, 말하라고, 뭔데에!!!

주은   (상식 보고 결심한 듯) 오상식이, 흥분하지 말고 들어 그럼.

상식   알았어….

주은   약속부터 해. 절대 흥분하지 않겠다고.

상식   아, 알았다니까. 약속약속. 이제 얘기해, 뭔데?!

37. 거리 (밤)

주혁, 착잡한 심정으로 차 쪽을 향해 가는데….

(상식)   (잔뜩 흥분한) 야, 이 샹노무 쉐끼야! (다다다 달리는 소리)

주혁   ? (돌아보는데 바로 상식이 날라차기로 엉덩이를 강타한다. 휘청하고는 너무 놀라서) 사… 상식아…. (보는데)

상식   (씩씩…) 천하에 나쁜 놈! 나쁜 쉐끼! 야, 뺏을 게 없어서 친구 여자를 뺏냐? 그것도 절친인 종후 여자를? 너 어떻게… 아무리 눈이 돌아도 그렇지…. 와… 열 길 물속은 알아도 사람 속은 모른다고… 내가 너 안 지 10년이 넘었는데 미처 몰랐다 진짜, 니가 이렇게 파렴치한 놈인지. 미안하다, 어? 이런 대단한 분을 몰라봬서 미안해.

주혁   (괴롭다) 상식아….

상식   내 이름 부르지도 마, 새끼야. 비겁한 변명 따위 안 들을 거니까.

주혁   …. (안타깝게 보기만)

상식   우리가 대체 몇 년 우정이냐? 피만 안 나눴지 형제야 형제!! 그 피 같은 우정을 만난 지 얼마 되지도 않은 여자 하나랑 바꿔? 예라, 이 못된 놈아! (씩씩)

주혁   (억울한) 아냐…. 넌 알아줘야 돼, 인마… 종후는 몰라도… 넌….

상식   시끄러워 새끼야. 미리 얘기하는데… 난 너 앞으로 친구로 안 본다. 가족으로도…. 명절, 부모님 생일, 불가피하게 참석해야 되는 집안 대소사… 그 외엔 안 볼 거야. 그렇게 알아라. (돌아서 가는)

주혁   …. (할 말 없어 보기만 하는데)

상식   (다시 돌아와) 그리고 너… 앞으로 우리 가게 오지 마. 안 팔아, 너한테. (가는)

주혁   (저도 모르게 엉덩이에 손 갖다 대는…. 엉덩이도 아프고 마음도 아프고… 진짜 눈물이 날 것만 같다) 이씨…. (고개 숙이고 주먹 눈에 갖다 대는)

38. 영화관 로비 (밤)

영화 보고 나오는 혜정과 환. 혜정은 간만의 데이트에 들뜬 얼굴이다.

혜정   음… 영화 잘 만들었다. 엔딩 장면 진짜 소름 아니야?

환   네, 뭐, 괜찮던데요. (하다) 아, 참… (지갑 꺼내 만 원짜리 한 장과 천 원짜리 두 장을 내민다) 이거 영화값….

혜정   어머, 왜 이래, 환 씨. 됐어, 내가 보여준 거야, 그냥.

환   그래도 계산은 확실하게 하는 게 좋은데, 난.

혜정	됐어, 넣어둬. 이런 맛에 연상 만나는 거지 뭐, 안 그래?
환	에? 뭘 만나요?
혜정	그래… 지금은 좀 애매하지, 우리가? 그동안 눈치 채고도 모른 척해서 미안. 오케이, 그래, 보자. 만나보자, 우리, 환 씨.
환	에?! 제가… 왜요?
혜정	왜라니… 환 씨 나한테 관심… 있는 거 아니었어?
환	아닌데요. 저 좋아하는 여자 있는데요. (어이없다는 듯한 표정)

39. 영화관 앞 (밤)

쪽팔려서 고개 숙이고 나오는 혜정과 그런 혜정 눈치 보며 나오는 환.

혜정	(가다가 멈추고) 저기….
환	(보면)
혜정	내가 부탁이 하나 있는데….
환	네, 하세요.
혜정	(울상) 내가 말해놓은 게 있어서 너무 쪽팔려서 그런데… 당분간 나한테 좀 계속 잘해주면 안 될까? 당분간만. (사정하는 표정)

40. 실내 포차 (밤)

속상함에 소주 들이붓는 상식. 세상 다 산 표정이다. 주은 그 앞에 빈 잔 놓고 앉으며….

주은	기어이 저지르니까 좋냐? 좋아? 그러게 내가 흥분하지 말랬지?!
상식	(잔 탁 놓으며) 아, 왜 나한테 지랄이야! 내가 친구 여자 뺏었냐? 내가 종후 울렸어? 비윤리적인 짓거리를 한 건 니 오빠야, 내가 아니고!

주은   아, 그놈의 윤리는 왜 자꾸 쥐뿔…. 누가 그 친구 아니랄까 봐 진짜.

상식   내 친구 아니라니까 이제!

주은   지금 제일 괴로운 게 누군데? 니가 종후 오빠보다 괴롭냐? 니가
       우진이보다 괴로워? 니가 이러지도 저러지도 못하는 우리 오빠
       만큼 괴롭냐고!

상식   그러니까 괴로울 짓을 왜 하냐고! 지도 남도 괴로울 짓을 왜 하
       는데 왜!!

주은   어쭈, 오상식 너무 간다? 얻다 대고 소릴 지르냐 지금?

상식   니가 남자의 우정을 알아? 나도 괴롭다고! 힘들다고! 혼자 생각
       좀 하게 내버려 두라고 제발!!!

41. 실내 포차 앞 (밤)

고대로 쫓겨난 상식. 문 앞에 서서….

상식   (문 똑똑) 주은아… 내버려 두란 거지, 내다 버리란 건 아니었는
       데…. 주은아, 내가 잘못했어… 주은아아…!

42. 종후 원룸 (밤)

식탁에 덩그러니 앉은 주혁. 뭔가 고민하다가 결심한 듯 휴대폰
들어 번호 찾아 누른다.

주혁   아, 양 팀장님, 저 가현점 차주혁 대리입니다. 안녕하셨어요?

(양 팀장) 어, 차 대리! 웬일이야, 이 시간에?

주혁   네… 좀 여쭤볼 게 있어서…. 혹시 지방으로 지점 이동 신청 가능
       할까요? 대전 정도면 좋겠는데.

(양 팀장) 대전? 글쎄… 서울 지점들보다야 티오 내기가 빠르겠지만… 왜?
       무슨 일 있어?

주혁   아뇨, 그냥, 사정이 좀 있어서…. 얼마나 걸릴까요?

(양 팀장) 일단 좀 알아봐야 될 거 같긴 한데… 아마 그렇게 오래 걸리진 않을걸?

주혁   네, 그럼 부탁 좀 드릴게요. 늦게 죄송합니다, 네… 네….

현관. 언제 왔는지 멈춰 선 채 듣고 있는 종후. 주혁이 지점 이동 신청까지 하려고 하는구나…. 역시 마음이 안 좋은….

43. 다음 날/혜원 집 앞 (낮)

혜원, 집에서 나오는데… 다가서는 출근복 차림의 주혁.

혜원   ! (주혁 보며 차갑게) 웬일이야, 이 시간에…?

주혁   그냥… 오늘 수업 가는 날이잖아. 잠깐 얼굴 보려고 기다렸어.

혜원   ? ('무슨 할 말이 있어서?' 하는 표정으로 보면)

주혁   (진심 어린 표정으로) … 미안하다, 혜원아….

혜원   ? (보면)

주혁   … 나 때문에 결국 너까지 불행하게 만들어버려서… 미안해, 진짜. 이 말을 못 한 거 같아서…. 출근해. (하고는 뒤돌아서 가는)

혜원   (역시 마음이 좋지는 않다. 싱숭생숭한 채 주혁 뒷모습 본다)

44. 은행 객장 (낮)

향숙 출근해 있고, 혜정도 막 유니폼 갈아입고 나오는데 환 출근한다.

혜정   (환 보며) 좋은 아침! 어제 잘 들어갔지?

환   아, 네.

혜정   (눈 깜빡깜빡… 부탁한 거 잊었냐?)

환	(아차) 선배도 잘… 들어갔죠?
혜정	(연기하는) 그럼. 집 앞까지 데려다 주고서는 뭘. (하고 자리에 앉는)
향숙	(자리로 가는 환 보며 부글부글, 혜정에게 툭) 어제, 좋았나 봐…?
혜정	어, 뭐, 나쁘지 않았어. 애쓰더라고, 환 씨가.
향숙	그래서, 진짜 만날 거야, 김환?
혜정	하는 거 봐서. 확 땡기진 않고 나쁘지도 않고 뭐 그런 거 있잖아. 두고 봐야지.
향숙	(계속 부글부글, 환 째려보는)
(지점장)	보자보자 오늘….

45. 은행 회의실 (낮)

회의 대형으로 앉아 있는 직원들. 지점장, 계획표 보며….

지점장	오후에 소상공인 금융 교육 있네. 차 대리 담당이지?
주혁	네.
지점장	번영회에 확인 전화 한 통 하고, 누구 한 명 더 같이 가야 될 텐데… 누구랑 갈래? 차 대리가 지목해.
주혁	네, 전… (우진 보는) 서우진 씨랑 같이 갔으면 하는데.
우진	! (본다. 놀란)
종후	(역시 본다. 무슨 생각인가… 싶은)
지점장	어, 우진 씨 이런 교육은 또 처음일 테니까 한번 나가보는 것도 괜찮겠네. 좋다, 우진 씨 같이 가고, 차 대리 서포트 좀 잘하고.
우진	네, 지점장님.
지점장	또 뭐 안건 없나? 건의 사항 같은 거 있으면 얘기해봐, 주저하지 말고.
변 팀장	아, 저희 여름 휴가 말인데요… 아무래도 여름 지나곤 좀 늦는 거 같아서… 이번 주부터 한 명씩이라도 순서를 정해서 가면 어떨까 싶은….

지점장	(울리지도 않은 전화를 받는다) 여보세요? 어, 장 이사님! 어쩐 일이신가 그래. 어, 그럼, 나야 별일 없지. (해산하라는 듯 손짓하고 나가는) 어, 그래? 그렇단 말이야? 그럼 그래야지. 아니, 그건 아니고….
일동	글렀네, 여름 안에 가기는…./그러게 말이야…. (고개 저으며 나가는)
변 팀장	에휴…. (유난히 실망한 표정으로 한숨 쉬고 나가면)
장 팀장	? (저 인간이 왜 저러지? 신경 쓰이는 표정에)

46. 은행 앞 (낮)

교육 자료 챙겨 들고 나온 주혁과 우진. 우진이 알 수 없다는 표정으로 주혁을 힐끗 본다.

우진	왜, 저랑 간다 그러셨어요?
주혁	(보며) 그냥.
우진	그냥?
주혁	그냥. (가볍게) 일이니까. 우진 씨가 제일 잘할 거 같아서. (앞장서 가는)
우진	(주혁의 의중을 알 수는 없지만, 그래 일이니까… 쫓아간다)

47. 상가 번영회 사무실 (낮)

시장 상인들 대상으로 재산 관리 교육 중인 주혁과 우진. 주혁 '소상공인과 함께 성장하는 KCU' PPT 화면 띄워두고 설명 중이다.

주혁	소상공인 지원 자금은 정부에서 소상공인들의 경영 개선을 위한 필요 자금을 최대 7000만 원까지, 저리로 대출해주는 제도인데요. 우리 소상공인 여러분들이 안정적인 경영 환경을 조성하고,

자생력을 제고할 수 있도록 도와드리기 위한 제도입니다. 자….
(우진 보면)

우진   (PPT 화면 넘기는-'상시 근로자 수가 5명 미만이면 받을 수 있다, 없다.')

주혁   뭘까요? 자, 있다. 손 들어보실까요? (둘러보고) 다음, 없다. (다시 둘러보고) 네. 정답은….

우진   (PPT 화면 넘기는-'있다.')

주혁/우진   '있다.'입니다./ (열심히 박수 치며 분위기 띄우는)

18. 은행 복도 (낮)

휴대폰 통화 시도하는 변 팀장. 안 받는지 닫으며 하아… 긴 한숨 쉬는데… 화장실 다녀오던 장 팀장, 그런 변 팀장 본다.

장 팀장   (보며) 땅 꺼지겠다. 아까부터 왜 그래? 뭔 일 있어?

변 팀장   (본다) 애 생일인데, 목소리 듣고 생일 축하한단 말이라도 하고 싶은데… 아예 수신 거부를 해놨나 봐. 독한 여편네. (손등으로 눈물 찍으면)

장 팀장   (보다, 제 휴대폰 주며) 그 독한 여편네 번호 찍어봐요. 아, 고객 몰려, 빨리….

변 팀장   (얼결에 찍어서 주면)

장 팀장   (통화 누르는…. 이내 능숙한 영업 톤으로) 네네, 안녕하십니까, 고객님. 여기 코리아 항공사인데요… 에이미 킴 양이 저희 항공기 이용하신 고객님들 대상으로 한 이벤트에 당첨되셨거든요. 축하드립니다!

변 팀장   (눈 휘둥그레져 보는)

장 팀장   이벤트 규정상 본인 확인이 필요한데요, 에이미 양 좀 바꿔주시겠습니까? 네, 고객님, 네…. (아이가 받은 듯) 어, 승주니? 잠깐, 잠깐만. (전화 주면)

변 팀장	(받고) 어, 승주야! 아빠야. 목소리 안 까먹었지? 어, 우리 딸 생일 축하해….
장 팀장	(이렇게 좋을까… 뿌듯하게 보는)

49. 은행 객장 (낮)

한결 표정 밝아진 변 팀장과 장 팀장 객장 쪽으로 온다.

변 팀장	(장 팀장 휴대폰 주며) 크흠… 고맙다 진짜, 장만옥.
장 팀장	(받으며) 됐네요. (하고는) 또 반하고 그러지 마, 나 곤란해. (하며 간다)
변 팀장	… '또'가 아니고 처음이다, 이 여자야…. (미소 지으며 본다)

50. 상가 번영회 사무실 건물 앞 (낮)

주혁과 우진, 교육 끝내고 건물에서 나오는….

주혁	(떠나기 전, 작은 노하우 하나라도 꼼꼼하게 일러주고 가려는 마음으로) … 여긴 상반기 하반기 한 번씩 정기적으로 교육 의뢰 들어오는 데 중에 하나. 번영회 임원들하고 소통 잘 해놓으면 두고두고 도움 될 거야, 아마.
우진	(그렇구나… 고개 끄덕이면)
주혁	(보며) 배고프지? 온 김에 시장에서 요기나 좀 할까?
우진	(보며) 이것도… 일의 연장인가요…?
주혁	그럴걸…? 속을 채워야 힘내서 또 일을 할 테니까. (온화한 미소로)
우진	(본다…. 주혁이 무슨 생각을 하고 있는지 잘 모르겠다)

#. 시장에 들어서는 주혁과 우진.
주혁은 우진 옆을 떠나기 전, 마지막 사적인 시간을 갖는다는 애틋함으로… 우진은 뭔지는 모르지만 시장의 분주한 분위기에 복잡하고 불편했던 마음을 잠시 내려놓고 홀가분해지고 싶은 감정으로… 조금은 가벼운 분위기다.
반대편에서 상인이 사각 손수레에 상자 잔뜩 싣고 비키라는 듯 여이! 소리 지르며 오면… 주혁 우진 팔 잡아 안쪽으로 얼른 당겨준다.

#. 시장 먹자골목 접어들며 업되기 시작하는 우진. '와… 떡볶이!' '순대다!' '김밥김밥, 꼬마김밥!' 정신 못 차리며 보는… 그런 우진 보며 절로 미소 지어지는 주혁. 눈에 꼭꼭 담아두려는 듯….

#. 떡볶이 1인분 앞에 놓고 먹고 있는 우진과 주혁. 우진, 매운 듯 하아… 하아… 하면서도 고개 숙여 열심히 먹는데… 옆머리들이 자꾸 내려와 방해를 한다. 주혁, 우진이 잘 먹을 수 있도록 머리를 한 손으로 휙 잡아주고… 멈칫하는 우진, 그런 주혁을 슬쩍 본다. 설레지 않으리… 설레지 않으리… 애써 감정을 누르며 다시 먹는 데 열중한다.

퇴근 준비에 활기를 띠는 주혁과 우진 제외한 직원들.

변 팀장　(장 팀장 보며) 장, 약속 없으면 밥 먹자, 내가 살게. 아까 진 빚도 있고.

장 팀장 있긴 한데 그럼… 취소할까? 장어! 민물 말고 바다.

변 팀장 콜! 내가 오늘 장어 배 터지게 먹여줄게. 가자! (나가며) 우리 먼저 간다.

장 팀장 씨유! (손 흔들며 나가고)

종후 (가방 챙겨 들고) 나도 간다, 내일 보자…. (의욕 없이 나가면)

환 (물티슈로 책상 닦으며) 들어가십쇼. (하고는) 어학원에 운동에 오버를 떠시더니 현타 오셨네. 쯧쯧… 까인 거 맞아. (물티슈 들고 일어서는데)

혜정 (지나가다 손 내민다) 줘, 내가 버려줄게. (고마워서 그런다는 눈빛)

환 아. 감사. (물티슈 건네는)

향숙 (그런 두 사람 보며 화난 듯 씩씩… 휴대폰 문자 치고는 복도 쪽으로 간다)

환 (징, 문자 벨 울리자 확인한다)

#. 문자 인서트 - '복도에서 좀 봐요 - 향숙'

환 (뭐지? 갸웃하며 보는)

54. 은행 복도 (밤)

환, 복도 쪽으로 오면… 향숙 팔짱 낀 채로 씩씩거리며 서 있다.

환 (다가가서) … 왜요? 뭐 때문에 보자 그랬어요?

향숙 (쩨려보며 따지듯) 무슨 남자가 그렇게… 줏대가 없어요?!

환 에? 뭔 줏대…?

향숙 아니, 언제는 나 좋아한다며, 어떻게 그렇게 금방 회까닥, 혜정 언니로 갈아탈 수가 있어요? 무슨 남자 마음이 그렇게 환절기 날씨 같애? 낮 다르고 밤 다르고, 오늘은 얘 내일은 쟤. 너무 가벼운

148

거 아냐?! (씩씩거리면)

환   (황당) 아니, 뭔 얘기인 줄은 알겠는데, 내가 그걸 변명해야 되나 싶기도 하고… 그리고 왜 화를 내요? 주향숙 씨 나 싫다면서요. 내 마음이 바뀌든 말든 뭔 상관인데?

향숙   (버럭) 내가 언제 싫댔어요?!

환   그럼 싫지도 않고 좋지도 않고, 나더러 뭐 어쩌라고…

향숙   좋아요! 아니… 좋은가 봐요. 첨엔 긴가민가했는데, 언니한테 그러니까 막 열 받고 속상하고… 어쩔 거예요? 괜히 남의 마음에 불만 질러놓고?

환   (피식, 기분 좋은) 그랬어요? 난 몰랐지 또, 신경 쓰고 있는 줄.

향숙   (씩씩… 원망스러운 듯 보면)

환   (향숙 보며) 그럼, 3초 뒤에 다시 들어가면 되나? 싫음 또 피해도 되고. 하나, 둘….

향숙   (눈 질끈 감는다)

환   (웃으며 보는)

향숙   (왜 안 들어오지? 실눈 뜨는데)

환   (훅 키스 들어가는… 로맨틱하게)

향숙   (더 적극적으로 키스 들어가는… 그동안 눌렸던 감정 폭발하듯)

그렇게 복도 누비며 키스하는 두 사람 모습에서… 카메라 길게 뒤로 빠지며….

55. 주혁 차 안 (밤)

시장 데이트 마치고 복귀하는 주혁과 우진. 잔잔한 음악 흐르고….

우진   … 후우… 와… 너무 미친 듯이 먹었나 봐요. 김밥떡볶이순대가 목구멍 밖으로 막 삐져나오려고 해. 후… 하… 후…. (심호흡하면)

주혁	소화제 안 먹어도 되겠어?
우진	스스로 소화시켜야죠. 난 왜 좋은 걸 보면 이성이 컨트롤을 못할까 참….
주혁	원래 그랬어. 좋으면 한 톤 높아지고 그랬다 다시 시무룩해지고.
우진	(의아한 표정으로) 언제요?
주혁	그냥 언제. (하고는 쓸쓸한 미소 짓는데)

이때 전방의 좌회전 표지판에 '연희대' 표시가 보인다.

주혁	… 소화 좀 시키고 갈래? 어차피 지점 들어가도 다 퇴근했을 거 같은데.

56. 캠퍼스 (밤)

간간이 삼삼오오 학생들 지나가는, 녹음이 짙은 한여름 밤의 캠퍼스. 우진과 함께 걷는 주혁, 이렇게 걷자니 감회가 새롭다.

우진	(보며) 여기가 차 대리님 다니던 캠퍼스구나. 낯설지가 않네, 이상하게.
주혁	그래? (너도 많이 왔던 곳이야… 눈빛으로 보는)
우진	추억이 참 많겠어요, 여기.
주혁	많지, 추억이. (하며 아련한 표정으로 캠퍼스 훑으면)

곳곳에 10여 년 전, 환하게 웃으며 가던 주혁과 우진의 모습이 신기루처럼 나타났다 사라진다. (*과거 찍은 씬들 중에서)

우진	대리님은 어떤 학생이었어요? 열심히 도서관 왔다 갔다 하는…?
주혁	음… 하나 더. 알바도 왔다 갔다.
우진	아… 알바. 주로 어떤 거 했는데요?

주혁	다양하게. 행정실, 자판기, 서빙… 그리고 과외도.
우진	아, 과외. (피식 웃는) 어울리네요, 훈남 과외 선생님.
주혁	(만감이 교차한다) 한 번은… 우진 씨랑 와보고 싶었어, 여기.
우진	네?
주혁	그냥… 그렇다고. (담담하게 걸어가면)
우진	(걷다가 보며) 대리님, 진짜 오늘 왜…. (뭐라 물으려는데)
주혁	(말 막는) 그냥… 오늘은 아무 생각 말고 걸으면 안 될까? 너무 좋잖아, 밤공기가. 젊은 친구들 풋풋한 에너지도 좋고. (감정 누르며 웃어 보이는)
우진	(뭐라 더 말 못하고 걷는데… 휴대폰 벨 울린다. 보면 '인사부 양 팀장님'이다) 잠깐만요… (주혁에게서 떨어지며 받는) 네, 팀장님, 웬일이세요?
(양 팀장)	어, 우진 씨… 잘 있었어? 나 뭐 좀 물어보려고.
우진	네, 말씀하세요.
(양 팀장)	요새… 가현점에 뭔 일 있어? 아니 어제 그 지점 차주혁 대리한테 전화가 왔더라고. 대전이나 어디 지방에 지점 이동 신청하고 싶은데 티오 있겠냐고. 지방으로 이동 신청은 잘 안 하거든. 그래서 거기 뭔 일 있나 하고.
우진	! (충격받는) … 아뇨, 전 잘… 네, 네, 들어가세요 팀장님. 네…. (끊고 주혁 본다)
주혁	(캠퍼스 둘러보다가, 우진에게로 오며) 가자, 이제. (가려는데)
우진	지점 이동… 신청하셨어요, 대리님?
주혁	! (멈칫한다. '어떻게…?' 하는 표정으로 보면)
우진	(서운하고 속상한) 왜요…? 저 때문에요…?
주혁	(말문 막혀) 아, 아니… 그게….
우진	(슬픈) 어쩐지… 너무 잘해주시더라, 오늘…. 그런 거였네요. (앞 장서 가버리는)

우진 모 잠들어 있고, 뒤척이는 우진. 오늘 주혁과의 일로 심란해 잠이 오지 않는다. 다시 돌아눕는 우진. 어떻게든 잠을 청해보려 애써 눈 감는 데서….

#. 버스 안, '제가 봤는데요?' 했던 의문의 남자… 틸업하면 주혁이다.
#. 의문의 남자에게 과외 받는 우진. 남자의 등에서… 카메라 돌면 주혁이다.
#. 의문의 남자와 데이트하는 우진. 남자의 등에서… 카메라 돌면 주혁이다.
#. 결혼식, 우진이 팔짱 끼고 있는 의문의 남자… 카메라 팬하면 주혁이다.
#. 누군가를 향해 분노의 꽃게 던지는 우진. 우진 앞의 남자… 역시 주혁이다.
공포에 질린 주혁의 얼굴에서….

번쩍 눈 뜨는 우진. 충격받은 표정으로 자리에 일어나 앉는다. 늘 미스터리했던 꿈속의 그 남자가 다름 아닌 주혁이라니…?! 대체 어떻게 된 일일까? 주혁 생각을 많이 해서 꿈에 나온 걸까? 그렇다고 하기에는 너무 생생하고 너무 가슴이 저릿하다.
자고 있는 우진 모를 내려다보는 우진. 그러고 보니 우진 모가 주혁을 알아본 것부터, 이상한 게 한두 가지가 아니다. 의문과 혼란과 답답함으로 가슴이 터질 것만 같다. 도저히 다시 잘 수 없을 것 같은 생각에 자리에서 벌떡 일어난다.

종후, 침대에 곤히 잠들어 있고, 주혁도 그러고 간 우진이 마음에 걸려 잠들지 못하고 뒤척이는데… 이때 징… 진동벨 울리는 주혁 휴대폰. 주혁, 종후 깰까 얼른 손 뻗어 휴대폰 뒤집어 보는데 '서우진'이다.

주혁   !!! (놀라 벌떡 일어나는)

주혁, 조심스러운 표정으로 건물에서 나오면… 주혁 기다리고 서 있는 우진의 뒷모습이 보인다.

주혁   (다가가) 우진 씨… 이 시간에 여기까지 무슨 일로…. (하는데)
우진   (뒤돌아보는, 의문과 혼란스러움이 역력한 표정)
주혁   ! (뭐지? 싶은)
우진   (감정 애써 누르며) … 죄송해요…. 도저히 아침까지 기다릴 수가 없어서….
주혁   (무슨 일이냐는 듯 보면)
우진   … 늘 반복해서 꾸던 꿈이 있어요…. 어떤 남자가 등장하는 꿈…. 그 사람과 연애를 하고… 그 사람과 결혼을 하고, 아이를 낳고… 그러다 죽을 것같이 화를 내고…. 왜 그런 꿈을 꾸는지, 그게 무슨 꿈인지, 전생인 건지, 그 남자는 누군지 알 길이 없었는데… 방금 꿈에 얼굴을 봤어요…. 차 대리님이었어요….
주혁   !!! (놀라는, 어떻게 그런…? 우리의 삶이 우진의 꿈에 보여지다니)
우진   (의혹의) 대체 뭐예요? 대리님은 혹시… 뭔가 알고 있어요?
주혁   우진아….

우진	그러고 보니 이상한 게 한둘이 아니야…. 우리 집을 알고 있었던 것도 그렇고… 내 사소한 습관을 아는 것도… 자꾸만 신경이 쓰이는 것도….
주혁	우진아….
우진	우리 엄마가 대리님을 아는 것도, 차 서방이라 부르는 것도… 다 너무 이상해….
주혁	우진아….
우진	(울컥해) 우진아, 우진아… 그렇게 부르지 마요, 제발! 우진아… 그 말만 들으면 마음이 아파, 이상하게…. 뭔지… 이게 뭘까… 설명할 수는 없지만… 너무 슬퍼…. 내 마음을 어떻게 해야 할지 모르겠어. 이게 뭐예요…? 뭐예요 대체?!
주혁	(역시 울컥해, 눈물 그렁그렁하며) 우진아… 우린… 우린….
우진	(눈물 그렁그렁하며 보면)
주혁	우린… (눈물과 함께 훅 내뱉어 버리는) 우린 부부였어, 우진아….
우진	(제 귀를 의심하며 주혁을 보는) … 뭐… 요…?!
주혁	(눈물 그렁그렁한 채) 너랑 나, 결혼했었다고… 부부였다고, 우리.
우진	?! (대체 무슨 말을 하는 건가, 믿을 수 없다는 표정으로 주혁 보는)

그렇게 폭탄선언 한 주혁과 멘붕이 된 채 주혁 보는 우진 모습에서….

11화 엔딩.

12
화 ☾

☾

두
번
째

───

고
백

우진   (의혹의) 대체 뭐예요? 대리님은 혹시… 뭔가 알고 있어요?

주혁   우진아….

우진   그러고 보니 이상한 게 한둘이 아니야…. 우리 집을 알고 있었던 것도 그렇고… 내 사소한 습관을 아는 것도… 자꾸만 신경이 쓰이는 것도….

주혁   우진아….

우진   우리 엄마가 대리님을 아는 것도, 차 서방이라 부르는 것도… 다 너무 이상해….

주혁   우진아….

우진   (울컥해) 우진아, 우진아… 그렇게 부르지 마요, 제발! 우진아… 그 말만 들으면 마음이 아파, 이상하게…. 뭔지… 이게 뭘까… 설명할 수는 없지만… 너무 슬퍼…. 내 마음을 어떻게 해야 할지 모르겠어. 이게 뭐예요…? 뭐예요 대체?!

주혁   (역시 울컥해, 눈물 그렁그렁하며) 우진아… 우린… 우린….

우진   (눈물 그렁그렁하며 보면)

주혁   우린… (눈물과 함께 훅 내뱉어 버리는) 우린 부부였어, 우진아….

우진   (제 귀를 의심하며 주혁을 보는) … 뭐… 요…?!

주혁   (눈물 그렁그렁한 채) 너랑 나, 결혼했었다고… 부부였다고, 우리.

우진   ?! (대체 무슨 말을 하는 건가, 믿을 수 없다는 표정으로 주혁 보는)

주혁   (보며) 그래, 이 미친놈이 뭔 소릴 하나 싶겠지. 믿을 수 없을 거야, 내가 겪고도 아직 나도 믿기지가 않으니까. 근데 진짜야….

#. 회상 인서트 - 첫 만남부터 과거로 간 그날까지… 빠르게 컷,컷
버스 안 주혁이 '제가 봤는데요?'하던/장례식장, 우진이 주혁 잡으며 '안
가시면 안 돼요?' 하던/재수 시절, 호프집 앞 키스하던/연애하는 주혁
과 우진/결혼식 축하받는 주혁과 우진/갓난아기 안고 행복해하던 주혁
과 우진/혼자 아기 안고 하염없이 주혁 기다리는 우진/회식 자리 지키
는 주혁/주혁에게 꽃게 던지는 우진/욕조에 빠진 게임기 보며 폭발하
는 주혁

(주혁)   순수하던 시절에 만나 서로 사랑했고 결혼했고… 넌 너무 무섭
게 변해갔어. 그게 널 외롭게 만든 내 탓인 것도 모르고… 난 푸
념하고 원망했어. 그러다 어느 날, 그 일이 생긴 거야. 믿을 수도
믿기지도 않는 그 일이….

#. 회상 인서트 - 톨게이트 지나는 주혁 차 공간 속으로 사라지며…

다시 현실. 우진은 믿을 수 없다는 표정으로 주혁을 본다.

주혁   (계속 말하는) 진짜 12년 전 그날이었어, 우리가 처음 만났던 그
날…. 난 버스에서 다시 널 마주쳤고… 그리고는 예전과 달리 널
외면했어….

#. 회상 인서트 - 버스에서 우진 외면하던 주혁/장례상 앞으로 가 혜원
만나는/공원에서 혜원과의 긴 입맞춤…

다시 현실. 주혁, 우진 보며….

158

주혁	다시 눈 떴을 때 내 옆에는… 혜원이가 있었어…. 진짜 와이프가 바뀐 거야.
우진	(멍한 채 주혁 보며 중얼) 뻥… 거짓말….
주혁	(감정 복받쳐) 믿을 수 없겠지만, 우진아… 사실이야….
우진	(목소리 떨리며 어이없다는 듯) 이봐요, 차 대리님…, 판타지 영화를 너무 많이 보신 거 아니에요? 나더러 지금… 그 말을 믿으라고요? 와… 너무 황당하다 진짜…. (표정 굳으며) 그렇게 제가 부담되면 차라리 싫다고 그러세요. 말도 안 되는 스토리 지어내지 말고. (하곤 돌아서 가는)
주혁	우진아! (보며 중얼) 진짜야… 진짜야, 우진아…. (눈물 글썽이는)
우진	(뒤도 안 돌아보고 가는)

2. 거리 (밤)

반은 넋이 나간 채 걸어가는 우진. 마주 오는 사람들과 툭, 툭, 부딪친다. 사람들 '뭐야….' 짜증내며 보는데, 인식 못하고 그냥 가는…. 우진, 머릿속이 대혼란이다. 부부였다니… 어떻게 그런 허황된 스토리를…. 그러다 그게 아니면 꿈이나 그동안의 이상한 일들, 감정을 설명할 길이 없다.

우진	(그래도 인정이 안 되는 듯) … 말도 안 돼… 아냐… 아닐 거야…. (감당할 수 없는 진실 앞에 마주 선 듯 혼란스럽고 가슴이 미어지는 듯하다)

3. 우진의 집 거실 (밤)

집으로 들어오는 우진. 어느새 잠에서 깬 우진 모, 거실 바닥에 앉아 또 그림 그리고 있다.

우진 모   (보며) … 어디 갔다 와? 아직 깜깜한데….

우진   ! (모친 보며) 엄마…! (모친이 그리는 그림을 본다. 또 결혼하는 신
          랑 신부 그림이다) … 엄마는 처음부터 알고 있었어…? 그래서 차
          서방이라고 한 거야…? 뭘 알고 있는데? 어디까지 알고 있는데?
          어디까지가 진짜인 거야 대체?!

우진 모   (애처로운 눈빛으로 우진을 본다)

우진   엄마!

우진 모   (보며, 차분하게)… 차 서방 너무 미워하지 마. 그래도 차 서방
          이… 우리한테 잘한 것도 참 많아. 난 다 안됐어… 개도 너도…
          이 얄궂은 인연도….

우진   (눈물 그렁그렁, 뭐라 대꾸 못하고 보는데)

우진 모   아함… 나 졸려. 다시 잘 거야…. (하고는 안방으로 다시 들어간다)

우진   (그 자리에 털썩, 주저앉으며 망연자실한)

4. 종후 원룸 (밤)

혼자 움켜쥐고 있던 비밀을 털어놓고 역시 잠이 오지 않는 주혁.
소파에 멍하니 앉은 채 뜬눈으로 밤을 샌다.

5. 우진의 집 거실 (밤-낮)

아까 앉아 있던 그 자리 그대로, 주저 앉아있는 우진. 격앙되었던
마음이 조금은 가라앉은 듯, 멍하니 생각을 정리해본다.

#. 회상 플래시 - 객장, 첫인사 하는 우진 보고 당황하던 주혁/가라오케
앞. '우진아!' 부르며 잡아주던 주혁/커피 못 마시는 우진 취향 알고 있
던 주혁/우진 쓰담쓰담 해주던 주혁/약 어떻게 알았냐 묻자 당황하던
주혁…

우진   하아…. (모든 상황이 끼워 맞춰진다. 더는 인정하지 않을 수 없어
        허탈한)

        #. 회상 플래시 - 주혁 보며 차 서방! 반가워하던 우진 모/주혁 숟가락에 반찬
        얹어주던 우진 모/차 서방이니까 차 서방이지 하던 우진 모/가족 그림 그리곤
        '차 서방, 너, 우리 애들…' 하던 우진 모…

우진   (울 것 같은 표정으로 안방을 본다. 이게 다 사실이라니…. 주혁에 대
        한 원망과 그럼에도 다시 사랑하게 된 운명의 잔인함과 진실을 알게
        된 버거움 등… 복합적인 감정에 눈물이 왈칵 솟는다…. 무릎에 얼굴
        묻고 들썩이며 우는)

6. 아침 거리 인서트 (낮)

        도심 출근길 풍경 위로 타이틀….

제12화 | 두 번째 고백

7. 은행 객장 (낮)

        우진 뺀 직원들, 출근해 업무 준비 중인데… 환, 향숙 뒤 지나가
        면서 향숙을 일부러 툭, 치고 간다.

향숙   ! (보면)
환   ! (눈짓, 탕비실로 가는)
향숙   (신호다. 혜정 눈치 보고 슬쩍 일어나서 탕비실로 가는데)
장 팀장 (회의실 쪽에서 통화하며 나오는) 그래, 그래, 알았어. (전화 끊고)

혜정 씨, 오늘 우리 긴장 타야겠다. 우진 씨가 몸살 때문에 병가를 냈어. 나까지 창구에 앉아야 될 거 같아. 향숙 씨랑 셋이… (하다 빈자리 보고) 얘는 또 어디 갔어…?

주혁　! (우진이 걱정된다. 비어 있는 우진 자리 보는)

혜정　우진 씨, 많이 아프대요?

장 팀장　그런가 봐. 목소리가 아주 다 죽어가네. 늘 씩씩하던 사람이.

주혁　(얼마나 충격이 컸으면… 착잡한 듯 우진 자리에 시선 고정한 채 서류 넘기는)

종후　(힐끗, 그런 주혁 본다)

8. 은행 (낮)

(diss)우진 자리, 또 비어 있고.

혜정　(시재 통 가지고 와 자리에 앉으며) 우진 씨 오늘도 결근이야?

향숙　그렇대. 많이 아픈가 봐.

주혁　(들린다. 심란한 마음 누르며, 컴퓨터 작업하는)

(diss)우진 자리, 역시나 비어 있는….
직원들, 이제는 익숙한 듯 지나치며 각자 업무 준비 중인데… 주혁 혼자 우진의 빈자리 빤히 보고 있다. 얼마나 혼란스러울까… 얼마나 힘들까… 걱정스럽고 마음 아픈 표정이다.

9-1. 한산한 공원 (낮)

벤치에 홀로 멍… 하니 앉아 있는 우진. 텅 빈 눈으로 허공을 응시한 채, 깊은 상념에 잠겨 있는데…. 이때 한 쌍의 노부부가 손잡고 공원을 산책하며 가는 모습이 보인다. 물끄러미 노부부를 바라보는 우진. 괜시리 눈에 눈물이 고인다…. 스스로도 울컥하는 자신의 감정이 무안한 듯 손으로 눈물 훔치고는, 휴대폰 꺼내 어디론가 전화를 건다.

우진   (상대가 받자) 네, 이모… 엄마는요…?

9-2. 우진의 집 앞 골목 (낮)

손잡고 슈퍼 갔다 오는 우진 모와 우진. 우진 모 핫바 먹는 중.

우진   (힐끗 보며) … 엄마, 진짜 나한테 더 얘기 안 해줄 거야…?
우진 모   (못 들은 척하는)
우진   (얘기 안 하려는 거구나… 다시 보며) 맛은 있어…?
우진 모   아니, 맛없어. (하며 맛있게 먹는)
우진   (심란하나 애써 미소 지으며) 그래도 좋지? 딸내미 출근 안 하니까.
우진 모   아니, 하나도 안 좋아.
우진   왜 안 좋아? 나랑 슈퍼도 가고 좋지.
우진 모   안 좋아. 기다리잖아. 가야지….
우진   ! (모친 본다) 누가, 엄마…?
우진 모   누가요. 너 기다릴 거야. 많이… 걱정할 거야…. (하고는 빤히 보는)
우진   ! (종일 애써 외면하고 있던 마음이 또 울컥 올라온다. 갈등하는데)

이때, 우진의 집에서 쓰레기봉투 들고 나오는 간병인. 우진과 우진 모 보며….

간병인   슈퍼 갔다 오셔? 맛난 것 좀 많이 사달라 그러지. (하는데)
우진   (뭔가 결심한 듯) 이모, 엄마 좀 부탁드려요. 좀 다녀올게요. (뛰어 가는)
우진 모   안녕히 가세요… 잘 다녀오세요! (응원하듯 소리치는)

일에 집중하지 못하고 기계적으로 고객 응대하는 주혁.

주혁   (서류 내밀며) 여기 서류 받으시고요···. 전세 자금 대출 완료되셨
       습니다.

고객   (서류 보다가) 어? 아까 제가 이자 납부일 매달 1일로 해달라고
       말씀드렸는데, 11일로 되어 있는데요? 여기···.

주혁   (아차) 아, 죄송합니다, 고객님. 제가 금방 다시 고쳐드릴게요, 잠
       시만 기다려주세요. (하고 서둘러 다시 작업한다)

       (컷)마감한 은행. 민수, 셔터 내린다.

혜정   (기지개 켜며) 아우··· 오늘 진짜 정신 없었다. 우진 씨 내일은 출
       근하겠죠?

장 팀장 글쎄, 이젠 남은 연차도 없어서 나오긴 해야 할 텐데··· 컨디션 좀
       나아졌나···?

주혁   (여전히 우진 빈자리만 빤히 보다가, 걱정돼서 안 되겠다. 일어나 장
       팀장에게 가) 저, 팀장님··· 죄송한데 너무 급한 볼일이 생겨서···
       잠시만 나갔다 오겠습니다···. 죄송합니다···. (마음 조급해지는)

11. 거리/다른 거리 교차 (낮)

#. 주혁 차 안
꽉 막힌 도로. 우진이 너무나 걱정되는 주혁, 안 되겠는지 길 한
편으로 차 빼서 세우고, 급히 차에서 내린다.

#. 다른 거리
우진, 잰걸음으로 가며 택시 잡아보려 하지만 빈 택시가 없다. 급

한 마음에 도로 쪽 보며 계속 뛰다시피 걸어간다.

#. 거리

우진의 집 향해 뛰어가는 주혁. 길 건너편 거리, 택시 있나 살피며 반대 방향으로 뛰어오는 우진.

서로 보지 못하고 지나쳐 가는데…. 이때 뛰어드는 앞차에 누군가 빵! 신경질적으로 경적 울리고…. 그 소리에 뒤돌아보는 주혁과 우진. 눈 마주친다. 서로를 보고 횡단보도 쪽으로 뛰어가는 두 사람. 헉헉… 신호등 앞에 멈춰 서고… 서로만 뚫어져라 보는 주혁과 우진. 이윽고 신호등이 파란불로 바뀐다. 파란불이 들어온다. 동시에 건너려고 발을 떼던 주혁과 우진. 주혁이 한 발 더 먼저 들어서고… 건너려던 우진, 멈춰서 주혁을 기다린다. 이내 우진을 향해 뛰어오는 주혁. 헉헉… 가쁜 숨 몰아쉬며 우진 바라본다.

주혁   (헉헉… 숨차다) … 너무… 걱정이 돼서… (더 이상 말 못 잇는데)

우진   (말 꺼낸다) … 종일 생각했어요…. 생각하고 또 생각했는데….

주혁   … (보기만)

우진   그래요, 믿어요. 당신 말 사실인 거.

주혁   ! (보는)

우진   그런 인연이었던 거, 그런 운명이었던 거… 이제야 이해가 돼요, 다….

주혁   (또 울컥해서) 우진아….

우진   (역시 울컥해 보면)

주혁   … 너무 늦었지만… 진짜 미안해…. (눈물 흘리는)

우진   … (눈물 손등으로 닦으며… 작은 한숨…. 마음 추스르려 애쓴다)

주혁   … (가슴이 미어지는)

우진   (보며) … 그래요. 미안해야지, 당연히…. 나 왜 버렸어 진짜….

주혁   (하염없이 눈물 흘리면)

우진	근데 미안하다는 말, 그 한마디로 때울 생각 하지 말아요. 어림도 없어….
주혁	(우진 보면)
우진	두고두고 갚아요. 두고두고 내 옆에서, 못 준 사랑 듬뿍 주면서… 내 구박도 받아가면서… 우리 엄마 사위도 다시 해주고….
주혁	(그러고 싶지만, 차마 넙죽 그럴 수가 없다…. 하염없이 눈물만 흐르는)

그렇게 결론 내지 못한 채 서 있는 두 사람 모습, 부감으로….

12. 저녁 거리 인서트 (밤)

13. 실내 포차 외경 (밤)

14. 실내 포차 안 (밤)

저녁 장사 준비 중인 상식과 주은. 상식, 테이블에 멸치 깔아놓고 똥 따고, 주은은 그릇 닦는 중이다.

상식	(궁금한 듯 주은 힐끗 보며) 그쪽 오빠 되시는 분 말이야… 우리 집에 외상 달아놓은 거 꽤 있지 않나? 받아라, 10원 한푼 에누리 하지 말고.
주은	언제는, 오빠한테 뭔 돈을 받냐고 독종이라더니…. (상식 마음 뻔히 안다) 왜, 궁금하나…?
상식	(펄쩍) 궁금하긴 개뿔, 내가 니네 오빠가 왜 궁금하냐? 걔랑 나랑 은 이제, 형식적인 가족, 처남과 매부 사이 그 이상도 이하도 아니야. 그런 의리라고는 (멸치 들어 보이며) 멸치 똥만큼도 없는 새끼 하곤 상종 안 한다고. 그러니까 앞으로 말도 꺼내지 마, 알았어?!
주은	니가 꺼냈거든, 말은?
상식	('참 그랬구나….' 얼른 멸치 똥 따는 척)

주은	(힐끗 보며) 그래도 오빠는 자기 걱정되나 보더라.
	아까 통화했는데… 술 너무 마시게 놔두지 말라고 신신당부를 아
	주…. 치… 지나 잘하지. 밥도 제대로 못 챙겨 먹고 다닐 거면서.
상식	(그 말 들으니 울컥한다) 미친놈.
주은	그러게. 살짝 제정신 아닌 거 같기도 하고…. (하다 보며) 뭐야, 자
	기 울어?
상식	울긴 왜 울어, 내가! 멸치 똥이 너무 매워서…. 이번 멸치 잘못 샀
	어, 이거! (주먹으로 눈물 훔친다)

15-1. 은행 객장 (밤)

퇴근하는 분위기. 종후 자리에 없고, 주혁 뺀 직원들 우르르 일어
난다.

일동	자, 가봅시다./수고하셨습니다!/내일 봐요.
주혁	… 내일 뵙겠습니다…. 가세요…. (인사하고는, 마음이 괴로운 듯
	책상에 엎드린다)

이때 탈의실에서 나오던 종후, 주혁 보고 멈칫…. 천천히 다가온다.

종후	안 가냐?
주혁	(깜짝, 보고는 얼른 일어나 앉으며) 어, 어… 일이 좀 남아서….
종후	(틱틱) 지랄. 업무 시간에나 열심히 하든가, 종일 별나라에 가 있
	더만.
주혁	… 티 났냐…? (애써 웃으면)
종후	(그런 주혁 보다가) … 야야… 복잡하게 생각하지 마, 안 어울려.
	그냥 뒤지게 욕 먹을 각오하고, 니 멋대로 살아 까짓 거.
주혁	(보면)
종후	마음 가는 대로 하라고, 자식아! 짜증 나게 눈치 보지 말고 좀.

주혁	(우진과 잘해보라는 뜻이다. 그 마음이 고마워 뭉클, 종후 보는데)
종후	(괜히 저도 뭉클해지는. 눈 피하며) 대신 응원까진 못해준다. 그건 바라지 마…. 흠…! 간다. 일 끝내고 와라, 집에서 보자. (어깨 툭, 치고 나간다)

(컷) 텅 빈 객장에 혼자 남은 주혁. 자리에 앉아 생각에 잠긴다….

(종후)	마음 가는 대로 하라고 자식아! 짜증 나게 눈치 보지 말고 좀.
(주혁)	(고개 흔든다) 아냐… 욕심이야….
(우진)	두고두고 갚아요. 두고두고 내 옆에서, 못 준 사랑 듬뿍 주면서….
(주혁)	아냐… 너무 뻔뻔해…. (하다가) 진짜… 진짜 그래도 될까…? 한 번만… 딱 한 번만 더… 나 욕심 내도 돼…? (그러고 싶다… 너무나 간절히 그러고 싶다)

순간 주혁, 결심이 선 듯 벌떡 자리에서 일어난다.

15-2. 은행 앞 (밤)

어둠 속 불 켜진 은행 외경에서… 탁, 은행 내 소등이 되고… 곧이어 가방 멘 채 황급히 달려 나오는 주혁. 마음 급한 듯 가방 멘 위로 재킷 입으려다 아차차… 다시 가방 벗은 후 재킷에 팔 끼우며 달려간다.

(E) 딩동딩동딩동 (우진의 집 초인종 누르는 소리)

16. 우진의 집 마당 (밤)

우진 나와서 대문 열면… 헉헉… 숨이 턱까지 차오른 주혁 서 있다. 얼마나 전속력으로 뛰어왔는지, 배 아픈 듯 구부린 채 우진을 올려다본다.

우진   (놀라) 뭐예요…?
주혁   …. (헉헉… 너무 숨차 말을 못 잇는다)
우진   (이내 동요 감추고 최대한 담담하게) 이 시간에… 웬일로…?! (보
         는데)
주혁   … 얼굴 보고… (헉헉) 말하고 싶어서…. (헉헉)
우진   ? (보면)
주혁   (미안함과 설렘을 담아) … 주말에… 뭐 해요, 서우진 씨…? (데이
         트 신청이다!)
우진   (잠시 보다가, 말뜻 알아채고 표정 풀리는… 기쁨의 미소로 답한다)

17. 다음 날/지하철역 외경 (낮)

주말이라 아직 오가는 사람이 얼마 없이 한산하다.

18. 지하철역 안 (낮)

한산한 역내. 의자 위 나뒹굴고 있는 신문 집는 손, 지하철남이
다. 신문 상단 2018년 8월 날짜 C.U 되고….

지하철남 …! (벌써 날짜가 그렇게 됐나…? 의미심장한 표정으로 천장에 막혀
         보이지도 않는 하늘을 올려다본다. 그러다 이내 천천히 중얼거리는)
         … 항성 울프가 블랙홀화되면 그 영향으로 발생한 강한 중력으
         로 지구 자전 속도가 느려져. 그래서 시공간에 균열이 생기고 웜
         홀이 생성되는 거야…. (신문지 들고 걸어가며) 그 웜홀을 통해 과
         거로 갈 수 있어…. 타이밍이 중요해…. 달이 신호야….

19. 우진의 집 우진 방 (낮)

수건으로 머리 틀어 올린 우진, 바쁘게 안방으로 들어온다. 거울
보며 로션 바르고, 쿠션 두드리고, 립스틱도 예쁘게 바르고…. 수
건 풀고 머리 풀어헤쳤다가 옆으로 빼봤다가… 간만에 설렘 가
득하다.
(컷) 이 옷 저 옷, 몸에 대보는 우진. 우진 모 그 옆에 서서 보다가,
옷걸이에 걸린 한복 쓱 내밀며 입으라는 듯… 저리 치우라며 밀치
는 우진, 다시 들이미는 우진 모… 간만의 즐거운 승강이 한다.

20. 종후 원룸 (낮)

역시나 설레는 표정의 주혁. 아직 침대에서 자고 있는 종후 눈치
보며 슬쩍 종후 로션 바르는데….

종후	(뒤척이며 잠꼬대) 아이 씨….
주혁	(놀라 흠칫)
종후	…. (다시 잠들면)
주혁	(이내 살금살금 로션 내려놓고 트렁크 열고 최대한 예쁜 옷 고르는)

21. 거리 (낮)

운전대 잡은 주혁, 초조한 표정. 앞의 차들 꽉 막혀 있다.

주혁	… 아… 주말 아침인데 왜 이렇게 막혀…. (초조한 듯 핸들 톡, 톡, 치는데)

이때 사이렌 소리와 함께 구급차가 뒤쪽에서 다가온다. 최대한
차 길가로 붙이는 주혁. 구급차가 주혁 차 옆을 쌩 지나간다.

주혁   (보며) 뭐야… 사고인가…? (갸웃하곤 교통방송 틀어보는)

         (교통 리포터) 지금 구포동 방면 지나는 차들, 도로가 막혀 답답
         하실 텐데요… 버스 터미널 쪽, 170번 버스와 승용차 두 대 추돌
         사고로 정체가 계속되고 있습니다. 이 사고로 다수의 승객이 중
         경상을 입었다는 소식이네요….

주혁   아씨… 하필…. (초조한 듯 앞쪽 살피다 안 되겠다… 핸들 꺾어 옆
         길로 빠져나간다)

22. 우진의 집 앞 (낮)

         우진의 집 앞. 차 잠시 정차해놓고 기다리는 주혁. 차 사이드미러
         에 옷 매무새 확인하곤 흐흠! 각 잡고 우진 기다린다. 처음 데이
         트하는 청년처럼 사뭇 설레고 들뜬 표정. 이때 문 열리고 우진 나
         오는데… 하늘하늘한 원피스 차림. 여신이 따로 없다.

주혁   (저도 모르게 입 벌어지는)

우진   많이 기다렸죠? 옷이… 많은 거 같아도 막상 입고 나가려면 없어
         서….

주혁   (황홀하다. 입 못 다문 채) 예뻐, 완전.

우진   신경 좀 쓰긴 했는데…. 근데 그렇게 예쁜데 예전엔 왜 버렸을
         까…?

주혁   (당황, 딴소리) 어머니는…? 간병인 와 계신 거지?

우진   (피식) 됐으니까 얼른 출발이나 하죠. 참, 예전엔 내가 뭐라고 불
         렀어요?

주혁   예전에? 어… (생각해보다가) 야…?

우진   야? 아… 그냥 이름 불러야겠다 그럼. 우리 어디 갈 건데요, 차주
         혁 씨?

주혁   어, 생각해봤는데… 우리 처음 데이트했던 데 가면 어떨까 싶은
         데….

23. 바다 전경 (낮)

끝없이 펼쳐지는 바다 전경 보이며….

(우진)   우와아… 바다다!!!

24. 바다 앞 (낮)

흐뭇한 표정의 주혁 서 있고 들뜬 표정의 우진, 바다 쪽으로 뛰어 들려다가 획 돌아서며….

우진   … 이럴 줄 알았죠…? (보며) 뭐… 노멀하네, 이 여름에 바다면.

주혁   (뻘쭘한)

우진   근데 첫 데이트에 이 멀리까지…. 뭘 노렸을까, 차주혁 씨…?

주혁   … 아니, 그냥 뭐 노렸다기보다는…. (얼버무리면)

우진   (품, 웃는) 그래서, 그날 우린 어떻게 됐어요? 그날이 우리… 응…?

주혁   (펄쩍 뛰며) 아냐! 아무 일도 없었어. 그나마 내가 정신을 똑바로 차리고 있었으니까 망정이지, 싫다는데 억지로 막 술 먹이고, 자고 가자고 조르고….

우진   쯔쯔… 그것도 큰 자랑은 아닌 것 같네요. 어디가 모자라 대체…? (하곤) 그래도 간만에 바다 보니까 좋다. 음… (숨 들이쉬곤) 물고기들이 콧구멍을 막 헤엄쳐 들어오는 기분이야. 한번 해봐요. (벌름벌름)

주혁   … 아냐… 난 됐어….

우진   그럼 뭐 할까. 나 잡아봐라, 이런 거 할까요?

주혁   아니, 무슨 유치하게. 그냥 바다 보고 근처에서 회나….

우진   왜요, 해요! 나 그거 은근 해보고 싶었는데? (출발 자세 취하고는)

	자, 나 뛰어요, 출발합니다. 나 잡아봐라…! (뛰어가는)
주혁	(표정에 장난기 돌며 막 쫓아가려는데)

이때, 주혁 휴대폰 벨 올린다. 보면 발신자 '변 팀장'이다. '주말에 웬일이지…?' 뭔가 예감이 좋지 않다. 보면 우진은 이미 저 멀리 뛰어가 이쪽 보며 '안 잡고 뭐해요? 빨리!' 하며 오라고 손짓하는….

주혁	(일단 전화받고) 네, 팀장님, 주말에 웬일… 네? (표정 굳으며) 네?!

25. 은행 객장 (낮)

헐레벌떡 뛰어 들어오는 주혁. 얼굴 하얗게 질린 지점장과 심각한 표정의 변 팀장 이미 나와 있다.

주혁	이게 무슨 일이에요? 우성컴퍼니 부도라뇨?!
변 팀장	모르겠어. 나도 방금 전화받고 씻다 말고 뛰어왔는데… 대체 이게 뭔 일인지. 어떻게 돈 넘어간 지 일주일도 안 돼서 이런 일이… 하아…. (얼굴 쓸어내리면)
지점장	(울듯) 차 대리, 장인한테 얼른 전화 좀 해봐, 어? 우성 한 사장놈, 전화도 안 받아. 아무래도 튄 거 같아. 얼른…!
주혁	(황급히 휴대폰 꺼내는)

26. 은행 복도 (낮)

혜원 부와 통화 중인 주혁. 표정 심각하다.

(혜원 부)	… 나도 지금 뒤통수 세게 한 방 맞은 거 같애. 아니, 어떻게 그놈이…. 어제 봤을 때도 그런 낌새 전혀 없었거든. 내가 호랑이 새

끼를 키운 거지, 참….

주혁　　그럼 장인 어른도 전혀 연락이 안 되세요?

(혜원 부)　어. 따로 쓰는 휴대폰 하나 있는데, 그것도 꺼져 있어.

주혁　　하아…. (일이 난감하게 됐다)

(혜원 부)　소개해준 입장에서 진짜 미안하긴 한데… 우리도 받을 돈이 적
　　　　지 않은 상황이라 손해가 이만저만이 아니야. 지금 긴급이사회
　　　　열리고 어수선해, 아주 회사가….

주혁　　…. (더 이상 뭐라 하지도 못하고 막막하다. 눈 감는)

27. 다음 날/은행 객장 (낮)

오픈 전 객장 - 우성 부도로 술렁이는 직원들, 모여 얘기 중이다.

장 팀장　그래서 지점장님 지금 본사에 불려가 계신 거야?

변 팀장　어… 주말 내내 시달리고, 지금 아마 초주검되어 계실걸. 아… 그
　　　　때 나라도 진짜 말렸어야 했는데…. 그 큰돈을 실사도 제대로 안
　　　　하고 지점장 전결로 한도 상향까지 해 올렸으니, 본사에서 가만
　　　　두겠냐고.

혜정　　우리 지점장님 어떡해요, 그럼? 설마, 잘리시는 거예요?

향숙　　(눈치 보며) 딴 지점 친구들이 메신저로… 일 커지면 우리 점 자
　　　　체가 날아갈 수도 있다고…. 이러다 우리도 어떻게 되는 거 아니
　　　　야? 불안해 죽겠어요, 진짜.

장 팀장　아우 얘는, 뭐 그런 재수 없는 소리를 하니?

환　　　그런 얘기가 있다는 거잖아요, 왜 향숙 씨한테 화를 내요?

장 팀장　어머, 내가 환 씨한테 화냈니? 내가 부도내고 날랐어? 왜 나한테
　　　　난리야?

변 팀장　아, 진짜 왜들 이래. 지금 다 예민한 건 알겠는데, 우리끼리 날 세
　　　　우지 말자, 어? 어떻게 하루도 바람 잘 날이 없냐…. 진짜 굿을 한
　　　　판 하든가 해야지….

종후 (한숨 쉬며) 저도 알아봤는데 우성컴퍼니, 부도 직전에 대출받고 먹튀한 거 같더라고요. 작정하고 판을 짠 거지, 우린 거기 놀아난 거고.

장 팀장 놀아날 수밖에 없지. JK 차 대리 장인이 소개한 덴데… 이럴 줄 알았냐고.

변 팀장 (주혁 눈치 보며) 그만해. 차 대리 장인도 손해가 이만저만이 아니라잖아.

주혁 (걱정도 되고 바늘방석이다. 아무 말 못하는)

우진 (그런 주혁이 걱정된다. 눈으로 그런 마음을 전하는데)

이때, 지점장 어깻죽지 축 늘어뜨린 채 들어온다.

주혁 지점장님! (다가가면)

지점장 (주혁 보며 고개 절레절레 흔들곤 지점장실로 들어가는)

주혁 (따라 들어가는)

28. 은행 VIP 룸 겸 지점장실 (낮)

지점장 (따라 들어온 주혁 보며 울먹) 차 대리, 나 어떡해…!

주혁 본사에선 뭐래요?

지점장 (울먹) 절차 무시한 실수는 내가 인정하는데, 나더러 커미션 먹은 거 아니냐고…. 내가 만 원 한 장이라도 받은 게 있으면 이 자리에서 혀를 깨물고 죽겠다 그랬거든. 근데도 안 믿어… 안 믿더라고, 차봉희를….

주혁 아, 어떻게 그런….

지점장 나 아무래도 잘릴 거 같애, 차 대리. 다다음 주가 우리 아들 상견례인데… 아직 우리 딸내미 대학 졸업도 못 시켰는데…. (울먹) 내가 실직자 되면 우리 집은 어쩌냐…. 우리 마누라는 돈 쓰는 재주만 있지 벌 줄은 모르는데….

주혁   죄송합니다, 지점장님, 저 때문에… 면목이 없습니다. (하는데)

이때 지점장 휴대폰 벨 울린다. 보곤 흐흠! 표정 바꾸고 받는다.

지점장   (애써 방긋 웃으며) 어 여보, 어? 아냐, 별일 아니야. 그냥 작은 사고지 뭐. 아 은행이 돈 왔다 갔다 하는 덴데 이런 사고 없겠어? 그럼. 내가 여기서 근 30년을 일했는데 요 정도로 무슨. 내가 신망이 좀 두터워 사람? 어어, 그러니까 걱정 마. 내 일찍 들어갈게. 어… 장 봐서 들어가. 어, 10만 원 이상 긁지 말고…. (전화 끊곤 다리에 힘 풀려 휘청, 하는)

주혁   어어, 지점장님! (얼른 붙들면)

지점장   (와이프 목소리 듣자 복받치는 듯 흑… 손으로 얼굴 가리며 흐느낀다)

29. 은행 옥상 (낮)

옥상 난간에 팔 올리고 고개 숙인 채 괴로워하는 주혁. 우진이 위로한다.

주혁   … 아… 내가 너무 바보 같았어. 더 신중했어야 했는데. 그렇게 덜컥 지점장님한테 소개하는 게 아닌데…. 실사도 했어야 했는데….

우진   그게 왜 대리님 잘못이에요, 속인 놈들 잘못이지. (일부러 오버) 죽일 놈, 가는 걸음걸음마다 아주 벼락 맞을 놈, 뭐 먹다 목에 걸려 콱 뒈질 놈! (하는데)

주혁   (소용없다) … (고개 절레절레 흔들면)

우진   (주혁 어깨에 손 얹으며) 너무 자책 마요. 작정하고 속이려고 드는데 어떻게 이겨, 무슨 수로. 대리님도 지점장님도 운이 없었던 거예요. (잠시 포즈) 그럴 때가 있더라고요. 아무리 불행을 피해보려고 해도, 온 우주가 나를 그쪽으로 막 밀어붙이는 느낌…? 그럴 땐 그냥 당해내는 수밖에 없는 거 같아요. 아빠 돌아가시고, 엄마 이상하다 처음 느꼈을 때… 그때 저도 그랬거든요….

주혁/우진 (또다시 마음이 짠해진다. 우진 손 잡는)/(손 꽉 잡아주며 힘내라는 듯)

30. 은행 객장 (낮)

주혁 자리에 앉는데… 의아한 표정의 종후, 주혁 곁으로 온다.

종후 … 야, 이거 좀 봐봐. 좀 이상한데…?
주혁 (보며) 뭐가…?
종후 혹시나 하고 재무제표랑 법인 인감증명서랑 서류들 좀 훑어봤거든. 근데… 법인 인감증명서 도장이랑 이사회 이사록에 찍힌 인감도장이 좀 다른 거 같애. 봐봐.
주혁 (종후가 내민 서류 비교해본다) …!! (정말 미세하게 조금씩 다르다)
종후 야… 혹시 이거, 서류까지 다 조작된 거 아니야?
주혁 (다른 서류들까지 꼼꼼히 다시 본다. 손익계산서… 주주 명단… 그러다 멈칫! 주주 명단에 적힌 대주주 이름 중 'Jason Lee'라는 이름에 주목한다) 제이슨 리…? (분명히 어디선가 본 듯한 이름인데)

#. 회상 플래시 - 혜원 부 골프채에 새겨져 있던 'Jason Lee'

주혁 … 맞아… 골프채…. (그렇다면…! 놀라는 표정에)

31. JK 그룹 회장실 (낮)

'Jason Lee'라고 이름 새겨진 골프채에서 줌아웃하면… 혜원 부, 왼손으론 휴대폰 통화하고 오른손으로 골프채 잡고 회장실 한편에 있는 퍼팅 연습기에 공 넣고 있다.

혜원 부	…방금 송금했어, 이틀 정도 걸릴 거야. 당분간은 그냥 홍콩에서 지내는 게 좋겠어, 생각보다 쉽게 넘어갈 거 같지가 않아. 내가 김 실장한테 한 사장 지낼 집은 알아보라고 할 테니까. 그래, 내가 연락하기 전까진 절대 연락하지 말고. 어, 명심해…. (전화 끊고 돌아서다 멈칫하는)
주혁	(문 쪽에 충격받은 얼굴로 서 있는)
혜원 부	(들켰구나…. 놀라지도 않고 별일 아니란 표정으로 주혁 보는)

(컷) 마주 앉은 혜원 부와 주혁. 주혁은 앞에 놓인 차에 손도 대지 않는데… 혜원 부는 태연하게 차 마시며 말한다.

혜원 부	… 나도 처음부터 이런 생각은 아니었어. 상해 법인 출범에 추가 자금이 필요해서… 계약 성사되면 바로 상환하려고 했는데 그게 결렬되는 바람에…. (하고는 눈치 보며) 어떻게… 이번 한 번만 자네가 눈 좀 감아주면 안 되겠나?
주혁	안 됩니다. 그럼 저희 지점장님이 모든 책임을 떠안게 될 거예요.
혜원 부	(짜증) 그래서, 지금 우성이 JK 페이퍼컴퍼니다, 폭로라도 하겠다고? 그럼 자넨 무사할 거 같아? 한 사장을 지점장한테 소개한 게 자네야. 우리 관계 모르지 않을 거고. 십중팔구 의심할 거야, 자네도 첨부터 가담한 걸로.
주혁	! (놀라서 본다)
혜원 부	(비열하게) 그래도 괜찮겠나? 나만큼 자네도 모든 걸 다 잃을 텐데…?
주혁	! (혜원 부의 두 얼굴에 소름이 끼친다. 충격받은 표정)

32. 종후 원룸 복도 (밤)

충격받은 채 터덜터덜 종후 집으로 걸어오는 주혁.
들고 있던 휴대폰 징… 진동과 함께 화면 밝아지며 문자 뜬다.

#. 문자 인서트 - '어디예요? - 우진'

주혁, 문자가 온 줄도 모르고 멍한 채 걸어와 종후 집 앞에 선다.

종후, 휴대폰으로 막 주혁에게 전화 걸려는데… 띡띡, 소리 났다가 조용… 다시 띡띡띡, 소리 났다가 조용… 해지는….

종후   ! (뭐지? 현관으로 나가 문 열면)
주혁   (멍한 표정으로 종후 보며 서 있다… 반쯤 넋 나간)
종후   뭐야, 인마, 비번 까먹었어?
주혁   (대답 없이 들어오는)
종후   갔던 일은… 어떻게 됐어…? 진짜 JK랑 뭐 있는 거야…? 어?!
주혁   (본다) 종후야, 하루만…. 나 생각 좀 하게 해줄래? 나중에… 나중에 다 얘기할게.
종후   (심상치 않구나, 감 잡고) 알았어…. 그렇게 해.

(컷) 실내등 하나만(또는 스탠드) 켜진 어두운 원룸. 종후 잠들어 있고… 침대 밑 이부자리에 누운 주혁은 잠 못 이루고 뒤척인다. 그래도 이렇게 가만있을 수는 없는데…. 혜원 부의 말대로 양심선언하면 나까지 의심받게 될까? 세상은 아직 혜원 부와 주혁을 장인과 사위 관계로 알고 있다. 심지어 혜원 부조차 그렇다…. 온갖 상념들로 머릿속이 복잡한 주혁. 뜬눈으로 밤 지새우는 모습에서…. (f.o/f.i)

(E) 휴대폰 알람 울리는

손 뻗어 휴대폰 알람 끄고 침대에서 일어나는 종후. 눈 반쯤만 뜬
채 하암… 기지개 켜며 일어나는데… 주혁이 자던 자리에 이부
자리 이미 개어져 있고, 주혁은 안 보인다.

종후   ? (벌써 일어났나…? 화장실 쪽으로 가본다. 문 두드리며) 주혁아,
       여기 있냐? … 차주혁…! (반응이 없다. 문 열어보면 역시나 없
       는…. 갸웃하며) 아침부터 어딜 간 거야, 운동이라도 나갔나…?
       (걱정되는 표정에서)

36. KCU 본사 (낮)

본사 입구로 결연하게 다가서는 주혁. 건물 올려다보는 단호한
표정에….

(주혁) … 지점장님은 이번 일에 책임이 없습니다. 제가… JK 회장님한
       테 한 사장님을 소개받아 연결했습니다…. 그리고….

37. 은행 객장 (낮)

주혁 빼 전 직원 출근해 영업 준비 중이다. 우진, 걱정되는 표정
으로 주혁의 빈자리 보고 있는데 이때 지점장, 휴대폰 통화하며
들어온다. 뭔가 격앙된 표정이다.

지점장   네…. 네, 알겠습니다. 잠시 후에 들어가겠습니다. 네. (휴대폰 끊
       으면)
변 팀장   ?! (보는데)
지점장   (변 팀장 보며) 변 팀장, 뭐 이런 일이 다 있냐, 진짜….

종후/우진	?! (지점장 보는)
직원들	(일제히 시선 지점장에게 쏠리는)
변 팀장	(보며) 왜요, 왜요, 또 뭐 터졌어요? 아, 왜 심장이 벌렁거리냐….
지점장	그게 아니라 우성이… JK 페이퍼컴퍼니였단다…. 배후에 JK가 있었다고, 젠장!!!
변 팀장	예에?!
직원들	어머, 어머, 세상에…./말도 안 돼, 어떻게…. (놀라는)
종후/우진	! (그런 거였구나, 그래서 주혁이가…)/!!! (주혁 걱정에 주혁 빈자리 보는)

38. KCU 본사 감사실 (낮)

주혁, 감사부 팀장과 직원1에게 조사받는….

감사팀장	지금 본인이 하는 말이 얼마나 설득력 없는 말인지, 본인도 알죠?
주혁	(차분) 대출계 직원으로서 서류상의 오류를 발견해내지 못한 과실은 인정합니다. 그에 따른 처분은 달게 받겠지만 이 사건 자체를 공모했다는 혐의는 인정할 수 없습니다.
감사직원1	차주혁 씨, 당신 JK 사위예요. 가족이라고. 근데 아무것도 모르고 그냥 연결만 했을 뿐이다… 이게 말이 되냐고요. 누가 믿어요, 그 말을.
주혁	전, 전 지금…. (이혼 언급하려다 만다. 지금 그 사실은 무의미하다)
감사팀장	이미 우리 본사 사후관리팀에서 법적 대응에 들어갔고, 검찰과 함께 수사 진행할 겁니다. 이 불법 대출 건 때문에 회사가 입은 손해가 얼마나 큰 줄 아세요? 금액적 손해, 은행의 신뢰도, 이미지… 그거 다 어떻게 책임질 겁니까?!
주혁	하아…. (막막한 듯 한숨 쉬며 얼굴 쓸어내리는)

불시에 들이닥친 감사팀 직원 셋, 주혁 자리 마구 뒤지고 있고 구석에 도열한 직원들, 불안한 눈으로 지켜본다.

감사직원2　(다른 직원에게) 서고 가서 최근 6개월간 대출 자료 싹 챙겨 나와.

감사직원3　예! (서고로 들어가고)

감사직원2　(절단기로 주혁 서랍에 걸린 자물쇠 절단하려는)

종후　　　저한테 열쇠 있습니…. (다가서는데)

감사직원2　(버럭) 스톱! 거기 가만히 계세요!

향/혜/장 팀장　(놀라 덩달아 일시 정지)

감사직원2/3　(절단하라는 턱짓)/(절단하곤 서랍 빼내 뒤집어엎는)

환　　　　(보다 못해) 지금 뭐 하시는 거예요? 이렇게 뒤지는 건 사생활 침해 아니에요?

감사직원2　사생활이 아니라 업무 자료 조사하는 겁니다. 회사에서 제공한 PC는 업무 용도로만 사용한다라는 사내 규정과 지침이 있습니다. (계속하는)

환　　　　(대꾸 못하고 끄응)

우진/종후　(주혁이 걱정돼 죽겠는)/(마찬가지다. 답답한 듯 얼굴 쓸어내리는)

장 팀장과 향숙, 혜정, 잔뜩 쫀 채 쭈그리고 앉아 있는데… 변 팀장과 환 들어온다.

장 팀장　(밖에 기웃 보며) … 감사팀 애들은, 갔어요?

변 팀장　아직. 지점장실 털고 있어. 객장 오픈 시간도 있는데 금방 가겠지 뭐.

향숙/환　(무서워 죽겠다는 표정)/(괜찮다, 안심시키는 표정 오가고)

장 팀장   너무 심한 거 아냐…? 차 대리 있었음 빤쓰까지 벗겨냈겠어 아주…!

변 팀장   그러게. (쓸쓸한 듯) 근 10년 자나깨나 열심히, 야근도 불사하고 성실하게 근무한 게, 그게 아무것도 아닌 게 되네, 하루아침에 참.

향숙   지금 본사에선 차 대리님도 같이 짜고 친 거라고 보는 거죠…?

환   그런 거 같아요, 하는 꼴 보니까.

혜정   설마… 말도 안 돼. (하다) 근데… JK 사위인데 몰랐다는 게 좀 그렇긴 한 것도 같고….

변 팀장   (버럭 한다) 그게 뭔 소리야 지금?! 몇 년을 같이 일하고 차 대리를 그렇게 몰라? 차 대리가 JK 사위라고 삐긴 적… 은 좀 있지만, 지점장님이랑 우리 점에 그런 피해 끼칠 사람 절대 아닌 거, 우리가 제일 잘 알잖아!

혜정   (눈치 보며) 알죠… 진짜 그럴 분 아닌 거….

변 팀장   차 대리라고 이런 의심 받을 거 생각 안 했겠어? 근데도 분 거 아냐, 지점장님 위해서! 우리 점 위해서! 사람이 말이야… 넘어져 있는 사람 밟으면 그건 죽으란 얘기야. 좋을 때보다 안 좋을 때 더 믿음을 줘야. 안 그래?!

일동   …. (숙연해진다)

장 팀장   ! (변 팀장을 본다. 이 사람한테 이런 인간적인 면이…?)

환   저기 그리고… 얘기해도 될지 모르겠는데… (눈치 보며) 아까 윤 대리님이랑 친구분 통화하는 거 살짝 들었는데… 차 대리님 얼마 전에 이혼 접수하셨다고… 근데 지금 밝혀봤자 위장 이혼 아니냐, 더 의심할 게 뻔하다고….

일동   어머, 진짜?/세상에, 말도 안 돼…. (놀라는)

변 팀장   아… 차 대리 진짜 무지하게 힘들겠구만. 아니 왜 나쁜 일은 꼭 이렇게 겹쳐서 일어나냐고. JK가 차 대리 뒤통수를 제대로 치네. 참….

혜정/향숙   차 대리님 어떡해, 너무 안됐다…./그러게. 이혼에 이런 사고까지 터지고….

환	우리가 뭐, 도움 될 만한 거 없을까요? 이렇게 보고만 있기도 그 렇고.
변 팀장	그러게… 이게 영향력이 있을지는 모르겠는데 말이야….

41. 몽타주 (*주혁과 은행 사람들 씬 교차로)

#. 은행 객장
직원들, 각자 자리에서 타닥탁탁, KCU 홈페이지에 청원 글 적고 있는…
'가현점 차주혁 대리의 무죄를 주장합니다'
'가현점 차주혁 대리님은 죄가 없습니다. 평소 차주혁 대리님 은…'
'… 평소 업무에 있어 성실하고 KCU를 평생 직장으로 생각하며 열정적으로 일하는 나무랄 데 없는 직원입니다. 평소에 지켜봐 왔던 품성으로 봤을 때, 결코 사익을 위해 회사에 누를 끼치는 일 을 도모할 리 없는…'

#. KCU 본사 감사실
노트북으로 보여지는 CCTV 화면 – 10회 29씬. 식사 장면 캡처.
감사직원1과 주혁, 일대일로 조사 중이다.

감사직원1	대출 진행 당일, 외부에서 JK 회장, 우성 한 사장, 차주혁 씨… 셋 이 만났던 음식점 CCTV입니다. 그날 그 자리에서 무슨 대화 했 어요? 같이 모의한 거 맞죠?
주혁	(지친) 아닙니다. 단순한 식사 자리인 줄 알고 나갔는데 그 자리 에 한 사장이 있었고, 대출이 필요하다고 해서 바로 같이 내점한 겁니다. 그게 다입니다, 정말.

#. KCU 본사 로비

변 팀장, 종후, 일각에서 기다리는데… 임원 회의 마친 임원들 우르르 나오는….

변 팀장   ! (얼른 다가가) 안녕하십니까, 본부장님. 저 가현점 변성우 팀장입니다.

본부장   (알아보곤) 어! 변 팀장, 웬일이야?

변 팀장   다른 게 아니고 저희 점 대출 사고 때문에요… 실은 그게 오해가 좀 있어서….

종후   이거, 저희 직원들이 만든 자료입니다. 한 번씩만 읽어봐 주십시오. (서류 돌리는)

변 팀장   꼭 좀 읽어주십시오, 부탁드립니다. (90도로 인사하는)

#. KCU 본사 감사실

경위서 쓰고 있는 주혁…. 앞엔 감사직원1이 감시하듯 보고 있고… 테이블 위 주혁 휴대폰은 전원이 꺼져 있다.

#. 은행 복도

우진, 휴대폰 시도 중인데 역시 '고객님의 전원이 꺼져 있어…' 안내 음성만 나온다. 답답하고 걱정되고… 창밖 보는데 절로 한숨만 나온다.

#. KCU 본사 건물 앞

겨우 조사 마친 주혁, 기진맥진해 나온다. 주머니에서 휴대폰 꺼내 전원 켜면… 부재중 전화 17통에 문자 5통이다…. 확인하려는데 바로 휴대폰벨 울리고… 모르는 번호다. 일단 받는다.

주혁   여보세요…?

(남자)   아, 네, 차주혁 씨 되시죠? 여기 검찰인데요….

주혁   (올 게 왔구나 하는 표정)

42. 거리 전경 (밤)

바쁘게 오가는 사람들 위로… 건물 외벽 전광판, 저녁 뉴스를 전하는 앵커(1회와 동일) 모습 보인다.

(앵커)   JK그룹 및 대한기업연합회 회장직을 역임 중인 이병걸 대표가 시중 은행으로부터 120억 원대 불법 대출을 한 혐의로 구속 기소됐습니다.

검찰 출두한 혜원 부, 거짓 웃음 띠고 기자들 헤치며 들어가는 화면 뜨며….

(앵커)   조사 결과 이 대표는 폐업 직전의 페이퍼컴퍼니를 사들여 해외 매출을 조작하고, KCU 은행으로부터 120억 원을 대출받은 뒤 고의 부도를 낸 것으로 밝혀졌습니다. 이에 검찰은 KCU 은행 가현동 지점의 대리급 직원인 차모 씨를….

(CCTV 화면 속 흐린 주혁 얼굴 화면 한쪽에 작게 뜨며)

(앵커)   참고인 자격으로 소환, 조사할 예정입니다. (다시 앵커 화면으로 바뀌며) 다음 뉴스입니다. 지구에서 68광년 거리에 있는 분광형 항성 울프가….

(E) 동시 다발로 울려대는 휴대폰 벨소리. 징…/띠리리리…

43. 상식 포차 (밤)

상식은 주혁 부와, 주은은 주혁 모와 동시에 통화 중이다.

주은   아, 엄마, 아냐, 참고인 조사라니까 그냥. 감방 가는 거 아니라고. 울지 좀 말고 좀, 엄마. 오빠가 죽었어? 아, 죽었냐고! (달래는데)

상식   그럼요, 장인 어른. 절대 그런 일 없습니다. 제가 주혁이… (말하다 울컥) 그렇게 되게… 안 놔둘 겁니다…. 아뇨, 장인 어른, 울긴요…. (울음소리 안 내려 주먹 무는)

주은   (옆에서 그런 상식 보고 자제해라, 등짝 찰싹 때리는)

상식   ! (너무 아파 눈물이 쏙 들어간, 눈치 보며) 네… 말 그대로 참고인이니까요…. 참고요, 참고! 아니, 창고 아니고 참고요, 장인 어른….

주은   (계속 통화) … 조사만 받고 금방 나올 거니까 걱정 말고…. 아, 올 거 없어. 괜히 나섰다가 허리 또 도지려고…. 어… 어….

44. 밤하늘 인서트 (밤)

하늘에 떠 있는 둥근 달. 진동을 하듯 흔들리다가 두 개로 갈라지나 싶더니 다시 하나로, 또 두 개로, 다시 하나로… 반복하는….
(C.G)

45. 다음 날/은행 객장 (낮)

'8월 31일' 디지털 달력에서 줌아웃하면… 오픈 전 객장. 초조한 표정으로 모여 서 있는 (주혁 제외한) 은행 직원. 지점장은 휴대폰을 손에 쥔 채 창백한 표정으로 왔다 갔다 하고 있다.

변 팀장   … 징계위원회 시작한 지 몇 분이나 됐지?

종후   딱… 30분요. 지금쯤이면 결과 나왔을 거 같은데….

우진   (불안한 기색 역력한)

장 팀장   아우, 나 왜 이렇게 떨리니? 아니, 결론을 내려면 빨리 내지, 사람 피 말려 죽이려는 것도 아니고…. (하는데 지점장 휴대폰 벨 울린

다) 엄마야…!

일동　　　(일제히 지점장 보는)

지점장　(쥐고 있던 휴대폰 보고는, 눈 한 번 질끈 감고 받는다) 네… 차, 봉희
　　　　입니다.. 네.. 네…. 네 알겠습니다…. 네…. (조용히 전화 끊는)

변 팀장　뭐뭐, 뭐래요? 어떻게 결정 났대요?

장 팀장　제발… 제발제발제발…! (간절한 표정으로 보는)

지점장　(침통한 표정으로) … 나는 3개월 감봉이고, 차 대리는….

종후/우진　(긴장한 채 보는데)

지점장　… 해직이란다. 나만 살고 차 대리는 못 살렸어어…. (고개 숙이
　　　　는)

일동　　　아…. (안타까운 탄식 새어 나오고)

우진　　　(의자에 털썩 주저앉는다)

변 팀장　(흥분) 제기랄…. 10년을 그렇게 밤낮으로 부려먹고 한 번을 안
　　　　봐주냐, 사람을! 직원을 가족같이 여기긴 개뿔…! 누가 가족을
　　　　버리냐? 어? 누가 가족을 버려?

장 팀장　(위로하듯) 흥분하지 마, 변 팀장님. 우리야 마음이 찢어지지만,
　　　　회사 입장에선 어쨌든 손해를 입었으니까… 누군가는 책임은 져
　　　　야 하잖아….

지점장　그걸 내가 져야 하는데…. 미안하다, 차 대리. 내가 죄인이야, 내
　　　　가….

종후　　　후우…. (할 말이 없다. 천장만 보는데)

환　　　　아, 이건 아니다, 진짜…. 다 필요 없어…. 나 사표 쓸 거야, 말리
　　　　지 마. (서랍 뒤지면)

향숙　　　(옆으로 가, '왜 이래… 참아…' 하는 제스처로 환 말리는)

우진　　　(주혁이 얼마나 절망스러울까… 걱정된다…. 휴대폰 보며 전화 망설
　　　　이는)

46. 검찰청 앞 거리 (낮)

#. 문자 인서트 - '귀하의 해직을 통보합니다 - KCU 징계위원회'
문자에서 줌아웃하면… 거리. 휴대폰 보고 있는 주혁. 까슬하게
수염 나고 초췌한 모습이다. 온몸에 힘이 다 빠져나간 듯 털썩,
그 자리에 주저앉는다. 그런 주혁 주위로 무심하게 지나치는 사
람들 모습 보이고….

47. 동네 마트 (낮)

카운터 앞. 지하철남… 계산 끝내고 주인에게 컵라면을 건네받는
다. 이때, 문 열리고 간병인과 우진 모 들어온다.

간병인 얼른 골라봐요, 껌. 우진이가 껌은 사드리지 말랬는데…. 대신 아
        무데나 붙여놓고 그럼 안 돼….
우진 모 네! (하고는 껌 있는 쪽으로 다가가서 신나게 고르는)

주인, '안녕히 가세요' 인사하고… 지하철남 나가려다가 멈칫 다
시 돌아본다. 우진 모도 껌 고르다 말고 뭔가 감지한 듯 뒤돌아본
다. 잠시 부딪치는 두 사람의 시선… 낯선 이지만 뭔가 서로를 알
아보는 듯 친밀한…. 세상을 통달한 듯 자애로운 표정으로 시선
오가고… 이내 나가는 지하철남. 우진 모도 언제 그랬냐는 듯 다
시 껌 고른다.

48. 지하철역 내 (낮)

지하철남 막 컵라면 한 젓가락 먹는데… 다가오는 발. 틸업하
면… 모든 걸 다 내려놓은 듯 자포자기한 표정의 주혁이다.
소주 한 병과 초코파이 한 상자 들어 있는 까만 비닐봉지 손에 든

채로.

주혁   (지하철남 보며) 오늘은 라면 드시네….

지하철남   그러라며. (먹는)

주혁   … 난 참… 타이밍 못 맞추는 데는 뭐 있어요, 그죠…? (슬프게 웃는)

(컷)빈 컵라면 용기 놓여져 있고… 지하철남과 주혁, 나란히 앉아 초코파이를 안주로 소주 마시고 있다. 사람들 지나가며… '웬 멀쩡한 사람이…?' 하는 듯 주혁을 힐끔거리고 본다.

주혁   (종이컵에 술 따라주며) 인사하러 왔어요…. 이제 다신 안 올 거예요….

지하철남   그러시든가 마시든가. (상관없다는 듯 마시는)

주혁   (허공 보며) 이제 확실히 알았어요. 내가 어떤 인간인지.

지하철남   ? (보면)

주혁   난 진짜 재수가 없는 놈인가 봐요. 내 인생은 물론이고, 나랑 엮인 사람들까지 불행하게 만드는…. 다 인과응보인가? 내가 천벌 받겠다고 했었으니까. (자조적인) 그래 놓고 또 까먹고 욕심을 내려고 해서… 그래서 하늘이 노했나 봐요.

지하철남   (무표정하게 툭, 신문지 던져주는)

주혁   ?! (던져진 신문 앞면의 기사 보는…. '분광형 항성 울프, 소멸을 앞두고 빠른 속도로 블랙홀화되고 있어…') …!!!

지하철남   뉘우치는 것도 아무나 할 수 있는 건 아니지…. (보며) 아직 기회는 있어.

주혁   (무슨 소리냐는 듯 보면)

지하철남   모든 걸 돌이킬 수 있는 기회. 오늘이 그날이야.

주혁   (신문 자세히 읽는다. 뭔가 깨달은 듯 흔들리는 동공…. 잠시 생각하다가 고개 젓는) 아니에요… 더는 염치없는 놈 안 될래요. 싫어요. 너무 두려워요….

지하철남　미친놈. 언제는 간절해 죽더니…. (힐끗) 후회 안 하겠어…?!

주혁　(슬픈 표정으로 고개 젓는다. 또 눈물 그렁그렁한)

49. 실내 포차 (밤)

나란히 앉은 주은과 종후, 주혁과 주변 친구에게 연락 시도 중이다. 상식은 그 앞에 앉아 손으로 이마 받치고 울먹거리고 있다.

주은　(주혁이 전화 안 받는 듯 다시 휴대폰 내려놓는)

종후　… 그래, 하 대리, 혹시라도 주혁이한테 연락 오면 꼭 좀 전화해줘, 나한테. 어… 그러게 말야, 땡큐. (휴대폰 끊으면)

주은　연락 없었대요?

종후　어. 웬만큼 친분 있는 친구들한테는 다 돌려봤는데…. (고개 젓는)

상식　… 주혁아… 주혁아아…! (울면)

주은　아, 그만 좀 울라고! 초상났어?!

상식　눈물이 자꾸 나는 걸, 어쩌라고… 주혁아, 새꺄! 어딨어, 너어….

주은　(기 막혀) 참… 언제는 다시는 안 본다더니.

상식　(버럭) 가족인데 그럼 버리냐? 넌 그럴 수 있어? (하다가 종후에게) 야… 주혁이 얘 혹시… 무슨 나쁜 생각 같은 거 하는 거 아니겠어? 어디 경찰서 같은 데 알아봐야 되나? 서울에 대교가 몇 개지? 어?

주은　뭐래, 이 진상, 재수 없게 진짜…!

상식　아 나도 걱정이 되니까 그러지, 걱정이!

종후　(생각하다가) 우진 씨는, 혼자 찾아다니고 있는 거야, 아직?

주은　그런가 봐. 서울에서 김 서방 찾기지, 이 넓은 천지에 어디 가서 오빠를 찾아?

종후　그러게. 혼자 힘들 텐데. (걱정되는)

50. 캠퍼스 (밤)

계속 전화 시도하며 캠퍼스 구석구석 뒤지고 다니는 우진.

(안내) 고객님이 전화를 받지 않습니다. 음성사서함으로 연결 시 통화료
       가 부과됩니다….
우진   (삐, 소리 후) 대리님, 차주혁 씨… 어디예요, 지금? 너무 걱정돼서
       그러니까… 전화만이라도 좀 해줘요. 문자라도…. 알았죠? (별표
       누른다)
(안내) 음성이 녹음되었습니다.
우진   (휴대폰 끊으며 걱정되고 불안한 표정)

51. 바다 (밤)

바닷가 모래사장에 주저앉아 있는 주혁. 하늘의 달… 두 개로 갈
라질 듯 진동을 하다 이내 다시 잠잠해지고…. 주혁, 출렁이는 바
다를 보고 있자니 절망과 후회와 미련과 자책이 엉켜 만감이 교
차한다. 자꾸만 삐져나오는 눈물을 꾹꾹, 삼키며 휴대폰을 꺼내
열어보면… 부재중 전화 27통에 음성 녹음 한 건이 있다.

(우진) … 어디예요, 지금? 너무 걱정돼서 그러니까… 전화만이라도 좀
       해줘요. 문자라도….
주혁   (울컥, 더 이상 못 듣고 꺼버린다. 허탈한 표정으로 바다 보는)

52. 우진의 집 거실 (밤)

멘붕이 된 채 집에 들어오는 우진. 울고 싶은 심정으로 안방 문을
가만히 연다. 자고 있는 우진 모 확인하곤 다시 조용히 문 닫는
데… 순간 번뜩 떠오르는 기억!

#. 회상 플래시 - 동회 28씬. 바닷가에서 행복하던 우진과 주혁

우진   ! (혹시 거기…?! 서둘러 돌아서 가려는데)

(우진 모)   우진아….

우진   ! (돌아보면 언제 나왔는지 우진 모가 서 있다) 엄마…! 왜 깼어, 엄
           마. 나 지금 어디 좀 가봐야 돼. 미안해, 엄마. 오늘 하루만 나 좀
           봐줘. 지금 꼭 가야 돼서 그래. 진짜 미안해, 엄마.

우진 모   알아, 가야지. 가는데… 이거 가지고 가라고. (뭔가 내미는)

우진   (받고 보면 2006년도 발행된 500원짜리 동전이다) ?! (놀란 듯 모친
           보면)

우진 모   (미소로) 나보다는… 너한테 더 필요할 거 같아서.

우진   2006년… (보며) 엄마…! (놀라면)

우진 모   (미소로) 누구나 돌이키고 싶은 순간이 있지. 가고자 하는 데로
           간다는 보장도 없고 원하는 대로 된다는 보장도 없지만…. 그래
           도 기회는 자주 오는 게 아니니까.

우진   … 그럼 혹시… 엄마도…? (눈물 그렁그렁해지는)

우진 모   (역시 눈물 그렁그렁한 채) 가…. 시간이 없어. 얼른. (재촉하듯 우
           진 보면)

우진   엄마…. (차마 가지 못하고 보는데)

우진 모   (우진 등 떠밀며) 뭐 해, 얼른 가…. 시간 없다니까, 얼르은…! (마
           구 떠미는)

우진   (우진 모에게 떠밀려 나가고, 문 닫히면)

우진 모   (탁자 위 우진 부 사진 들고 쓰다듬으며, 미소로) … 나 잘했지, 여
           보? 그때… 내가 좀만 더 빨랐어도, 당신 구할 수 있었는데…. 우
           진이는 나보다 훨씬 날래고 똑똑하니까, 자기 원하는 대로 바꿀
           수 있을 거야, 그치…? (울듯 말듯 보는)

53. 우진 차 안 (밤)

초조한 표정으로 운전대 잡고 가는 우진. 마음 급한 듯 속력 높인다. 전방에 커브길 보이고… 우진, 속력 줄이지 않은 채 커브 도는데… 맞은편에서 다가오는 트럭! 우진, 트럭 보며 놀란 표정에서….

(E) 끼익!!!

54. 바다 (밤)

끼익, 소리에 휙 고개 돌리는 주혁. 모래사장에 앉아 있다. 방금 느낀 섬찟함은 뭐지…? 생각하다가, 이내 다시 바다 쪽으로 고개 돌린다. 주혁, 천천히 일어나 엉덩이의 모래를 털고 다시 막 걸어 가려는데….

(우진)   야…!!!

주혁   ! (돌아보면 우진이 주혁 향해 달려오는) 우, 우진아…!

우진   (뛰어오는데 이마에 상처 나 있고 피가 살짝 배어 있다) 여기서 뭐 하는 거야? 왜 여기 있어? 왜 사람을 이렇게 걱정시켜 왜…!

주혁   (상처 보고 놀라) 우진아, 거기… 너 왜 그래? 다쳤어?!

우진   지금 그게 중요해? 이거 좀 다친 게 뭐라고….

주혁   좀 다친 게 아닌데… 피 나잖아…! (우진 얼굴 보려고 손 대면)

우진   (그 손 잡으며) 차주혁 씨…!

주혁   (보며 자책) 나 때문에 또… 결국 널 또 힘들게 만들고 있구나, 내가…. 이러고 싶지 않았는데…. 정말 잘해주고 싶었는데, 웃게 해 주고 싶었는데….

우진   (그런 주혁을 본다. 마음이 아프다)

주혁   예쁜 얼굴에 상처나 나게 만들고… 또 걱정하게 만들고….

우진   (위로하는) 괜찮아, 별거 아냐. 은행 까짓 거 좀 잘리면 어때, 세상

	에 밥벌이 할 일이 얼마나 많은데. 뭐든 하면 되지. (하다) 아니, 하지 마요. 안 해도 돼. 당분간은 그냥 놀아요, 내가 먹여 살릴게. 응?
주혁	….
우진	물론 당장은 힘들겠지만… 내가 있잖아. 우리 같이 극복해요, 응?
주혁	아니, 안 그럴래. (단호하게) 내 옆에 있으면 넌 자꾸 힘들어져. 예전처럼 또 불행해질지도 몰라. 그러니까 우진아… 가. 갈 수 있을 때 얼른 도망가….
우진	그런… 그런 바보 같은 말이 어디 있어…!
주혁	바보 같은 말이 아냐… 이게 팩트야…. 니 인생에서 니가 가장 환하게 웃었을 때, 그때 니 옆엔 내가 없었어. 난… 니 불행의 그림자였어…. 그러니까… (보며) 가, 우진아. 얼른…. 우리 여기까지만 하자.
우진	나도 싫어. 혼잔 안 갈 거야. 그럴 거였음 여기로 오지도 않았어.
주혁	우진아…!
우진	같이 가. 같이 이겨내. (손 내민다)
주혁	(고개 흔드는)
우진	가자, 대리님….
주혁	(고개 돌려 외면한다, 단호하다)
우진	(보다가) 좋아. 정 그러면… 내가 가서 다시 바꿀 거야, 우리 운명.
주혁	?! (무슨 소리냐는 듯 보면)
우진	(결연한) 기회는 자주 오는 게 아니니까. (하고는 홱 뒤돌아 뛰어간다)
주혁	!!! (설마…?) 우진아… 서우진…!!! (쫓아가는)

55. 도로 (밤)

속력 내 달리는 우진의 차. 그 뒤를 주혁의 차가 바짝 쫓는다. 주혁이 쫓아오는 걸 의식한 듯 더 속력 내는 우진. 주혁도 어떻게든 우진에게 따라붙어 보려고 더 속력 내어 뒤쫓아 온다.

56. 밤하늘 인서트 (밤)

진동하는 둥근 달. 크게 흔들리는가 싶더니 결국 두 개로 갈라지는….

57. 톨게이트 근처 도로 (밤)

빠른 속도로 예의 비뇨기과 광고판을 지나는 우진의 차. 그 뒤를 주혁의 차가 바짝 쫓아 지나가고….

58. 우진 차 안 (밤)

똑바로 보고 운전해 가는 우진. 정면에 진짜 무인 톨게이트가 보인다. 있다…! 진짜 톨게이트가 있어…! 500원짜리 동전을 손에 다시 그러쥐는 우진. 톨게이트에 진입해 잠시 멈춰 서고는 창문을 열고 500원짜리 동전을 던진다. 포물선을 그리며 통 속으로 들어가는 동전!

59. 톨게이트 지점 (밤)

우진, 황급히 다시 속력 올려 톨게이트를 통과해 가는데… 뒤쫓아 오던 주혁 차도 덕분에 그냥 무사통과된다.

60. 우진 차 안 (밤)

우진   (뒤돌아보며 주혁 차 확인하는) 아씨…! (속력 더 높이는데)

이때 내비게이션이 요란하게 경고음을 울린다. '경로를 이탈하였습니다. 경로를 이탈하였습니다.' 동시에 차 계기판 바늘이 마음대로 왔다 갔다 하며 속도가 절로 오르기 시작한다.

우진   (그 압력에) 어어, 어어어…!!! (눈 동그래지는)

61. 주혁 차 안 (밤)

역시 '경로를 이탈하였습니다.' 경고음과 함께, 계기판 오작동하며 속력이 붙기 시작하는 주혁의 차. 주혁, 핸들 똑바로 쥐고는 우진 차 뒤에 바짝 붙은 채….

주혁   아아아…!!! (전방의 하얀 빛에 눈부셔 찡그리는 모습)

62. 과거로 가는 도로 (밤)

무서운 속력으로 달려가던 우진 차, 빨려 들어가듯 공간 속으로 훅, 사라지고… 동시에 뒤쫓아 가던 주혁의 차도 같이 훅, 사라지며 화이트 아웃.

63. 주혁 자취방 (낮)

주혁 눈 뜨면, 상식 옆에 자고 있고… 역시나 문 두드리는 주은.

(주은)   오빠! 아, 빨랑 열어! 나 팔 빠진다고! 셋 셀 동안 안 열면 확 문 부숴버린다, 진짜! (마구 두드리는)

(주혁)   !!! (놀란 표정) … 왔다. 또다시 오고 말았어, 그날로…!

우진 눈 번쩍 뜨면… 다름 아닌 우진 집 거실이다. 소파에서 벌떡 일어나는 우진. 똑같은 우진의 집이지만 미세하게 뭔가 다른 느낌이다. 놀라서 벽의 달력을 보는데 2006년 6월이다!

우진   !!! (믿을 수 없어 눈을 동그랗게 뜨고 보는데)

우진 모   (앞치마 매고 주방 쪽에서 오며) 어, 일어났네? 또 나와서 잤어? 많이 덥디, 어제?

(우진)   (겪고도 믿기지 않는다는 표정) 진짜… 진짜 2006년의 그날이다…!

우진 모   일어나 얼른. 빨리 준비하고 학교 가, 지각하겠어!

벌떡 일어나는 우진 모습에서 화면 분할되고… 자취방의 주혁 모습 밀고 들어오며 스틸….

12화 엔딩.

13
화

🌙

🌙

———

리
셋

1. 전회 연결 - 도로 (밤)

#. 도로 위 - 속도 내어 달려가는 우진 차, 바짝 뒤쫓아 가는 주혁 차 cut!
#. 우진 차 안 - 우진 500원짜리 동전 동전통 안에 넣는 cut!
#. 톨게이트 지점 - 통과하는 우진 차, 뒤따라 통과하는 주혁 차 cut!
#. 우진 차 - 기계 이상과 함께 마구 속도 올라가는 cut!
#. 과거로 가는 도로 - 섬광과 함께 사라지는 우진 차, 사라지는 주혁 차 cut!

2. 전회 연결 - 주혁 자취방 (낮)

주혁 눈 뜨면, 상식이 옆에 자고 있고… 역시나 문 두드리는 주은.

(주은)   오빠아! 아, 빨랑 열어. 나 팔 빠진다고! 셋 셀 동안 안 열면 확 문 부숴버린다 진짜!!! (마구 두드리는)
(주혁)   (표정에서 off) … 돌아왔다. 또다시…!

우진 눈 번쩍 뜨면… 다름 아닌 우진의 집 거실이다. 소파에서 벌떡 일어나는 우진. 똑같은 우진의 집이지만 미세하게 뭔가 다른 느낌이다. 놀라 얼른 벽에 걸린 달력을 본다. 2006년 6월. (C.U)

우진   !!! (믿을 수 없어 눈을 동그랗게 뜨고 보는데)
우진 모   (앞치마 매고 주방 쪽에서 오며) 어, 인났네? 또 나와서 잤어? 많이 덥디, 어제?
(우진)   (겪고도 믿기지 않는다는 표정에) 진짜… 진짜 2006년의 그날이다!!!
우진 모   일어나 언능. 빨리 준비하고 학교 가, 지각하겠어!
우진   (벌떡 일어나) 엄마…! (두리번거리며) 아, 아빠는…?
우진 모   아빠? 나갔지 벌써. 갑자기 중국 출장 잡혔다고 아침 댓바람부터 일어나서는… 하필 오늘 건강검진도 잡아놨는데 못하게 생겼지 또, 뭐.
우진   !!! (다급) 안 돼, 엄마! 아빠 검진 받아야 돼, 오늘!
우진 모   그러게, 저번에도 빵꾸 내고 오늘은 꼭 받는다 그랬는데….
우진   무조건 받아야 된다니까! 몇 시, 몇 시 비행긴데 아빠…?! (표정에서)

공항으로 뛰어 들어오는 교복 차림의 우진.
두리번거리며 휴대폰 전화 거는데, '고객님의 전원이…' 안내 음성만 나온다.

우진   아… 3주 걸리는 출장인데 이거… 못 가게 막고 검진받게 해야 되는데….

아빠 제발… 아빠아빠…! (초조하게 둘러보는데)

입국장 게이트에 우진 부, 여권 들고 막 들어가려는 모습 보이는

우진   아빠! (다급) 아빠, 안 돼, 스토옵! (뛰어가는)
우진 부   (보고 놀라) 우진아! 너 여기 어떻게…? 학교 안 갔어?
우진   어, 안 갔어. 그게 문제가 아니고… 아빠 가면 안 돼, 검진받아
          야 돼.
우진 부   뭐? 얀마, 그게 뭔 소리야…. (안내판 보며) 아빠 들어가야 돼. 늦
          었….
우진   (부친 팔 잡으며) 안 돼, 아빠! 안 돼… 제발… 제발, 아빠아…. (간
          절한 표정에서)

5. 공항 앞 (낮)

우진 부   (통화하며 택시 뒷좌석에 타는) 어, 배 팀장, 들었지? 그렇게 됐
          어…. 일단 김 소장 혼자 넘어갔고, 난 이메일로 결과 확인하려
          고….
우진   (다행이다… 하는 표정으로 타려다 멈칫) 어…?! (눈 동그래져 보면)

앞쪽에 한 손엔 트렁크 들고 다른 쪽엔 큰 가방 멘 여자와 승강이
중인 종후가 보인다. (*앞 회 회상 상황과 동일한 복장, 안경 쓴 모습)

종후   내가 잘못했어, 가지 마! 나랑 얘기 좀 하자, 어? 슬기야….
여자   (싸늘) 두 달 동안 연락도 없다가 이제 와서?
종후   내가 바보였어, 괜한 자존심에…. 나, 너 이렇게는 못 보내. 가지
          마 제발.
여자   안 가면? 뭐 달라지는 건 있고?
종후   (선뜻 대답 못하고)

여자	(원망의 눈빛으로 보곤, 종후 팔 뿌리치고 가려는데)
우진	(얼른 여자 앞으로 뛰어들어 부딪친다. 그 결에 가방 떨어지고, 소지 품 튀어나오는) 어머, 죄송합니다! 제가 잘못 봐서. (소지품 주워 주는)
여자	됐어요, 괜찮아요…. (자기가 주우려는데)
우진	(손 막고) 아뇨, 제가 할게요. 제 실수니까. (하며 일부러 천천히 넣 어 주는)
종후	(그 틈에) 슬기야, 가지 마. 내가 잘할게. (결심한 듯) 우리 결혼하자!
여자	(멈칫. 종후 본다. 눈빛 흔들리는)
종후	(확신에 찬 표정) 결혼하자. 당장은 힘들겠지만 내년쯤에. 어 때…? (진지하게 보는)
우진	(눈빛을 보니 됐다…! 잘됐다, 방긋 웃는 표정에서)

6. 주혁 자취방 (낮)

주은, 주혁 의자에 앉아 잡지책 보고, 주혁 침대에 이불 둘러쓰고 누워 있다.
학교 갈 준비하는 상식, 가방 챙기다 주혁 보며….

상식	야, 너 진짜 안 갈 거야? 홍 교수님 출석 한 번만 빵꾸 나도 바로 에프야 인마!
(주혁)	(이불 쓴 채) 안 돼, 혹시라도 우진이가 나 찾으러 학교에 오면…
상식	야, 차주혁, 가자니까!!! (발목 잡고 침대 밑으로 끌어내리는데)
주혁	(잽싸게 기어 올라가 다시 누워 버리는)
상식	아… 자식, 왜 안 부리던 꾀를 다 부리고…. 저기 동생분이 뭐라 고 좀…. (하는데)
주은	오, 히야! (눈 커지며 잡지 삼매경이다)
상식	(포기하고) 아, 몰라, 니 마음대로 해 그럼. 나 간다! (가방 메고 나 가는)

(주혁)　(이불 내리고) … 오늘만 버티면 된다…. 오늘만…. (결연한 표정에)

7. 버스 정류장 (낮)

아빠 병원 검진 들여보내고, 헐레벌떡 달려오는 우진. 주혁이 있나 두리번거려 보지만 예상대로 주혁은 안 나와 있다.

(우진)　…아… 내가 너무 늦었나…? 아냐, 의도적으로 안 나왔을 수도 있어, 차주혁 씨.
그렇다면…? (하곤 정류장 노선도를 본다. '연희대학교' 가는 버스 노선 발견하고 눈 빛내는)

8. 캠퍼스 (낮)

녹음이 푸르른 6월의 캠퍼스. 학생들 자유롭게 오가는데, 우진 구경하듯 두리번거리며 오는….

우진　… 와…, 촌티 작렬… 그땐 몰랐는데 참…. (흥미로운 듯 보며 가는)

9. 강의실 앞 (낮)

강의 끝난 듯 우르르 나오는 학생들. 상식도 나오는데 우진이 다가선다.

우진　상식 씨, 아니… 상식 오빠…?!
상식　(보고… 오 귀엽다… 표정 관리하며) 어, 내가 오상식인데… 넌 누구니…?
우진　(반갑다. 웃으며) 네… 전 서우진인데요.
상식　우진이…? (느끼하게) 근데 날 어떻게 알까? 오빠 본 적 있나 어

우진	건 묻지 마시고… 차주혁 씨, 아니 차주혁 오빠 지금 어딨어요…?
상식	(실망) 아… 주혁이 찾아왔구나? 걔 수업 쌔고 지금 자취방에 있는데… .
우진	아… (끄덕끄덕) 그럼, 저 좀 데리고 가주시면 안 돼요? 급한 일이 있어서 그런데.
상식	급한 일 뭐? 아니, 내가 친구를 의심해서 그런 건 아니고… 그래도 신원은 알아야….
우진	(애교로) 저 진짜 나쁜 사람 아니에요! 완전, 레알 진심. (눈 깜빡깜빡하는)

10. 캠퍼스 입구 (낮)

상식 옆에 바짝 붙어 걸어가는 우진, 상식 보며….

우진	근데 살짝 노안인 게 나이 먹으면 훨씬 유리한 거 같아요.
상식	누구, 내 얘기 하는 건 아니지?
우진	맞는데, 오빠 얘기….
상식	어허! 오빨 놀리구… 나 화나면 무섭다…. 오빠 되게 카리스마 있는 스타일이야.
우진	(무시하고) 근데, 이쪽이에요 저쪽이에요?
상식	(바로 표정 풀리며) 아, 저쪽. (하곤 다시 방향 잡아 가는데)
(혜원)	저기요….
상식	(보면, 혜원이 첼로 매고 서 있다) 어… 이혜원이다…. (눈부시단 듯 보면)
혜원	(미소로) 주혁 선배 친구분 맞죠? 선배 지금 어딨는지 혹시 아세요?
상식	(정신 못 차리는) 아, 주혁이가 몸이 좀 안 좋아서 집에… 근데 참

이상하네 오늘. 평소와 다르게 주혁이 찾는 여자들이 왜 이렇게 많은지 참….

혜원   (우진을 힐끗 본다)

우진   (맞서듯 보며 혼잣말처럼) … 여신급까지는 아닌 것 같은데….

혜원   네?

우진   아뇨, 그냥 혼잣말이에요. (방긋 웃어 보이는)

혜원   (뭐야, 하는 표정. 상식에게) 알겠어요. 그럼 다음에. (목례 까딱하고 가는)

우진   (가는 혜원 보며, 이렇게 주혁과 어긋나는구나, 다행이다 표정 짓는)

        (E) 휴대폰 벨 소리

11. 주혁 자취방 (낮)

방 한쪽에서 휴대폰 받는 주혁. 주은은 아예 배 깔고 누워 과자 먹으며 만화책 보고 있다.

주혁   어, 왜…?

(상식)   (작게) 야, 나 지금 방으로 가고 있는데… 웬 예쁘게 생긴 여고생이 널 찾아서 같이 가고 있거든. 눈 똥그랗고 아담한데, 근데 예뻐, 어쨌든.

주혁   (감 잡고) 야, 걜 데리고 오면 어떡해. 가, 가, 오지 마, 가!

(상식)   야, 벌써 다 와가. 이제 와서 어떻게….

주혁   (휴대폰 훅 닫고 황급히 밖으로 도망 나가는)

주은   (보는) 오빠 어디 가는데? 아, 갈 때 가더라도 차비는 주고 가야지! 수업 땡땡이 깐 거 엄마한테 다 이른다!!! (질러대는)

12. 자취방 근처 골목 (낮)

주혁, 뛰다시피 도망쳐 골목 왼쪽으로 사라지고, 잠시 후 나타나는 상식과 우진.

상식, 집 쪽 가리키며 조심스럽게 에스코트한다.

13. 주혁 자취방 (낮)

상식과 우진은 방 입구에 서 있고 주은, 만화책 손에 든 채 서서 멀뚱히 그런 둘 바라보며….

주은   오빠 방금 나갔는데? 누구랑 통화하더니 기겁을 하고 내빼던데?
우진   (상식 획 째려본다)
상식   (움찔하고 딴 데 보는)
주은   (우진 보며) 근데 이쪽은 누구… 여자 친구…?
상식/우진 (도리도리)/진짜 반가운데, 인사는 나중에 하자, 주은아. 일단 오
         빠 잡고! (나가는)
주은/상식 쟤 나 어떻게 알지? 어떻게 알아요? /(역시 도리도리)

14. 거리 (낮)

주혁 뛰어나와 어느 쪽으로 가야 하나 우왕좌왕하는데….

(우진)   오빠! 차주혁 씨!

주혁, 놀라서 보면… 저 멀리 주혁 향해 황소마냥 돌진해 오는 우
진이 보인다.

주혁   헉!!! (놀라 부랴부랴 손 흔들며 택시 잡는. 택시 한 대 와 끽, 서고,
         황급히 올라타며) 기사님! 출발, 출발하세요 빨리, 빨리빨리!

주혁   기사님, 빨리요!!! (하며 황급히 뒷문 닫는데)

바로 뒷문 열리며 훅 올라타는 우진. 동시에 택시 출발하고….

주혁   (헉! 반사적으로 물러나 앉는)
우진   (헉헉… 주혁 보며) … 겁나 반갑네요, 오빠. 아니, 차주혁 씨?!
주혁   (보며) 우진아, 이러지 마. 넌 나랑 얽히면 안 돼, 진짜….
우진   네, 어쩌면 후회할지도 모르죠. 그렇지만… 그게 무서워서 피하는 건 안 할래요, 난. 원래 우리의 운명대로, 다시 걸어가 볼 거예요. 난 예전과는 다를 테니까.
주혁   아냐, 생각을 고쳐먹어, 제발. 우린 안 돼. 난 너도 그 누구도, 행복하게 해줄 수 없는 놈이야. 제발 너 갈 길 가라고 좀!!!
기사   (둘 상황이 흥미로운 듯, 힐끗 보곤 신호 앞에 멈춰 서는데)
주혁/우진   (이 틈에 문 열고 내리고)/아이 씨…. (쫓아 내리는)

주혁 횡단보도 건너며 내빼는데, 순간 신호 빨간불로 바뀌고…, 쫓아오던 우진 신호 못 본 채 주혁 쫓아 건너오려는 중이다. 뒤돌아보는 주혁. 저만치서 달려오는 오토바이 발견하고 위험 감지, 우진에게로 다시 뛰어가며….

주혁   우진아!!! (우진 안고 쓰러지며 바닥에 픽!)

순간 화이트 아웃되며…,
타이틀이 뜬다.

17. 우진의 집 안방 (낮)

눈 번쩍 뜨는 우진. 벌떡 일어나 두리번 살피면… 별반 달라진 것
없는 듯한 방. 탁자 위 달력 줌인… 2018년 8월 1일이다…!
우진, 믿을 수 없다는 표정 짓는데…, 이때 세미 정장 차림의 우
진 모 들어오는….

우진 모 인났어? 식탁에 밥 차려뒀어, 가 먹어. (화장대 앞에 앉아 머리 손
질하는)

우진 (!!) 엄마… 뭐 해…?

우진 모 엄마 오늘 고객 미팅 있다고 일찍 나가야 된다고 했잖아…. 바빠,
늦었어!

우진 (고객? 모친 살피며) 엄마… 괜찮은 거야? … 안 아파? 멀쩡해?

우진 모 그럼 멀쩡하지, 이 나이에 치매라도 걸렸을까 봐?

우진 (감격… 와락 안으며) 엄마!!! (하다 다시 보며) 아빠, 아빠는, 엄
마?!

우진 모 아빠…? 3년 전에 세상 뜬 아빤 왜 찾아, 아침부터. 아빠 꿈꿨
어?

우진 (표정) 3년… 전…?

우진 모 어째 그렇게 가고 한 번을 꿈에도 안 나온다니. 병수발 시킨 게
미안해 그러나…. 담에 꿈에 아빠 보면 괜찮으니까 엄마 꿈에도
좀 가보라 그래, 알았지?

우진 (그랬구나… 아빠는 더 살다가 3년 전에 돌아가셨구나)

우진 모 (애틋) 그래도 니 아빠, 자는 듯이 평화롭게 떠난 거… 그게 젤 위
안이 돼, 나는.
너 못 치우고 떠나보낸 게 제일 한이고. (눈 부릅) 알기나 해, 기

우진	지배야?

우진   아니, 모르지…. 내가 어떻게 알겠어…. (울컥해진다. 그래도 평화
롭게 가셨구나)

우진 모   기지배, 왜 아침부터 아빠 얘긴 꺼내가지고… 아, 나 늦었어, 진
짜. 빨리 가야 된단 말이야! (매무새 다듬고는 마무리로 안경 쓰는)

우진   (?) 엄마 왜 안경 써? 눈 좋잖아.

우진 모   이걸 써야 지적으로 보이지. 3연속 판매 퀸은 아무나 되는 줄 알
어? 다 이런 철저한 이미지메이킹이 있어서 이 자리까지 온 거야.

우진   올…! 엄마 퀸이야? 뭔데, 보험?

우진 모   반은 지가 팔아줘 놓고 딴소린? 신품 팜플렛 나왔으니까 니네 사
무실에 좀 돌려봐. 화장품, 영양제, 이런 잔챙이 말고 가전제품
같은 게 나가야 되는데….

우진   뭐야, 엄마! 혹시, 다단계야?! (표정에서)

18. 호텔 커피숍 (낮)

일본인 남자 고객과 거래 중인 우진. 파일에 서류들 챙기며….

우진   에, 큐우료오비와 이즈니 시타이데스카? (그럼 월급날은 언제로
해드릴까요?)

고객   마이츠키 츠이타치니 시테쿠다사이. (매월 1일로 해주세요)

우진   소오시마스. (서류 챙기며) 소레데와, 츠기니 마타 오아이시마스.
(알겠습니다, 그럼 다음에 뵙겠습니다)

고객   (악수 청하며) 렌라쿠 오마치 시테이마스. (연락 기다리겠습니다)

우진   아리가토 고자이마스. (악수하곤, 업무 이야기 끝났다. 평소의 친근
한 모드로 돌아와) 쿄오 네쿠타이 스테키데스네. (오늘 넥타이 멋
지시네요)

고객   (기분 좋은) 소우데스카? (그래요?)

우진   (프로다운 미소에)

사원증 목에 걸고 걸어가는 우진. 마주치는 직원들에게 인사하는….

우진   아, 안녕하세요? (가다 또 인사) 안녕하세요? (이번엔 여직원한테) 엇! 안녕하세요? 더 예뻐지셨다! (하다 누군가 발견) 아, 양 팀장님! (뛰어가는)

양 팀장   응, 우진 씨. 외근 갔다 오는구나?

우진   네. 오랜만에 봬요.

양 팀장   무슨 소리야? 어제 보고서는? 엘리베이터에서 만났었잖아.

우진   아… 그랬나…? (잠시 생각하다) 저기, 팀장님, 저랑 음료수 한 캔 하실래요?!

양 팀장 앉아 있고, 우진 캔음료 두 개 자판기에서 빼서 들고 오는….

우진   그간 팀장님한테 너무 소원했던 거 같아서… 요걸론 모자라겠지만.

양 팀장   (받으며) 충분해, 이걸로. 고마워, 잘 마실게. (따서 마시는)

우진   (음료수 따고 앉으며) 요새도 일 많죠? 인사과는 365일 엄청 바쁘더라고요.

양 팀장   그치 뭐. 신입 채용에 인사 발령에, 교육까지 진행하니까.

우진   진짜 대단하세요. 그 일을 다 해내시는 거 보면…. (하곤 흘깃, 눈치 보며) 그… 인사 발령 얘기가 나와서 말인데요, 실은 저도 예전부터 영업점 일 해보고 싶었거든요. 집에서 제일 가까운 게 가현점이긴 한데….

양 팀장   가현점 좋지. 지점장님도 좋으시고 팀장들도 좋고.

우진   저도 그렇게 들었어요. 대리님들도 성격 좋으시다던데… (흘깃

보며 목적했던 것 묻는) 대출계에 차… 주혁 대리님인가? 여전히
거기 계신가 모르겠네?

양 팀장   차 대리? 그 친구 지금 휴직 중인 걸로 알고 있는데.

우진   (놀란) 휴직요? 왜요?

양 팀장   글쎄, 이유는 잘 모르겠고… 휴직한 지 두어 달 된 걸로 알고 있어.

우진   (휴직이라니… 생각지도 못했다. 걱정되고 궁금한 표정)

21. 은행 객장 (낮)

주혁 빈자리에서 줌아웃하면… 종후 물티슈 들고 쓸쓸하게 그
자리 보고 서 있다.

종후   … 어디서 뭐 하고 돌아다니냐, 이 망할 놈의 차주혁아…. (책상
닦는)

환   (그런 종후 보며) 윤 대리님한테도 연락 없어요, 차 대리님…?

종후   가뭄에 콩 나듯이 문자. '나 살아는 있다.' 이 정도?

향숙   든 자린 몰라도 난 자린 안다고… 차 대리님 안 계시니까 객장이
썰렁하긴 해요.

혜정   그니까. 은근 자상하신데, 우리 차 대리님. 대체 어디가 아프신
거야?

장 팀장   혹시 상사 스트레스 아냐, 마음의 병? 아니, 변 누가 워낙 쪼아대
니까.

변 팀장   누구? 나? 아이고, 그 스트레스로 치면 수신계는 죄 휴직해야 되
게?

장 팀장   붙잡고 물어봐요 애들한테. 내가 깐깐한가 변 팀장이 깐깐한가.

변 팀장   그래, 물어봐. 난 자신 있어. 물어봐. (승강이하면)

향숙/혜정/환   (대답 곤란하다. 얼른 고개 박고 일하는 척하는데)

종후   (휴대폰 울린다. 다정하게 받는) 어, 여보. 아니, 오늘은 별로 안 늦
을 거야. 그래? 민하 바꿔 줘 봐. (활짝 웃으며) 어, 민하야! 아빠아

빠. 그치, 아빠지? (책상 위 가족사진 액자-종후, 와이프(4-1씬), 딸
쌍둥이-의 딸내미를 손가락으로 쓰담쓰담 하며) 민주랑 뭐 했쩌
요, 맘마 먹었쩌요? (하면)

향숙 어머! 방금 동기 걱정하던 그 대리님 맞아? 눈에서 꿀이 떨어진
다, 아주.

혜정 그러게. 진짜 딸바보야, 윤 대리님은. 저렇게 좋을까. (하는데)

종후 (와이프 다시 받은 듯) 어, 그래, 전화 들어온다, 여보. 어, 끊어. (하
곤 다시 통화 버튼 누르는) 어, 상식아, 나야. (다시 침울) 아니, 없
어… 어… 어….

향숙/혜정 (뭐야 이 극단적인 표정은?)/(몰라, 어깨 으쓱하고)

22. 푸드 트럭 (낮)

길 한편에 서 있는 우동과 닭볶음류의 요리를 파는 푸드 트럭. 트
럭 앞에 야외 테이블 두 개 세팅되어 있고 트럭 안에서는 상식
이 요리하며 통화 중이다. 주은은 그 옆에서 멸치 똥 따고 있다.

상식 알았어. 주혁이 새끼한테 전화 오면 바로 전화하고. 어… 그래….
(끊는)

주은 종후오빠한테도 연락 없대지?

상식 어, 없대….

주은 아으, 내가 진짜 울 오빠 때문에 앓느니 죽지. 아침부터 엄만 전
화해서 부적을 쓰네 굿을 하네, 아니 전국구로 용하다는 점집은
또 왜 이렇게 많아, 돈 아깝게….

상식 굿을 해서 그 역마살 잡히면 내가 이 트럭이라도 팔겠다, 진짜….

주은 그건 안 되지! 우리 살림 밑천인데, 이 남자가.

상식 아, 속상하니까 그러지.

주은 나도 속상해. 오빠 때문에 엄마한테 우리 얘긴 꺼내지도 못하고.

상식 걔가 대학 때부터 그랬어요. 방학만 되면 휙 사라졌다 휙 나타나

고, 툭하면 배낭여행 간다 그러고. 아니, 그 버릇을 어떻게 10년이 넘도록 못 고치냐고.

주은 누가 강제로 떠미는 것도 아니고 지가 원해서 뜨는 건데 뭐 어떡해.

상식 숫기도 없는 자식이 어서 밥은 얻어먹고 다니는지…. (울컥하면)

주은 (보며) 누가 보면 오빠가 동생인 줄 알겠다. 뭘 또 울컥까지 하냐? 괜히 오빠가 그러니까 나도 막 우울해질라 그러잖아. (하곤 속상한 듯 멸치 입에 넣는)

상식 (다시 전화 걸어본다)

주은 (씹으며) 안 받지?

상식 어, 꺼져 있어…. 이 새끼 진짜 어서 확 꼬꾸라져서 뒈진 거 아냐 진짜?

23. 한적한 시골길 (낮 →밤)

길 한편, 그늘에 누워 있는 한 남자. (옆에 큰 배낭 놓여 있고) 겉옷으로 얼굴부터 상반신 덮여 있어 허리 아래쪽만 드러나 보인다. 집으로 가는 길의 여고생, 무심코 지나치다가 남자 발견하고 '엄마야!!!' 놀라며 물러서고, 시체라도 발견한 양 겁먹은 표정으로 달음질쳐 가는데….

잠시 후, 움찔하는 남자. 이내 손 뻗어 휙 옷 걷어내고 일어서는데… 초췌한 몰골의 주혁이다.

주혁, 얼추 쉬었다는 듯 다시 일어서 옷 툭툭 털고, 배낭 메고, 덮었던 옷 둘둘 말아 찔러 넣고 다시 걷기 시작한다. 한발 한발 걷는 진지한 표정이다.

#. 회상 플래시 - 텐트 안/밖

주혁 눈 번쩍 뜨고 벌떡 일어나면… 깜깜한 텐트 안이다. '여기가 어디지?' 두리번거리다 텐트 열고 나가면 사방이 깜깜한 칠흑 속. 풀벌레

215

소리 들리고 인적이라고는 없는 풀숲 느낌이다. '내가 왜 이런 곳에 있을까?' 영문을 모르겠다는 표정의 주혁. 주머니에서 휴대폰 꺼내 전원 켜면 징, 징, 지잉 진동벨과 함께 문자가 줄줄이 들어온다.

문자 내용 C.U 하면…,

'차주혁, 언제 방황 끝내고 올래? 전화 좀 해라… - 종후'

'주혁아, 밥은 먹고 다니냐? 어디야 대체? ㅠ - 상식'

'오빠 생사는 알아야 될 거 아냐. 실종 신고 해버린다 진짜!!! - 주은'

'선배 휴직계 냈다면서요? - 하 대리'

문자 내용을 보고 그제야 깨닫는 표정… 아… 난 방황의 삶을 살고 있구나….

다시 길 위. 걷고 또 걷는 주혁…. 이렇게 걷자니 잡생각이 사라지는 것 같기도 하다. 점차 표정 편안해지고… 배낭 다시 고쳐 메는 주혁. 손등에 선명한 상처 C.U 되며….

(diss) 이제 밤이다. 해가 막 지고 어스름한 시간…. 주혁, 생수통 꺼내 물 마시는데… 개 한 마리가 주혁 옆으로 온다.

주혁   … 너도 목 마르니…? (생수병 뚜껑에 물을 따라 개 앞에 놓고 얼른 떨어진다)

개   (맛있게 물 핥는)

주혁   (생수 마저 다 마시고 다시 길 걷는데 개가 쫄래쫄래 쫓아온다. 살짝 겁나는 듯 걸음 빨라지는데 개는 계속 쫓아오고) 아씨…, 오지 마쫌…. (점점 더 빨라지며… 걸음아 나 살려라! 도망가는 모습)

24. 실내 포차 앞 (밤)

퇴근한 우진, 포차 앞 기웃거리다가….

우진   흠! (헛기침하곤 조심스럽게 문 여는데)

주인   (서빙하다 문 쪽 보며) 어서 오십시오! (인사한다)

우진   ? (다시 나와 상호 확인한다. 아닌 게 아니라 가게 이름이 바뀌어 있
         다) !!! (혼잣말) 뭐야…. 다들 어디로 간 거야…? (주혁 소식을 알
         길이 없다)

25. 우진 동네 편의점 앞 (밤)

우진, 기운 빠진 표정으로 집에 가는데… 앞서 걸어가는 우진 모
가 보인다.

우진   (금세 표정 장난기 돌며 살금살금 다가가) 왁!!! (모친의 등을 치면)

우진 모   아이구, 엄마아부지! (놀라는)

우진   (큭큭) 뭘 그렇게 놀라? 오늘 많이 팔았어? (팔짱 끼며)

우진 모   아, 몰라 기지배야, 간 쓸개 다 떨어질 뻔했네 아주. (보며) 저녁은?

우진   안 먹었지요. 배고파 죽겠습니다, 오마니! 우리 저녁 뭐 먹어?

우진 모   난 안 먹을 거야. 다이어트.

우진   에이, 뻥 치지 마셔.

우진 모   진짜 안 먹어. 아님… 한 숟갈만 먹든지. (걸어가는 모녀 뒷모습에서)

26. 교외 일각 정자 (밤)

정자 위에 침낭 깔고 잘 준비 하는 주혁. 양말을 벗으니 빨갛게
드러난 물집투성이 발. 생수로 조심스럽게 씻는다. '쓰읍!' 쓰라
린 듯 입술을 꽉 깨무는 주혁. 너무 아파 눈물이 찔끔 날 정도다.

(컷) 배낭을 베개 삼아 벌렁 누운 주혁. 휴대폰 꺼내 전원을 켠다.
부재중 전화 8통에 음성 녹음이 2개다. 부재중 전화는 주로 엄마,
주은, 종후, 상식… 환도 하나 찍혀 있다.

주혁   (비밀번호 누르고 음성 메시지 듣는다)

(주은)   오빠, 슬슬 좀 컴백하지. 엄마 달러 빚내서라도 굿할 판인데 진짜. 나도 걱정도 되고… 이번엔 좀 길다. 음성 들으면 전화 좀 해, 인간아.

주혁   (그래도 목소리 들으니 반갑다. 다음 메시지 누르는)

(종후)   주혁아 나다… 언제 오냐? 실은 지점장님이랑 우리 다 의논 끝에, 니 자리 아직 충원 안 했다. 기다려보자고 해서… 근데 환이랑 내가 사망 일보 직전이야, 인마.

주혁   (일어나 앉는) 충원을 안 했어…? 그럼 엄청 힘들 텐데….

(종후)   너 이 빚을 어떻게 갚을래, 자식아. 그리고 무엇보다… 보고 싶다 인마. 그러니까 빨리 와, 시꺄. 나 요새 가스총 가스도 왕따처럼 혼자 간단 말이야!

주혁   (휴대폰 닫으며 생각 많아진다. 더 이상 민폐 끼치면 안 될 것 같다. 두 달 가까이 휴직 중인 상태라니… 이제 다시 돌아가야 하나… 밤하늘 보며 생각에 빠진 표정)

27. 다음 주/은행 외경 (낮)

(일동)   어머, 차 대리님!/차 대리, 왔구나!!! (반기는)

28. 은행 객장 (낮)

복귀한 주혁 서 있고, 직원들 주혁 둘러싸고 반기는 중이다.

지점장   (주혁 손을 두 손으로 꼭 잡은 채) 그래, 잘 왔다, 차 대리. 내가 진짜 차 대리 자리를 충원을 해야 되나 말아야 되나, 어제 그제 얼마나 고민이 많았게?

변 팀장   반갑다, 차 대리. 어떻게, 몸은 괜찮고?

주혁   네, 죄송해요, 지점장님. 팀장님. 전 당연히 충원을 했을 줄 알고….

장 팀장   어떻게 그래, 우리가. 딴 사람도 아니고 차 대린데….

향숙/혜정   맞아요, 너무 보고 싶었어요./대리님 없으니까 비타민 챙겨주는
           사람도 없고.

민수   잘 오셨습니다, 대리님. (주혁과 악수하는)

주혁   진짜 면목이 없습니다. 다들 건강하신 거 보니까 너무 좋고요….
           특히 지점장님, 살이 좀 빠지신 것도 같고.

지점장   역시, 우리 차 대리 눈썰미. 나 요새 운동하잖아, 헬스.

주혁   잘하셨네요. 앞으로 못다한 몫까지 열 배, 스무 배 해내도록 하겠
           습니다!

환   진짜 잘 오셨어요. 저 요새 실수도 거의 안 해요. 그쵸, 윤 대리
           님? (종후 보면)

종후   (아까부터 울컥해서 아무 말도 못하고 보기만 하는)

주혁   (종후 보며) 윤 대리….

종후   (말없이 주혁 안아준다)

장 팀장   (보며) 어머, 난 이 대목에서 왜 눈물이 나니, 진짜 주책이야, 나
           늙었나 봐.

변 팀장   울 일도 쌨다 참. 늙은 거 맞아, 장 팀장. (하고는 자기도 안 울려고
           눈 치켜뜬다)

지점장   자자, 상봉식은 요기까지 하는 걸로 하고… 간만에 우리 완전체
           된 기념으로 구호나 한번 하고 시작할까? (박수 세 번 치면)

일동   믿음과! 나눔으로! 새로운 금융!!! (박수 치며 좋아라 하는)

           (컷) 활발하게 각자 업무 중인 직원들. 객장에 활기가 돈다.

주혁   (컴퓨터 보며) 현재 고객님 소득 기준으로는 최대 1800만 원, 금
           리는 연 4.92퍼센트 정도 됩니다. 재직증명서만 제출하시면 바로
           진행 가능하고요.

고객   (끄덕하며) 알겠습니다. 생각해보고 올게요. (일어난다)

주혁	네, 충분히 고려하시고 연락 주십시오. 좋은 하루 되십시오, 고객
	님. (미소로 인사하고 다음 번호 호출한다) 132번 고객님, 5번 창구
	에서 모시겠습니다.
지점장	(객장 스캔하며) 이제야 내 객장 같네. 좋다! (흐뭇하게 보는 데서)
(상식)	주혁아!!! 야 이 시끼야, 이 빌어먹을 시끼야!!!

29. 푸드 트럭 (낮)

주혁 얼싸안은 상식. 주은, 옆에서 어이없는 표정으로 보고 있
고… 종후도 싱글벙글 옆에 같이 서 있다.

상식	내가 얼마나 보고 싶었는 줄 알아? 이 나쁜 시끼, 야속한 시끼…!
	(포옹 풀고) 괜찮아? 어디 아픈 덴 없고, 응?!
주혁	어 괜찮아…. 트럭 장사는 괜찮아? 손님이 너무 없는 거 아냐?
상식	노상이라 계절 타서 그래. 한 여름이랑 한 겨울은 비수기라….
	(울컥해서) 지금 니가 남 걱정 할 때냐? 고양이 쥐 생각하는 것도
	아니고 진짜….
주은	더는 못 봐주겠다. 아무튼 오버가 취미야, 이 오빠. (주혁 보며) 왔
	냐? 잘 왔다.
주혁	그래. 엄마 커버하느라고 고생했다, 차주은. 오빠 대신 철없는 이
	오빠들도 잘 지켜줘서 고맙고. (하곤 상식과 주은 본다. 다 안다는
	표정)

(컷) 주은은 가고, 간만에 셋이 마주 앉은 주혁, 종후, 상식.

상식	너 마셔도 돼? 쌍둥이 보러 가야 되는 거 아냐?
종후	괜찮아, 허락받았어. 주혁이 컴백했다고.
상식	성은이 하해와 같구나. (주혁 보며) 그래서, 넌 대체 어디서 뭐 하
	고 다녔는데?

주혁   (담담하게) 걸었어.

상식   그리고?

주혁   그게 다야. 걷고 또 걷고… 잠깐 쉬고 또 걷고.

상식   에라이, 미친놈. 차라리 경보 선수를 하든지! 그럼 메달이라도 따지.

종후   내 말이. 또라이 같은 놈. 아, 진짜 널 이해할래야 할 수가 없다, 난. 아니, 멀쩡한 인물에, 직장에, 뭐가 모자라서…? 너 결혼은 언제 할래. 언제 가정 일궈서 토끼 같은 자식 낳고 깨 볶으며 살 거냐고, 이 자식아. 너 설마 여자가 싫니?

상식   이 자식 이거 수상하긴 해. 대학 때부터 연애하는 꼴을 못 봤어요, 내가.

주혁   (피식, 웃으면)

종후   (순간 의심스러운 표정으로) 야, 너 혹시… 남자 좋아하냐?

상식   그건 아냐. 그랬음 여태 날 가만뒀겠냐?

주혁   미친놈. (또 웃고는 국물 떠먹는)

종후   것도 아님 혹시… 그 뭐냐 거시기… (아래쪽 보며) 고… 고…?

주혁   화씨! (숟가락 던지면)

종후   아, 그러니까 왜애! 왜 정상적으로 연애하고 결혼하고 이러질 못하고 허구한 날 방황이냐고… 니가 사춘기 소년도 아니고.

주혁   그냥… 난 이렇게 사는 게 좋아. 결혼이랑은 안 맞는 사람이야.

종후   해봤냐? 해봤어? 처음부터 맞는 사람이 어디 있냐? 살다 보면 맞춰지는 거지.

주혁   시끄럽고. (단호) 난 혼자 살 거야. 나 때문에 누가 불행해지는 거 싫어. (하고는 담담하게 다시 우동 먹는다)

상식/종후 (시선 주고받으며 '오늘은 그만해라…' 하는 표정)

30. 거리 (밤)

간만에 기분 좋은 종후와 상식, 어깨동무하고 주혁 먼저 배웅한다. 주혁은 길가에 서서 택시 잡는다.

종후/상식   가라, 주혁아. 내일 보자!/잘 자, 차주혁. 내 꿈 꿔! 알라뷰!
주혁   미친놈들…. (말은 그렇게 하면서도 좋다)

이때 택시 한 대가 주혁 앞에 서고….

주혁   조심해서 가! (하고는 택시 앞 좌석에 탄다)

31. 택시 안 (밤)

앞 좌석에 탄 주혁, 택시 기사 쪽 보며….

주혁   창신동으로 가주…! (하다가… 놀란다)
지하철남   (보고 역시 주혁을 알아본 듯-기사복 입은 지하철남이다)

(컷)달리는 택시 안. 주혁과 지하철남(택시기사) 둘 다 말을 아끼
는….

주혁   (힐끗 보고 먼저 말 꺼낸다) 옛날보다… 잘생겨지셨네요….
지하철남   (담담하게, 주혁 보며) 자넨 좀 꺼칠하네… 살도 좀 빠진 거 같
           고….
주혁   (미소) 네… 좀 그렇죠…? (하곤) 저기… 저 궁금한 게 하나 있어
           요. 왜… (지하철남 보며) 왜 저였어요…?
지하철남   (주혁 바라본다)
주혁   왜 저한테… 그런….
지하철남   (다시 앞쪽 보며) 그냥, 너무 간절해 보여서.
주혁   ….
지하철남   아마도… 그냥 그대로 살았으면 더 미워하고 원망하고, 죽지 못

해 살았겠지, 하루하루를. 익숙해진다는 건 양날의 검 같은 거라, 포기하고 살게는 하지만 불행해하며 사는 벌을 주니까.

주혁 (아직 그 뜻을 헤아리기 힘들다)

지하철남 인간이 워낙 어리석어서 겪지 않고선 깨닫지를 못해. 그게 뭐든 말이야. 난 비뇨기과 의사였어. 잘나가는 강남 개업의. 근데 의료 사고가 나서, 그걸 돌이키고 싶어 과거로 갔다가 순간 다른 욕심이 났지. 돈…. 그러곤 인생이 곤두박질쳐서….

주혁 (그랬구나… 보다가) 근데 아저씬 왜 절… 어떻게 알아보신 거죠?

지하철남 글쎄… 죄값이라 해야 되나, 임무라 해야 되나…? 난 심부름꾼이야, 신과 인간 사이의…. 세상엔 아직 가보지 않은 길을 가고자 하는 인간이 수두룩빽빽이니까. 선택은 그들의 몫이고. (말하며 동전통을 힐끗 본다)

주혁 (시선 따라가 보면, 연도별 500원짜리 동전들이 가득하다)

지하철남 자네도 스스로한테 그만 벌주고, 다시 좀 행복해보지 그래.

주혁 글쎄… 전 아직…. (얼버무리면)

지하철남 (힐끗 보며) 어떻게… 전 와이프, 그 친구 소식은 좀 알고…?

32. 우진 동네 거리 (밤)

택시에서 내리는 주혁. 지하철남 물끄러미 보는데… 다른 손님 뒷문 열고 탄다. (10부에 등장했던 우진 모 주치의다.) 지하철남과 주혁, 무언의 시선 주고받고… 택시 출발한다.

33. 택시 안 (밤)

술 취한 우진 모 주치의, 술기운 오르는 듯 창문에 얼굴 기댄다.

지하철남 (운전하면서 힐끗) 술 한잔하셨네요?

주치의 예, 뭐…. (한숨 내쉰다)

뭐… 술 땡기는 일이라도 있으셨어요…? (하는 데서)

34. 우진 동네 거리 (밤)

멀어져 가는 택시 보고 서 있는 주혁. 이내 주변을 두리번거리며
둘러본다. 오랜만에 와보는 우진의 동네다.

(기사)   어떻게… 전 와이프, 그 친구 소식은 좀 알고…?

주혁   휴우… (한숨…. 묻어뒀던 그리움이 고개를 내민다. 근황 정도는 알
아도 되겠지…. 휴대폰 꺼내 전화 건다) 아, 네, KCU 글로벌 영업부
죠? 혹시 서우진 사원….

(직원)   잠깐만요. 주연 씨, 우진 씨 퇴근했지?

주혁   (전화 훅 끊는다. 우진이는 계속 본사에 있구나…. 잠시 애틋한 표정
짓는데)

이때 정류장 앞에 버스가 서고… 우진이 내리는 모습 보인다.

주혁   (우진이다…! 반사적으로 몸 감추는)

우진   (귀에 이어폰 꽂은 채 기분 좋게 집 쪽으로 향한다)

주혁   (막상 우진을 보니 반갑기도, 아련하기도 하다. 몇 미터 간격을 둔 채
천천히 우진을 쫓아가기 시작하는)

35. 골목 → 우진의 집 앞 (밤)

(M)

계속 간격을 두고 우진을 쫓아가는 주혁. 우진, 그런 줄도 모르고
혼자 휴대폰 들여다보며 가다가… 신발이 벗겨질 뻔해 깽깽이로
걸으며 간다. 그런 우진 보며 피식, '저 여자는 리셋된 삶에서도
참 여전히 씩씩하구나….' 만감이 교차해서 보다가… 우진이 무

심코 뒤돌아보면 또 숨었다가 하며 쫓아간다.
우진 집 앞. 우진이 대문 쪽으로 가며….

우진   아… 왜 이렇게 어두워? 불이 나갔나? (휘휘 저어보고는 안으로
         들어가는)

         (컷) 대문 위 보조등 손보고 있는 주혁. 휴대폰을 손전등 삼아 입
         에 물고, 보조등 뺐다 돌렸다 하면 이내 불이 들어온다.

주혁   어… 됐다…! (뒷걸음질 치며 환해진 대문을 흐뭇하게 바라보는데)
우진 모   (주혁 옆으로 다가서 같이 대문 쪽을 보는)
주혁   (무심코 보다가) 엄마야! (놀라 뒷걸음질 친다)
우진 모   (큰 쇼핑백 들고) 뉘신데 남의 집 대문을 그렇게 뚫어져라 보고
         계실까나… 요?
주혁   (반갑기도, 당황하기도) 아… 그냥… 대문 색깔이 너무 예뻐서….
         (하다 우진 모를 자세히 본다) 건강해… 보이시네요….
우진 모   나요? 글쎄, 내 나이 치곤 뭐… (보며) 근데 나 알아요?
주혁   네? 아, 아뇨. 아닙니다. 그냥 좋아 보이셔서…. 그럼. (얼른 돌아서
         는데)
우진 모   (주혁 팔 잡는) 저기 삼촌!
주혁   네? (당황해 돌아보면)
우진 모   (사람 좋은 미소 지어 보이며) 이 동네 사시나…?

36. 까페 (밤)

         우진 모와 마주 앉아 있는 주혁. 우진 모, 쇼핑백에서 치약이며
         로션, 영양제 등… 꺼내 올려놓는다.

우진 모   아니, 내가 초면에 이런 거 잘 안 내놓는데… 근처 사신다니까 이

	윗사촌끼리 좋은 건 공유해야 되지 않나 뭐 이런 생각도 들고… 인상이 참 좋아서 보는 내가 다 기분 좋고… 그런 차원에서….
주혁	(건강한 우진 모 보니 역시 기분 좋다) 네, 저도 좋습니다, 기분….
우진 모	그래요? 아유… 통했구나, 우리가. 통했네, 통했어. (하곤 얼른) 아니, 이게… 품질이 좋기가 진짜 말로 다 할 수 없는 물건들이거든. (얼굴 살피며) 어떻게… 건성?
주혁	예? 아, 아뇨…. 지성.
우진 모	아, 지성? (화장품 내밀며) 이게 지성에 딱 좋은 로션인데.
주혁	아… 그래요…? 그럼 주세요, 하나.
우진 모	(반색) 어, 사시게? 어머… 생긴 거 같지 않게 화끈하구나, 성격이. 근데 화끈하고 인상 좋고 다 좋은데… 안색이 좀 어둡달까? 눈 밑도 꺼먼 게, 간이 좀 안 좋은 거 같은데…. (약 내밀며) 이게 새로 나온 밀크시슬인데, 간 건강엔 아주….
주혁	(다 사주고 싶다) 주세요, 그것도.
우진 모	이것도? (눈 반짝, 봉 잡았다) 그럼 이건 어때? 프라이팬인데….
주혁	주세요, 다 주세요.
우진 모	(흥분) 다? 다라면 뭐, 어디까지…? (쇼핑백 올려놓으며) 이거다?!
주혁	(그런 우진 모 보며 더한 것도 사주고 싶은 표정)
(우진 모)	(신난) 우진아, 엄마 오늘 알짜 고객놈 하나 물었다!

37. 우진의 집 거실 (밤)

우진, 얼굴에 팩 붙이고 소파에 누워서 허공에 팔다리 들고 막 털고 있다. 우진 모는 머리에 수건 두르고 욕실 앞 수건에 발 문질러 닦고 신나서 우진 옆에 와 앉는다.

| 우진 | 어떤 고객놈? |
| 우진 모 | 몰라, 그냥 하늘에서 뚝 떨어져서는… 아니, 보여주는 거 족족 달 |

라는 거야, 다. 살짝 덜 떨어진 놈 같긴 한데…. 뭐 어때. 내 사위
할 것도 아니고 덕분에 오늘 실적 한 방에 채웠잖아, 내가. 재수
가 좋으려니까, 진짜! (기분 좋다)

우진   그래서 기분 째지는구나?

우진 모   그럼 째지지. 고런 놈 하나만 더 만나면 이 달 실적 다 채우는
건데.

우진   (팩 떼어내고 일어나 앉아 모친 보며) 엄만 지금 좋아? 만족해?

우진 모   만족이 어디 있어, 기지배야. 세일즈의 세계가 그렇게 호락호락
한 줄 알아? 10을 팔려고 들면 9를 팔고, 100을 팔려고 들면 90을
파는 데야, 여기가. 만족하는 순간 끝이야. 최선을 다해서 쟁취해
내겠단 생각으로 임해야 돼.

우진   어이구, 우리 엄마 어디 강연 나가셔도 되겠네.

우진 모   (우진이 떼어낸 팩 보며) 근데 웬일로 팩을 다 했어? 귀찮다고 잘
씻지도 않으면서?

우진   어, 나도 최선을 다해서 뭘 좀 쟁취해보려고. (하곤 흐흐… 웃는다)

38. 주혁 원룸 (밤)

스위치 누르는 소리 탁, 불 켜진다. 주혁, 쇼핑백 한 아름 안고 들
어와 식탁 위에 올려놓고 방을 휘 한번 둘러본다. 살림살이도 거
의 없고, 온 지 며칠 안 돼 낯설기도 하고 살풍경한 느낌이다. 여
기가 내 집이 맞나 싶다. 조용히 침대에 누워본다. 그래도 오늘은
우진이도 봤고, 장모님도 봤고…. 주혁의 가슴에 조금이나마 온
기가 감도는 듯하다.

39. 다음 날/은행 외경 (낮)

평소보다 많은 고객이 들고 나는 모습.

주혁/(종후) (빠르게) 778번 고객님, 5번 창구로 와주십시오./779번 고객님, 6번 창구에서 도와드리겠습니다. (왁자하고 뭔가 정신 없는 분위기)

평소보다 많은 고객으로 붐비는 객장. 특히 대출계 쪽에 사람들이 몰려 있다.

종후   (미소 지으며) 감사합니다, 안녕히 가십시오. (하곤 바로 정색) 후아… 이놈의 아파트 중도금 상환일은 왜 이렇게 자주 돌아오는지.

주혁   그러게. 간만에 일하려니까 적응이 더 안 되네…. (하는데)

빨리남   (급히 다가와서) 저기, 내가 다음 번호인데, 땡동, 안 해요? 내가 좀 바빠서, 빨리 좀….

주혁   아, 예, 고객님. (딩동, 벨 누르고) 780번이시죠? 무슨 업무 도와드릴까요?

빨리남   마이너스 통장 한도 좀 올리게요. 지금 900인데 1500 정도로.

주혁   네, 확인부터 해드리겠습니다. 신분증 주시고요. (검색한 후) 아…, 고객님 기존에 신용대출을 많이 받으셨네요. 아무래도 바로 한도 증액은 어려울 것 같은데요….

빨리남   (김샜다) 그래요? 아, 알았고. 그럼 나 옛날에 쓰던 통장이랑 계좌나 좀 합쳐줘요, 빨리. 다시 번호 뽑기도 힘들고 내가 좀 바빠서, 빨리빨리.

주혁   아, 네, 알겠습니다. (하는데)

변 팀장   (주혁에게 다가와) 차 대리, 지점장님이 찾으시는데?

주혁   아, 네. (빨리남 보며) 저기, 죄송합니다, 고객님. 이쪽에서 좀 도와드려도 될까요…? (종후 보며) 이분 계좌 좀 합쳐줘, 얼른. (신분증 건네주고 지점장실 쪽으로 급히 간다)

종후   (주혁 보며) 아… 나도 바빠 죽겠구만…. (하고는 얼른 표정 관리하

228

며) 네, 이쪽에서 도와드리겠습니다, 고객님. 이 계좌 잔액을 지금 쓰시는 계좌에 합쳐드리면 되죠?

빨리남 아, 예, 빨리 빨리 빨리.

종후 네, 빨리 빨리 빨리요…. (신분증 보고 키보드로 빨리남의 이름 치는데 동명이인 줄줄이 뜬다. 신분증의 생년월일 841103 보고, 841103 계좌 찾는데… 세 개가 있다. 위의 두 개는 '서울시 용산구' 맨 아래 하나는 '경북 경주시'인데 미처 못 보고) 세 개 전부 하나로요…. (클릭) 네, 처리됐습니다, 고객님….

11. 본사 앞 (낮)

본사 건물 쪽으로 들어가는 주혁 모습.

(지점장) 차 대리, 복직계랑 복직 연수 신청 건으로 본사 좀 갔다 와야겠는데.

(주혁) 본사요?!

주혁 (혹시나 우진과 부딪힐까 긴장한 표정으로 들어가는)

12. 본사 내 (낮)

#. 본사 로비
주혁 건물로 들어와 조심스러운 표정으로 가는데 엘리베이터 쪽에서 우진이 나온다.

주혁 ! (순간 화들짝 놀라 큰 화분 뒤에 숨고)

우진 (동료와 웃으며 우측으로 돌아 어디론가 간다)

#. 비상계단 앞 복도
혹시 몰라 비상계단으로 올라온 주혁. 복도 쪽으로 문 열고 나오는데 엘리베이터 문 열리며 우진이 내린다.

주혁   (헉! 다시 비상계단으로 점프하듯 들어가고)
우진   (반대 방향으로 가는)
주혁   (얼른 나와 우진과 반대 방향에 있는 인사과로 뛰어간다)

#. 인사과 사무실
복직계 쓰고 있는 주혁. 마음이 급해 글씨가 잘 안 써지는데….
순간 등골이 서늘하며 뒤통수가 따갑다.

주혁   !!! (싸한 느낌에, 천천히 뒤돌아보면)
우진   (파티션 위에 팔 걸치고 볼펜으로 파티션 가장자리를 톡, 톡 치며 주
        혁 바라보고 서 있다)
주혁   (헉! 놀라 다리 풀리는데)
우진   (그래도 반갑다. 보며) 오랜만이네요, 차주혁 씨…? (미소 짓는)

43. 본사 복도 (낮)

복도 끝에 서서 얘기하는 우진과 주혁. 주혁은 왠지 눈치 모드다.

우진   하긴… 기억으로 치면 그닥 오랜만인 것도 아닌가? 그쵸…?
주혁   어… 뭐….
우진   휴직한 지가 좀 됐던데…. 깨서 당황했겠다. 어디 있었는데요?
주혁   (보며) 그냥… 좀….
우진   어…, 뭐…, 그냥…, 좀…. 속 시원한 대답은 절대 안 해주네. (하
        고는 주혁 손등 상처 보는)

#. 회상 플래시 - 16씬. 주혁이 우진 안고 같이 쓰러지던….

230

주혁	! (얼른 손 뒤로 감추는)
우진	(주혁 얼굴 보며) 나 아직 포기 안 했어요, 차주혁 대리님.
주혁	?! (놀라서 보면)
우진	그러니까 기다려요. (작게) 아이, 윌, 비, 백. (미소 짓고 돌아선다)
주혁	(그런 우진 보며 걱정스러운 표정인데)

돌아선 우진, 표정 진지해지며 혼잣말하는….

| 우진 | 왜 이렇게 말랐어…. (마음 쓰인다. 이내 휴대폰 꺼내 어디론가 전화 건다) 아, 네, 팀장님, 저 서우진인데요…. 전에 말씀드린 지점 이동 신청요…, 제가 알기로는 조만간 가현점에 수신 티오가 날 것도 같은데…. |

44. 은행 객장 앞 (낮)

주혁, 서둘러 은행을 향해 걸어오다가 멈칫한다.

(우진)	나 아직 포기 안 했어요. 그러니까 기다려요.
(주혁)	(막상 우진의 얼굴을 보니 또 마음이 일렁인다. 저도 모르게 그리운 표정 지었다가, 이내 고개 저으며) 아냐, 그러지 마, 우진아. 제발 널 위해서…. (다시 마음 다잡고 객장으로 들어간다)

45. 은행 객장 (낮)

주혁 서둘러 들어오는데… 향숙과 혜정, 장 팀장에게 추궁당하고 있다.

| 장 팀장 | 우리 점에서 한 걸로 추적이 됐다는데 모른다는 게 말이 되냐고 지금! |

혜정/향숙	전 진짜 아니에요./저도 아니에요, 팀장님.
변 팀장	(옆에서 깐족거리며) 아이고, 어떻게 그런 기본적인 실수를 하나 그래. 장 팀장 밑에 애들 너무 풀어준 거 아니야?
주혁	(자리로 가 앉으며 종후에게) 왜 또? 수신계 왜 잡도리야?
종후	몰라, 이체 사고 났나 봐. 동명이인한테 다른 사람 계좌가 합쳐졌나 보더라고.
주혁	쯧쯔… 오늘 한따까리 하겠구만. 그러게 정신을 똑바로 차려야지. (하는데)
혜정/향숙	박유식 고객은, 진짜 처리한 적 없어요./저도요, 진짜예요.
주혁	(갸웃) 박… 유식…?
종후	(갸웃) 박유식… 박유식?! (눈 동그래지는)

#. 회상 플래시 - 빨리남이 내밀던 신분증 이름 '박유식' (C.U)

주혁/종후	!! (놀라 서로 쳐다본다)
주혁/종후	(눈빛으로) 오마이갓…!/그치, 그 빨빨남 맞지?!

주혁과 종후, 조심스럽게 변 팀장 쪽 보는데…. 변 팀장과 눈 마주친다.

장 팀장	(왜? 하는 눈빛으로 보다가, 뭔가 감 잡고 표정 굳는다)

(컷) 변 팀장 앞에 죄인 모드로 서 있는 주혁과 종후.

변 팀장	차 대리 복직했다고 이제 우리 대부계가 좀 돌아가나 했더니, 오자마자 사고를 치냐? 그것도 윤 대리랑 쌍으로?
주혁/종후	죄송합니다…./저희가 책임지고 수습하겠습니다.
변 팀장	당연히 수습해야지 그럼. 둘이 연대책임이야. 잘못 이체된 820만 원, 최대한 빨리 원상복구시켜놔. 알았어?!

주혁 복도 한쪽에서 전화 시도 중. 종후 그 옆에 바짝 붙어 듣는다.

주혁   네 박유식 고객님, 여기 KCU 가현점인데요…. 너무너무 죄송한
데 아까 저희 점에서 계좌 합치셨잖아요? 그게 세상에, 다른 박
유식 고객님 계좌의 돈이 잘못 이체되어가지고요…. 혹시 오늘
중으로 내점 좀 가능하신지 해서….

(빨리남)   아, 왜 그딴 실수는 해서…. 나 지금 무지하게 바쁜데 나중에 주
면 안 돼요?

주혁   아, 그게 고객님, 그쪽 고객님이 단단히 열이 받으셔서요….

(빨리남)   아, 지금 가요! 저기 내가 좀 많이 바빠서, 전화할게요. (툭 끊는)

종후   (같이 듣고) 야…, 왠지 불안하다? 쉽지 않겠는데 이거…?

주혁   (넥타이 느슨하게 풀며) 우리도 물러설 수는 없지. 회사가 어디야?

#. 사무실 (낮)
동료와 바둑판 놓고 알까기 중인 빨리남. 출판사처럼 보이는 몇
평 남짓한 사무실. 딱 봐도 일 없고 한가하다.

빨리남   아…, 박유식 선수. 요 한 알에 짜장면 값을 내느냐 공짜장을 먹
느냐 운명이 달려 있는데요…. 자 준비하시고오… 쏘세요! (바둑
알 튕기는데 엄한 데로 날아가고)

(주혁)   (동시에) 저기, 박유식 고객님?

빨리남   (소리 나는 쪽 보면 주혁과 종후 서 있다. 놀라서) 어머나…. 어, 어
떻게 여길…?

주혁   고객님이 너무 전화가 없으셔서요…. 급해서 저희가 왔습니다.

종후   (태블릿 내밀며) 요기, 비밀번호만 살짝 눌러주시면 됩니다, 고객님.

빨리남   아유, 미팅 시간이…. 쏘뤼. 내가 외근을 나가야 해서…. (후다닥
          내빼는)

          #. 엘리베이터 안

빨리남   (전화 통화 중인) 아, 몰라, 버티는 중이야. 봐서 사은품이라도 쫌
          뜯어내든지…. 아, 몰라 굵게 생겼어. 일 좀 줘, 시캬!! (엘리베이
          터 문 열리는데)
주혁/종후   고객님? /(태블릿 내밀며) 비밀번호 좀.
빨남/주&종   (닫힘 버튼 죽어라 누르고)/(열림 버튼 죽어라 누른다. 결국 문은 닫
          히고)

          #. 화장실
          빨리남, 변기 위에 앉아 큰일 보려고 끙차! 용 쓰는데… 양옆 칸
          뚫린 틈 사이로 두루마리 휴지 든 손과 태블릿 든 손 두 개가 쑥
          나온다.

주혁/종후   고객님?/비번요. 비번비번.
빨리남   (바로 바지 추켜올리고 일어서 나간다)

48. 빌라 앞/종후 차 안 (밤)

          종후, 주혁, 운전석과 조수석에 나란히 앉아 샌드위치 먹으며 빌
          라 입구 주시하는 중.

종후   징한 놈, 어떻게 거기서 끊고 나가냐…. 진짜 대단한 놈 아니냐?
주혁   몰라. 오늘은 뭔 일이 있어도 받아낸다. 진짜. 해외 출장은 개뿔,
          좀 아까 들어가는 거 봤으니까…. 한 번은 기어 나오겠지. (음료
          수 마시려는데 다 먹고 없다. 자연스럽게 종후 음료수에 손 뻗는데)

종후	임마. 나도 남은 빵에 맞춰서 남겨놓은 거거든? 얻다 손을 대?
주혁	야, 치사하게. 씨, 이게 다 누구 때문인데.
종후	뭐, 나 때문이라고? 임마, 애초에 이게 누구 일이었는데?
주혁	어쨌든 잘 처리했으면 이런 일도 없지, 임마. (티격태격하는데)

이때 빌라에서 트레이닝복 차림으로 주머니에 손 찌르고 나오는
빨리남.

주혁/종후	!!! (동시에 의자 뒤로 핵 넘겨 눕는다)

49. 놀이터 앞 골목 (밤)

빨리남, 캔맥주 든 봉지 들고 걸어오는데 자꾸만 뒤에서 누가 따
라오는 것 같다. 뒤돌아보면 아무도 없는데…. 갸웃… 하고 다시
돌아서며 빠른 걸음으로 서둘러 걷는다.
(E) 끼익… 끼익… 그네 쇠줄 소리

빨리남	? (놀이터 쪽 보는데 빈 그네만 왔다 갔다 할 뿐, 아무도 없다) 뭐야
	아…. 무섭게 왜 이래, 씨…. (다시 앞쪽 보며 뛰려는데)
주혁/종후	(빨리남 앞에 삼단 줌인으로 훅, 훅, 훅 나타나는)
빨리남	으아악! (놀라 소리 지르며 주저앉는다)
주혁/종후	(활짝 웃으며) 고객님!/비번 좀. (웃으며 태블릿 내민다)

50. 편의점 앞 골목 (밤)

우진, 퇴근길이다. 주은, 편의점에서 핫바와 음료수 사서 나오는
중이다.

우진	(반가운 마음에) 어, 주은아!

주은	(우진 보고 갸웃) 누구세요…? 저… 아세요?
우진	(아차 싶다) 아…. (얼른 둘러대는) 저기 혹시 예전에… 대전 살지 않았어? 그… 왜… 놀이터 있는 골목에…. 나도 거기 잠깐 살았었거든.
주은	그래? 그러고 보니 낯이 좀 익은 것도 같고.

(컷) 편의점 앞 테이블에 앉아 주은은 핫바, 우진은 음료수 마신다.

우진	안 그래도 목 말랐는데…. 수분 보충 제대로 됐네. 땡큐.
주은	천만에. 근데 기억력이 완전 좋은가 봐. 잠깐 살았다며 어떻게 얼굴을 기억해?
우진	내가 원래 기억력이 좀… 좋아. 아! 오빠도 하나 있었던 거 같은데?
주은	어, 쩐다. 너 진짜.
우진	(유도하듯) 그 오빠 어떻게… 잘 지내시나…?
주은	말도 마, 집안의 골치야, 지금. 나이가 몇 갠데 뻑 하면 훌쩍 떠나고, 연락두절돼서 식구들 애태우고…. 전국 방방곡곡을 걸어 다닌대, 그냥. 도 닦는 것도 아니고.
우진	그래…?
주은	생전 연애도 않고, 결혼 생각은 더더욱 없다고 하고. 참나…. 지는 결혼하면 안 되는 사람이래. 여자를 불행하게 만든다나 뭐라나.
우진	(그래서 휴직계를 낸 상태였던 거구나…. 표정 진지해지는데)
주은	근데 핫바가 상했나…? 왜 속이…. (욱…, 살짝 헛구역질하고는 갸웃하는 표정)

51. 거리 (밤)

우진	(걸어가며 계속 주은 말 떠올린다)
(주은)	지는 결혼하면 안 되는 사람이래. 여자를 불행하게 만든다나 뭐

라나.

우진   (혼잣말) 생각보다 심각해져 있구나…. (결국 나로 인한 건가 싶다. 걸으며) 진짜 이대로 놔두면 안 되겠어, 차주혁. (결심 굳힌 표정)

52. 다음 날/은행 외경 (낮)

53. 은행 회의실 (낮)

회의 대형으로 앉아 있는 지점장과 직원들.

지점장   (기분 좋은) 자! 어제 부로 골치 아프던 이체 사고도 해결이 됐고. 차 대리, 윤 대리, 수고했어. 아주 칭찬해. (박수 치는)

주혁/종후   아유, 수고는요./저희가 싼 똥 저희가 치운 건데요, 뭐.

변 팀장   (보며) 똥을 싼 건 아니 다행이네. 제발 좀 조용히 좀 살자, 어?

주혁/종후   네…./죄송합니다!

변 팀장   (지점장 보며) 이번엔 어떻게 넘어갔는데, 근본적으로 전 인원 보충이 시급하다고 봅니다. 이번 사고도 결국 우리 대출계 인력이 모자라 생긴 실수거든요.

지점장   그건 통감하고 본사에 어필하고 있는데, 대출 쪽은 이동이 쉽지 않아서 말이야….

종후   아… 그럼, 이건 어떨까요? 김환이 이제 며칠 후면 수습 끝나니까 미리 대출계로 넘어오고 수신 쪽 충원을 하면….

변 팀장   잠깐잠깐, 윤 대리. 아…, 난, 그건 좀… 굿 아이디어는 아닌 거 같은데.

장 팀장   왜요? 난 아주 굿, 굿, 굿 아이디어 같은데. 제대로 아이디어네, 그거. 대출계 충원은 몰라도 수신계 충원은 바로 될걸요, 아마.

주혁   (보며… 어디서 봤던 장면인데? 하며 과거 기억 떠오른다)

#. 회상 플래시 - 3회 40씬. 주혁, 환이 미리 대출계로 오고 수신 쪽 충원

을 하자고 했던 장면. / 3회 50씬. 가현점에 우진 등장하는 장면.

주혁　　! (설마 또…? 예감이 안 좋다)

#. 회상 플래시 - '나 아직 포기 안 했어요.' 하던 우진.

주혁　　(!!!) 아, 안 됩니다! 절대 안 됩니다!!!

지점장　뭐가…?

주혁　　제가 연수 기간 내내 지켜본 결과 김환은 수신계 업무가 적성에
　　　　딱이거든요!

환　　　(금시초문이다) 제가요?

주혁　　어, 넌 수신계가 딱이야. (보며) 현재 대부계에는 전천후로 상담
　　　　가능한 경력직 인사가 필요합니다. 환이 같은 신입이 와서 커버
　　　　가능한 상황이 아니에요.

장팀/혜/향　어머, 차 대리! 너무 대부계 입장만 생각하는 거 아냐?/그러게
　　　　요…./(울상)

변 팀장　정확하게 짚었는데 뭐! 간만에 구구절절 옳은 말만 하는구만.

지점장　일단 제일 중요한 본인 생각은 뭐야? 수습 끝나고 파트 어쩔 거
　　　　였는데?

환　　　글쎄요. 수신은 근무 시간에 빡센 대신 야근은 적고, 대부는 고객
　　　　상대는 적은 대신 야근이 많고…. 장단점이 있어서 둘 중 뭐든 좋
　　　　아요, 전.

지점장　음… 대부계 경력직은 충원하려면 시간이 꽤 걸릴 수도 있는데
　　　　말야.

주혁　　제가 불철주야 열심히 일하겠습니다!

종후　　(뭘 저렇게까지? 쟤가 왜 저래? 하는 표정)

지점장　오케이! 그럼 김환이 수신계에 남고, 대부계 직원을 충원하는 걸
　　　　로, 됐지?

주혁　　(안도한다)

238

변 팀장	예스!!! (감정 못 감추고 환호한다)
장팀/해/항	아…. (낙담하며 원망스러운 듯 주혁 본다)
(우진)	수신계가 아니라 대부계 티오를 원한다고요? 가현점에서?

54. KCU 본사 일각 (낮)

인사과 양 팀장에게 얘기 듣고 있는 우진.

양 팀장	어…. 좀 아까 지점장하고 통화를 했는데 그렇다네…. 자세한 건 모르겠는데, 대부계 직원들이 강력하게 요청을 한 거 같아. 어쩌지…?
우진	네…. (뭔가 감이 잡힌다. 주혁이구나) 저기… 그쪽 지점장님요….

55. 헬스장 (낮)

운동복 입은 지점장, 운동기구에 거꾸로 누워 180도로 기울어지는데 순간 스위치에서 손 놓친다.

지점장	어어…, 어…! (허우적거리면)
우진	어머. (얼른 스위치 다시 눌러 원위치 시켜준다)
지점장	아유, 고마워요. 아이구야…. (식겁했다. 거꾸리에서 내려오면)
우진	!!! (우연이라는 듯) 혹시…, KCU 가현 지점장님 아니세요?
지점장	(보며) 어, 맞는데… 누구…?
우진	저 본사 직원이에요. 행사 때 몇 번 뵌 적 있어요. (반가운 표정)

(컷) 캔 음료수 마시며 수다 중인 지점장과 우진.

우진	건강 관리를 너무 잘하시는 것 같아요. 존경스러워요, 지점장님.
지점장	에이, 존경은 무슨. 근데 요샌 이 운동이 필수긴 해, 특히 나이 들

수록.

우진   그렇죠. (눈치 보며) 실은 제가 수신 쪽에도 생각이 있어서 이전 신청을 해놨었거든요. 근데 인사팀장님 말씀이 가현점에서는 대출 티오를 원하셨다고…. 너무 아쉬워요. 자상하시다고 소문이 자자해서 꼭 한번 모시고 일해보고 싶었는데.

지점장   아유, 왜 그래. 누가 그런 소문을 내고 다니나 참…. (기분 좋은)

우진   덕망이 워낙 높으세요. 제가 운이 없었나 봐요. 이렇게 좋은 분 밑에서 일할 수 있는 기회가 흔치 않은데…. 수신계 일 해보고 싶어서 미리 CFP 자격증(*국제공인재무설계사 자격증)도 따뒀거든요. 가현점에서 활용했으면 딱 좋았을 텐데….

지점장   CFP? 아이구 대단하네…. 그거 따기 쉽지 않은데. (아쉬워하는)

우진   할 수 없죠 뭐. (힐끗) 결정 난 거라 절대 바꾸긴 어렵잖아요. 그죠?

지점장   아니, 뭐… 절대랄 게 있나. 어떤 인력이 오는가가 중요한 거지….

우진   아…, 그래요…? (하며 잘 보이려는 듯 눈 깜빡깜빡거리는)

56. 상식 푸드 트럭 (밤)

주은과 마주 앉아 있는 상식. 주은, 테이블 위 오이만 계속 집어 먹는다.

상식   (기다리다) 뭔데…? 나 빨리 장사 준비해야 돼.

주은   알았어…, 잠깐만.

상식   (눈치 보며) 왜? 나 또 뭐 잘못했어…?

주은   아니, 자기 혼자 한 잘못은 아니고…. (자기 배 만지며) 쫌 나온 거 같지?

상식   너 똥배 원래 있잖아.

주은   그치. 아직은 똥배겠지? 점점 더 나오긴 할 텐데 말이야.

상식   야, 똥배가 점점 더 나오면 안 되… (하다가 !! 눈 똥그래진다)

너…, 너너…?!

주은   (정작 태연하다. 주머니에서 임신 테스트기 꺼내놓으며) 어, 이렇게 돼부렀네….

상식   그, 그럼… 그날…? 아, 야…! 그러게 내가 그날은 피곤하다고 안 된다고 했잖아!

주은   아, 시끄럽고. 그래서 어떻게 해? 낳고 식 올려, 아님 식 올리고 낳아?

상식   당연히 식부터 올려야지. 아… 진짜 서둘러야겠네. 난 자리 잡고 가게라도 낸 다음에 할까 했는데. 프로포즈도 제대로 못하고. (서운할까 걱정인 듯 보는데)

주은   됐어, 그게 뭣이 중헌디. 우리가 엄마아빠가 된다는 게 중허지.

상식   아, 아빠…? 내가 아빠가 된다고? 대박…. (겁나면서도 좋아 주은 손 꽉 잡는)

주은   (함께 꽉 잡으며) 그러니까 부지런히 벌자, 돈. 앞으론 장사 같이 할게, 나도.

상식   근데 이렇게 되면, 어른들한테 말씀드리기 전에 주혁이한테 먼저 까야 되는 거 아냐?

주은   그러게. 까긴 까야 될 텐데… 오빠가 은근 고지식해서. (걱정스러운 표정)

이때 주혁과 종후 달려온다.

주혁   야, 우리 저녁 못 먹었어. 밥 좀 주라.

종후   나도 한 끼 때우자. 지금 가서 부스럭대면 마누라한테 죽어. 주은아, 안녕?

주은   어, 안녕. (하곤 상식에게 '말해 자기가…' 하는 듯 눈 찡긋한다)

상식   (고개 절레절레. '아직 마음의 준비가 안 됐어….' 하는 표정)

우진, 우진 모와 식탁에 마주 앉아 소주 타임 중이다.

우진 모   (수첩 보며) 보자 보자, 내일 지업사하고, 미용실하고, 감자탕집하
            고…. (체크하다가) 아유, 아유, 다리야. (다리 주무르는)
우진   (식탁 의자 빼며) 여기 다리 올려봐. 내가 주물러줄게.
우진 모   (다리 얹고, 소주 한 모금 마시고 계속 수첩 본다)
우진   (모친 다리 주무르며) 엄마랑 요러고 앉아 술도 나눠 마시고…. 진
            짜 꿈만 같다. 너무 좋아. 아주 홀딱 벗고 동네 열 바퀴쯤 돌고 싶
            을 정도로 좋아!
우진 모   새삼스럽게 뭘, 언젠 안 마셨니? 둘이 술친구 한 지가 언젠데.
우진   엄마 재밌어, 일?
우진 모   일을 뭐 재미로 하니? 목구멍이 포도청이니까 하지. (하고는) 근
            데 뭐…, 사람들 만나 웃고 떠들고 물건 팔고…, 그게 에너지를
            주는 건 있는 것 같더라. 안 그랬으면 니 아빠 가고 더 힘들었을
            텐데.
우진   (다행이다) 엄마, 엄마는 아빠가 운명인 걸 처음부터 알았어?
우진 모   운명은 무슨! 첫인상 안 좋았어, 니 아빠. 그냥 어찌저찌하다보
            니까 연애하고 있더라고, 내가. 코 꿴 거지.
우진   그게 운명이야. 엄마가 몰랐을 뿐이지.
우진 모   근데 소주 앞에 놓고 웬 운명 타령? 뭐…, 너 남자 생겼어?
우진   아니… 아직. 근데 곧 생길지도 몰라. (웃는)

(변 팀장) 네? 아니, 갑자기 왜요, 지점장님?!

지점장, 변 팀장과 장 팀장 불러 충원 계획 변경 통보 중이다.

변 팀장　그날 다 얘기된 거 아닙니까? 아니, 갑자기 왜 수신계 충원을…?

지점장　아니, 나도 대부계 충원을 해야 된다, 대부계 인원을 다오! 강력하게 요청을 했지, 본사에다…. 근데… 한동안은 충원이 안 될 거라고, 수신계 충원으로 하면 안 되겠냐고 사정 사정을 하더라고 인사팀장이. 그래서 어떡해. 우린 또 환이가 멀티잖아. 그래서 그냥 수신을 받기로 했다, 내가. 어쩌겠냐?

변 팀장　아…! (낭패다 싶은 표정)

장 팀장　네, 뭐, 그럼 결정에 따라야죠. 그렇게 알고 있겠습니다! (신난)

60. 은행 옥상 (낮)

병 음료수 마시며 가스총 가스 가는 주혁과 종후. 평범한 오후의 풍경인데….

종후　그래서, 간만에 근무하는 소감이 어때? 역시 내 있을 곳은 여기다 싶지…?

주혁　무슨. 갑자기 사람 상대를 너무 많이 하니까 정신이 하나도 없다.

종후　적응해, 인마. 너 방пан防바벽 빨리 고쳐야 돼. 그래야 장가도 가지.

주혁　그 장가 얘긴 진짜, 지겹다 인마. (하곤 피식 웃으며 손 내리다가 실수로 음료수 병을 친다)

순간, 바닥에 떨어지며 파삭! 깨지는 음료수병.

종후　아이구, 조심 좀 하지, 인마. (하는데)

주혁　!!! (왠지 느낌이 쎄하다. 불길한 듯 하늘 보면)

(E) 까악까악

62. 은행 앞 (낮)

또깍또깍 소리와 함께 다가오는 하이힐. 은행 앞에서 멈추고….
틸업하면…, 양손에 커피 캐리어를 든 우진이 서 있다.

우진   (돌아온 탕아처럼, 뿌듯한 표정으로 은행 바라보고 서 있다)

63. 은행 객장 (낮)

주혁과 종후, 가스총 다 갈고 내려오는데, 객장이 시끌시끌하다.
가까이 와서 보면 지점장 앞에 낯익은 여자의 뒷모습이 보인다.
주변으로 변 팀장, 장 팀장, 향숙, 혜정, 환 등 모여 있고….

종후   뭐야? 왜 떼거지로 몰려 있어? (가까이 다가가는)
주혁   ! ('뭐지?' 하는 표정으로 천천히 다가서는데)
지점장   (보며) 어! 윤 대리, 차 대리, 이리 와. 내일부터 우리 지점으로 출근할 친구인데, 미리 인사 왔다네? 여기, 우리 대부계 윤종후 대리, 차주혁 대리.

뒷모습 보이고 있던 여자, 뒤 도는데 (slow)
우진이다.

주혁   !!! (뜻밖의 등장에 놀라는)
우진   (반갑다는 표정)

주혁　　(당황해 손에 힘 풀리며 가스총 놓치는데)

우진　　(떨어지는 가스총 낚아채 깔끔하게 잡는다 – slow. 주혁 보며) 나이
　　　　스. (웃는다)

그렇게 가스총 잡고는 여유 있게 웃어 보이는 우진과 '결국 오고
말았구나….' 당황한 듯 우진 보는 주혁. 두 사람 모습에서….
13화 엔딩.

14
화

🌙

☾

——— I will be back

1. 전회 연결 - 은행 앞 (낮)

또깍또깍 소리와 함께 다가오는 하이힐. 은행 앞에서 멈추고….
틸업하면…, 양손에 커피 캐리어를 든 우진이 서 있다.

우진   (돌아온 탕아처럼, 뿌듯한 표정으로 은행 바라보고 서 있다)

2. 전회 연결 - 은행 객장 (낮)

주혁과 종후, 가스총 다 갈고 내려오는데… 객장이 시끌시끌하다.
보면 지점장 앞에 낯익은 여자의 뒷모습이 보인다.
주변으로 변 팀장, 장 팀장, 향숙, 혜정, 환 등 모여 있고.

종후   뭐야, 왜 떼거지로 몰려있어? (가는)
주혁   ! (뭐지? 하는 표정으로 천천히 다가서는데)
지점장 (보며) 어 윤 대리, 차 대리, 이리와. 내일부터 우리 지점으로 출근
        할 친군데 미리 인사 왔다네? 여기, 우리 대부계 윤종후 대리, 차
        주혁 대리.

뒷모습 보이고 있던 여자, 뒤 도는데 (slow) - 우진이다.

주혁	!!! (뜻밖의 등장에 놀라는)
우진	(반갑다는 표정)
주혁	(당황해 손에 힘 풀리며 가스총 놓치는데)
우진	(떨어지는 가스총 낚아채 깔끔하게 잡는다 – slow. 주혁 보며) 나이스. (웃는다)

그렇게 가스총 잡고는 여유 있게 웃어 보이는 우진과 '결국 오고
말았구나….' 당황한 듯 우진 보는 주혁. 우진, 가스총을 주혁에게
건넨다. 우진에게 가스총을 받는 주혁의 손, 살짝 떨리고….

3. 은행 외경 (낮)

평화로운 은행 외경에서
타이틀이 뜬다.

제14화 | I will be back

4. 은행 객장 (낮)

지점장, 우진 옆에 세우고 직원들에게 인사시킨다.

지점장	자…, 정식으로 인사하자고. 내일부터 우리 수신계에서 같이 일할….
우진	(재빨리 센스 있게) 서우진입니다, 지점장님.
주혁	(결국 이렇게 됐구나…. 고개 떨군다)
지점장	어, 서우진 씨. 본사 글로벌 영업부에서 왔고, 영업점은 처음이니까 잘 도와들 주고….

우진	(보며) 정식으로 인사 한마디 할까요?
지점장	그래, 해봐. 아주 척, 하면 착, 이구만. 아주 마음에 든다! (만족스러운 표정)
우진	(똑바로 서서) 네, 정식으로 인사드리겠습니다. 서우진입니다! 이 날을 얼마나 학수고대했는지…. (한 명 한 명 보며) 여러분 완전 레알 진심, 보고 싶었고요. (커피 내밀며) 자, 요건 뇌물입니다. 지점장님 좋아하시는 '아아'.
지점장	아이구, 나 '아아' 좋아하는 건 어떻게 알고? 땡큐! 그럼 우리도 간단히 소개를 할까? (장 팀장 보며) 이쪽은 우진 씨 사수가 되겠지? 수신계 장만옥 팀장.
장 팀장	(고개 까딱하곤) 노파심에서 미리 말하는데….
우진	미혼이시죠? 결혼 얘기는 눈치껏 삼가겠습니다. 머리 너무 잘 어울리세요. (커피 전해주는)
장 팀장	(받으며) 어, 그래…, 고마워. (괜히 쑥스럽다)
지점장	이쪽은 대부계 변성우 팀장.
변 팀장	(까칠) 반갑고. 난 일 잘하는 직원이 제일 좋으니까, 실수해서….
우진	(받는) 다 같이 별 보고 집에 가는 일 없도록, 주의하겠습니다! (커피 준다)
지점장	고 옆에가 수신계 최혜정, 주향숙. (인사 까딱하면)
우진	반가워요, 수신 의리!!! (하고는 커피 내민다. 혜정과 향숙 무심코 받는데) 어, 둘이 바뀌었어요. 요게 모카라떼, 요건 바닐라라떼에 샷 추가. (바꿔준다)
혜정/향숙	어머! 어떻게 알았어요, 우리 커피 취향을?/이분 신기 있나 봐, 완전 소름…!
우진	그냥, 어제 산신령님이 꿈에 와서 알려주고 가시던데요? (흐흐…. 환이 보며) 신입이시죠? 잘 부탁드립니다. (커피 주고…, 이번에는 종후를 반가운 표정으로 보며)
종후	대부계 윤종후 대리입니다. 격하게 환영합니다!
우진	저도 격하게 반갑네요. 윤, 종후… 대리님. (커피 건넨다)

지점장	자, 그리고 마지막으로… 우리 대부계 샤이남, 차주혁 대리.
우진	(본다. 의미심장한 눈빛) 아, 네, 반갑습니다, 차.주.혁. 대리님. (커피 건네며)
주혁	(시선 피하며 고개만 까딱, 커피 받으려고 손 내미는데)
우진	(커피 안 주고 손 잡는) 앞으로 여러모로 잘… 부탁드립니다. (격하게 흔든다)
주혁	(손 잡힌 채로 마구 흔들린다. 당황스러우면서도 불안한 표정)

5. 은행 복도 (낮)

화장실 앞쪽으로 걸어오는 주혁. 결국 우려하던 일이 벌어지고 말았다…. 결국은 우진과 또 한 지점에서…. 이 인연이 또다시 시작되면 안 되는데…. 마음 천근만근이라 어찌할 바를 모르는 데…, 이때 객장 쪽에서 복도로 우진이 들어서는 모습 보인다. 주혁, 놀라서 부리나케 남자 화장실로 들어가고 우진은 두리번거리며 걸어온다. 분명 이쪽으로 오는 걸 봤는데… 하는 표정.

6. 은행 남자 화장실 (낮)

주혁, 화장실 세면대 앞에 쭈그리고 앉아 숨죽이고 있는데….

(우진)	(입구 바깥에서) 차 대리님… 여기 계세요…? 차주혁 대리님…!
주혁	! (흡… 손으로 입 막는다)
(우진)	여기 안 계세요, 차 대리님? 안 계십니까?!
주혁	(잔뜩 긴장한 채 숨소리도 안 내려 애쓴다)
(우진)	뭐야…. 어디로 내뺐대…? (조용해지는)
주혁	(숨죽이고 있다가…, 최대한 소리 안 나게 천천히 일어선다)

잠시 정신 가다듬는 주혁. 주머니에서 휴대폰 꺼내 어디론가 전

화 건다.

주혁　　네, 양 팀장님 저 가현점 차주혁 대리입니다. 안녕하셨죠? 네, 다
　　　　른 게 아니라요… 혹시 다른 지점에 대부계 티오 있나 해서…. 없
　　　　어요? (실망) 아뇨, 그런 게 아니라…. 네. 혹시 티오 생기면 저한
　　　　테 연락 좀…. 네, 부탁드립니다, 팀장님….

7. 은행 외경 (밤)

(변 팀장) 자, 오늘 저녁 먹고 갈 사람, 요기요기 붙어라!
(주혁)　　전 먼저 좀… 들어가 보겠습니다….

8. 버스 정류장 (밤)

　　　　생각 많은 표정의 주혁, 휘적휘적 정류장 쪽으로 걸어오는데….
　　　　정류장 의자에 초코바 먹으며 앉아 있던 우진, 주혁 보고 웃으며
　　　　일어선다.

우진　　와… 드디어 오시네. 10분 안에 안 오면 가려고 했는데.
주혁　　! (놀라 멈춰 서면)
우진　　(남은 초코바 입안에 쏙 넣고) 뭐 타고 다니는지 몰라서 지하철역
　　　　이랑 여기 중에 찍었거든요. 근데 맞았네? 역시 난 찍기의 달인
　　　　이야.
주혁　　(바라보며) 우진아….
우진　　와, 오랜만에 듣는다. 우진아…. 역시… 묘한 감동이 있어.
주혁　　서우진.
우진　　네네, 저 서우진 맞고요. 돌아 돌아 이렇게 여기 서 있네요, 다시.
주혁　　뭐하러 이래. 너 정도면… 더 좋은 남자 만나 행복하게 살 수 있
　　　　을 텐데.

우진	그러게. 나도 이런 내가 참 안타까운데…. 어쩌겠어요, 우리 엄마 딸이라 이런걸.
주혁	(안타깝다는 듯 보면)
우진	(진지하게) 나도 2018년에 눈 뜨고 '아, 이게 진짜 생길 수 있는 일이었구나.' 실감하고, 그런 생각도 했어요. 이렇게 난 나대로 대리님은 대리님대로… 각자 인생 사는 게 정답 아닐까…? 이대로 모른 척 내 길 갈까…?
주혁	…. (조용히 보면)
우진	근데 다시 생각해보니까… 대리님이 우리 운명을 바꾼 덕에, 난 나름 행복한 삶을 살았더라고요. 안 그랬으면 평생 불행해하면서, 악이나 박박 쓰면서 살았겠지. 그랬다면서요, 내가.

#. 회상 플래시 - 1, 2부 중 히스테리 부리던 우진 모습.

우진	(주혁 보며) 그러니까 이번에는 내가 구제할게요, 당신을.
주혁	아니, 그게 무슨 내 덕이야. 니가… 나란 인간을 안 만나서 니 인생을 잘 만들어나간 거야. 그러니까… 넌 날 만나면 안 돼. 난 불행이야, 너한테….
우진	그런 바보 같은 말이 어디 있어요? 다시 잘해나가면 되지.
주혁	자신 없어, 우진아…. 진짜, 자신이 없어….
우진	거, 엄청 튕기네 정말. 아니 왜 이렇게 벽창호야, 사람이? 아, 몰라, 나 배고파요. 일단 밥부터 먹으면서 토론을 이어가 봅시다. 어때요, 차주혁 씨?
주혁	(보며 체념한 척) 그래… 그러자, 그럼.
우진	(반색) 진짜? 아, 진작에 그럴 것이지. 콜! 뭐 먹을까요, 우리! 즉떡? 김밥?
주혁	아무거나. (하다 우진 뒤쪽 보며) 근데… 저기 장 팀장님!
우진	? (돌아보면)
주혁	(얼른 앞으로 뛰어가 서 있는 택시에 홀랑 탄다)

우진   (돌아보고) 아, 진짜…! (하는데 택시 이미 출발한다. 물끄러미 보
        며) 쉽지 않겠네, 차주혁. 병이 깊다…. (걱정스러운 표정)

9. 다음 날/은행 객장 (낮)

        한창 영업 중인 객장. 우진, 능숙하게 고객 응대 중이다. 주혁은
        절대 신경 쓰지 않겠다고 다짐한 듯 우진 쪽으로 고개도 돌리지
        않는다.

우진   네, 미국으로 5만 불 송금요? 보내시는 분 국적은 한국이세요?
고객   네.
우진   내국인은 연간 5만 불까지 송금 가능하시고요, 이전 거래로 처리
        됩니다. 미국 송금은 라우팅 넘버가 필요하거든요. 신청서부터
        작성해주셔야 되는데…. (서랍 열고 신청서 찾는데 없다) 잠시만
        요, 고객님. (얼른 일어나 후방 캐비닛 열고 신청서 찾는데 또 없는)
        어? 혜정 씨, 해외송금신청서 어디 있어요?
혜정   아, 그거 거기 아니고….
우진   맞다, 저쪽 캐비닛이지. 고마워요! (얼른 가서 서류 찾는)
혜정   (멍해서) 대박. 어떻게 알아? (향숙에게) 야, 서우진 씨 진짜 신기
        있나 봐.
향숙   그러게. 좀 친해지면 우리 관상 봐달라고 할까?
우진   (서류 들고 다시 자리에 앉아 향숙, 혜정 보고 괜히 흐흐… 웃는다)
종후   (우진 보며) 야… 서우진 씨는 수신계 몇 달 일한 사람 같아. 적응
        이 엄청 빨라.
주혁   (대꾸 않고 앞만 보고 일하는)
종후   (주혁 보며) 야, 내 말 듣냐? (손 휘휘 저으며) 어이, 차주혁 씨.
주혁   시끄러워. 일이나 해.
종후   아, 재미없는 놈. 새 직원이 왔잖니, 주혁아. 여직원이…! 관심 좀
        가지라고, 좀.

주혁	(안 들은 척 일만 한다)
종후	조물주가 말야… 태초에 남자랑 여자를 왜 만들었겠냐? 서로 잘 사귀고 사이 좋게 지내고 사랑하고 결혼하고 애 낳고 잘 먹고 잘 살고….
주혁	(서류 정리하고 혹 일어나) 팀장님, 저 먼저 점심 먹고 올게요. (획 나가는)
종후	야, 씨…! 내 말 아직 안 끝났거든. 너 그거 되게 나쁜 버릇이야, 인마!
우진	(나가는 주혁 보고는 얼른) 팀장님, 저도 점심 좀 먹고 오면 안 될까요? 뱃가죽이랑 등가죽이 붙어서… 아…, 말이 잘 안 나온다. 아아…. (눈치 보는)

10. 은행 앞 (낮)

주혁, 걸어 나오는데 우진이 뒤따라 나온다.

우진	차 대리님! (혹 붙으며) 같이 가요. 혼자 먹으면 맛없잖아요.
주혁	(흔들리지 않겠노라는 표정) 난 혼밥이 편해.
우진	그게 뭐가 편해. 뭐 먹을 건데요? 뜨끈한 순댓국 어떤가?
주혁	(걸으며) 차가운 냉면 먹을 거야.
우진	(따라 걸으며) 콜, 그럼 냉면. 시원하니 그것도 괜찮겠네.
주혁	(보다가) 그럼 난 그냥 순댓국 먹을게. (앞서 뛰어가면)
우진	아, 같이 먹어요! 나 혼자는 밥 못 먹는단 말이에요!
주혁	(뛰어가다 멈칫, 혼자 밥 못 먹는단 말에 마음이 약해진다. 돌아본다)

11. 순댓국집 (낮)

순댓국 앞에 놓고 마주 앉아 있는 우진과 주혁. 우진은 만족스러운 표정이고, 주혁은 이게 아닌데…, 찝찝한 표정이다.

우진   (밑반찬 집어 먹고) 요거 맛있네. 먹어봐요. (집어서 내민다)

주혁   됐어… 먹어.

우진   음… 튕기는 게 아주 습관이 됐구만. 관둬요, 그럼. (제 입에 넣는)

주혁   (물 마시는)

우진   자, 그럼 본격적으로 한번 먹어볼까? (순댓국 한 숟갈 떠먹다가) 아, 뜨거워!

주혁   야, 그걸 불어서 먹어야지…. 아무튼 급한 건 여전해, 아주. 자! (물 건네주면)

우진   (마시고) 와… 혀 날아갈 뻔했다 진짜. (그래도 걱정해주니 좋다. 피식 웃는)

주혁   (마음을 들킨 것 같아 신경 쓰이는 듯) 왜…? 뭐…?

우진   아뇨, 그냥. (기분 좋아져서) 자, 이제 진짜 본격적으로 한번 먹어볼까? (하고는 순댓국 뒤적이다가) 아… 맞다. 내장 대신 순대 많이 넣어달라고 할걸…. 난 내장은 별로인데.

주혁   (본다. 우진 순댓국에 유난히 내장이 많다)

     (컷) 주혁 그릇에 잔뜩 쌓인 내장. 반대로 우진 그릇엔 순대만 가득 쌓인….

우진   (먹으며) 아… 나 이렇게까지 안 몰아줘도 되는데….

주혁   (뻘쭘하다. 순댓국 먹으며) 아냐… 난 원래 내장 좋아해….

우진   (먹다가 주혁 보며) 진짜요?

주혁   어, 진짜. (고개 처박고 내장 듬뿍 떠먹는다)

우진   (자기 생각해서 그런 걸 안다. 수혁 보며 비소 짓는데 문자 메시지 진동 울린다. 확인하고는) 어어, 장 팀장님. 수신 또 몰라나 봐요. 나 아무래도 먼저 가야 될 거 같아.

주혁   조금만 더 먹고 가지.

우진   (한 숟갈 잔뜩 퍼먹으며) 됐어요. 대리님은 다 먹고 와요! 아까워. (일어서 가며) 대신 밥값은 대리님이 내요! (서둘러 나간다)

주혁   (우진 순댓국 보는데 반도 못 먹었다) 오후 업무하려면 배고플 텐데…. (하다가…! 다시 자각한 '정신 차리자 정신…!' 고개 흔들고는 밥 먹는)

12. 은행 근처 거리 (낮)

은행 향해 걸어가는 주혁. 갑자기 멈칫…! 구두에 붙은 휴지 발견하고 '이건 또 뭐야…' 하며 다리 털어 떼려고 애쓰고 있는데….

(혜원)   주혁 선배…?
주혁   ! (돌아보면)
혜원   (주혁 보고 웃으며) 맞구나, 주혁 선배. 나야 혜원이.
주혁   ! (이번에는 혜원의 등장이다…! 긴장으로 또 얼어붙는다)

13. 카페 (낮)

마주 앉아 주스 마시는 주혁과 혜원.

혜원   (오랜만에 만나 반가운) 그래서 거기 시향까지 들어갔는데, 시시하고 재미가 없더라고. 향수병이었나 봐. 가족들도 보고 싶고 친구들도 보고 싶고….
주혁   (이 만남 역시 부담스럽다) 그랬구나…. (커피 마시는)
혜원   애들 통해서 선배 얘기 들었는데, 아직 싱글이라며? 나처럼 밖으로 다니다가 시기 놓친 것도 아니고 왜…? 선배같이 멀쩡한 사람이.
주혁   그냥… 혼자가 편해서. (어색하게 얼버무리는데)
혜원   (주혁 보며) 예전에 내가… 선배 좋아했었잖아. 알지?
주혁   (그 전과 달리 담담하게) 그랬어…? 남자 보는 눈이 참 없었네, 그때.
혜원   (뜻밖의 반응에 갸웃하며) 선배 안 본 동안 좀 변한 거 같다? 살짝 시크해진 것도 같고. 예전에는 되게 순한 사람이었는데. (농담조로) 직장 생활이 많이 힘든가?

주혁 그러게. 내가 좀 많이 변하긴 했지…? (쓸쓸하게 웃는)

혜원 (얘기 나눌수록 주혁이 낯설다…. 어색하게 웃는다)

주혁 이제 들어가야겠다. 점심 교대도 해줘야 되고.

혜원 아, 미안. 내가 시간을 너무 뺏었지? 가…, 난 이거 마저 마시고 갈게.

주혁 그래…. 오늘 반가웠다. (일어서서 가려다 멈칫하며) 혜원아….

혜원 어…?

주혁 (혜원 보며) 행복해…. 첼로 놓지 말고 계속하고. (미소 지어 보이고 간다)

혜원 (뭔가 기분이 묘하다. 갸웃하며 주스 마시다 흘린다) 아…! (당황해서 옷 터는데)

현수 (앞치마 두르고 있다. 냅킨 내밀며) 여기요.

혜원 아, 고마워요. (받아서 옷 닦고) 됐어요, 고마워요. (미소 짓는다)

현수, 다시 카운터로 돌아오면 수학 문제집 펼쳐져 있고, 그 옆에는 〈재수생 입시 전략〉이라고 적힌 책이 있다. 현수, 문제 풀려다가 혜원 쪽을 다시 보며 갸웃한다. '어디서 봤더라…?' 하는 표정.

(우진) 437번 고객님, 3번 창구로 와 주십시오.

14. 은행 객장 (낮)

오후 업무 중. 테이블 위 소년소녀 가장 돕기 돼지저금통 보이고….

우진 (상담 중인) 여기 이체 명세서입니다. 신분증 챙기시고요.

혜정 (벨 누르는) 599번 고객님, 1번 창구에서 도와드리겠습니다.

진상녀	(이미 화난 표정. 다가서서) 이거 계좌 조회 좀 해줘요. (통장 내미는)
혜정	네, 고객님, 계좌 조회요? 신분증부터 좀 주시겠습니까?
진상녀	아, 그게…, 이게 내 계좌가 아니라 남편 건데…. 최근 두 달간 거래명세표 좀 뽑아줘 봐.
혜정	아… 고객님, 죄송하지만 거래 내역은 개인정보에 속하기 때문에 본인이 아니면 조회해드릴 수가 없는데요. 죄송합니다.
진상녀	(짜증 내며) 남이 아니라 와이프라니까? 이 인간 지금 수상해. 아무래도 바람 피우는 것 같아서 그래. 뽑아줘요, 좀!
혜정	(난감) 아… 죄송합니다. 원래 부부 간 정보 규제가 제일 엄격해서….
진상녀	아, 알았어! 됐고, 그럼 송금한 내역 있는지 그것만 확인해줘. 그 여자 이름이….
혜정	(곤란) 죄송하지만 그것도 안 되는데요. 남편이 동행해서 오셔야….
진상녀	(버럭) 그 인간이 오자면 오겠니? 너 같으면 오겠어? 뭐가 이렇게 안 되는 게 많아, 여기는?! 그 인간이랑 짠 거야, 뭐야? 너도 뭐 사준다 그러디?!
우진	(언성 높아지자 쳐다본다)

이때 주혁 들어오다가 객장 분위기 보고 무슨 일인가 어리둥절한 표정이다.

환/종후	헐… 뭐야…./아… 뭐 저런 아줌마가 다 있어, 또…? (욱하는)
혜정	(자존심 상해) 말씀이 심하시네요. 남편이랑 문제는 댁에서 해결하고 오세요. 괜히 여기서 화풀이하지 마시고….
진상녀	뭐? 화풀이?! 야, 너 말 다했어?! (때리려고 손 드는데)
우진	(여자 손목 턱, 잡고) 그만하시죠, 고객님. 너무 흥분하셨는데요.
진상녀	아! (아픈 듯) 넌 또 뭐야? 이거 안 놔?!
우진	무서워서 못 놓겠어요, 고객님. 안 때린다고 약속하시면 놓을게요.

진상녀	이게 진짜 사람 놀리나? 야! 너 죽을래 진짜?! (악에 받쳐 두리번 대다가 다른 손으로 동전 잔뜩 든 저금통 집어 우진 내려치려는데)
주혁	(어느새 온 주혁이 우진 앞을 막아서고, 저금통에 정수리를 제대로 맞는다)
	(E) 픽! (둔탁하고 육중한 소리)

(컷) 주혁 열심히 서류 작업 중인데, 종후, 주혁에게 붙어 툭 치며 말 건다.

종후	뭐야, 너…?
주혁	(종후 보며) 뭐가 뭐야?
종후	웬만해선 그런 상황에 나설 놈이 아닌데 말이야…. 빼박 보디가 드던데, 아까는?
주혁	(찔끔) 야, 그럼 동료가 맞게 생겼는데 가만히 있냐? 헛소리 말고 일이나 해.
종후	동료라… 동료. (수상하다는 듯이 갸웃하며 주혁 보는데)
환	(종후에게) 근데 우진 선배요, 완전 걸크러시하지 않아요? 아까 아줌마 손 잡고 힘 꽉 주는데, 와…! 깜놀. 기가 하나도 안 밀려.
종후	좀 그런 경향이 있긴 해. 보통은 아냐.
환	난 저런 쎈캐가 매력 있던데. 연하는 안 키우시려나…? (호감 드러내는)
주혁	(우진 힐끔 보다가 눈 마주치자 얼른 다시 일에 몰두하는 척한다)
(일동)	고생하셨습니다./내일 봬요!

15. 은행 앞 (밤)

가방 들고 나온 주혁. 혹시 우진이 쫓아 나올까 서둘러 간다.

주혁, 버스에 올라타 2인 좌석 중 창가 자리에 앉고 나서 앞문 막 닫히려는데….

(우진)　잠깐만요, 아저씨! (소리와 함께 버스에 올라타는)

주혁　! (놀라 앞쪽 보면)

우진　(교통카드 찍고 주혁과 눈 맞추며 자연스럽게 주혁 옆자리 와 앉는다)

주혁　(어이없다는 듯 보며) 이 버스 안 타잖아.

우진　집에 가는 거 아니에요. 약속 있어요.

주혁　(할 말 없다. 창밖 보며 난감한 표정 짓는다)

우진　(말 거는) 머린 괜찮아요? 빵꾸 난 거 아냐? 뭐 깨지는 소리 나던데, 아까.

주혁　괜찮아. 워낙 단단해서.

우진　그러게 뭐하러 막았어요, 내가 피할 수 있었는데. (내심 좋다)

주혁　(할 말 없다. 뻘쭘한 표정 짓다가) 오해하지 마, 어디까지나 직장 동료로서… 향숙 씨나 혜정 씨였어도 그렇게 했을 거야….

우진　누가 뭐래요? (이어폰 꺼내 한쪽 주며) 음악 들을래요?

주혁　됐어.

우진　(피식, 웃고 주혁 한쪽 귀에 이어폰 꽂아준다)

주혁　(차마 빼지는 못하고 우진 보다가, 다시 창 쪽으로 고개 돌리는데)

(M) 잔잔한 어쿠스틱풍의 음악

주혁　(노래가 참 좋다…. 잠시 상황을 잊고 노래에 빠져들며 창밖 풍경 본다)

우진　(역시 노래 감상하며 같은 쪽 풍경 보다가… 또 다른 쪽 보다가…. 행복한 일상의 모습이다)

주혁　(창밖 보다 살며시 우진을 본다. 음악 들으며 가볍게 끄덕이는 모습에 예전 고등학교 때 이어폰 꽂고 박자 맞추던 우진의 모습 디졸브 되고…. 다시 현재. '여전히 우진이 해맑구나….' 싶다가 '또 왜 이러

지?!' 하며 정신 차린 듯 고개 돌린다)

우진   (앞쪽 보다가 주혁 힐끗 보는데 와이셔츠 단추가 대롱대롱, 떨어지기
        일보 직전이다. 뭔가 짠하고 안쓰럽고 마음이 안 좋다)

        버스에서 내리는 주혁. 우진도 뒤따라 내린다. 주혁, 우진 의식하
        지만 아닌 척 집을 향해 가는데 우진이 뒤따라온다.

주혁   (가다가 뒤돌아보면)

우진   (멈칫, 딴청하고)

주혁   (다시 가면)

우진   (계속 주혁 뒤쫓아가는)

주혁   (가다가 안 되겠다 싶어 돌아보며) 뭐 해, 친구 만나러 간다며?

우진   네, 친구 집이 이쪽이라서…. 왜, 문제 있어요?

주혁   아닌 거 알아. 집까지 갈 거야?

우진   가면 안 돼요? 같이 저녁 해 먹으면 좋을 거 같은데. 인스턴트 먹
        지 말고.

주혁   (대답할 필요도 없다. 무시하고 다시 가는데)

우진   (쫓아가 잡으며) 좋아요, 더 안 쫓아갈게요. 대신… 내 부탁 하나
        만 들어줘요.

주혁   ? (우진 보는)

        남자 와이셔츠 고르는 우진과 주혁.

우진   (보여주며) 이거 어때요?

주혁   글쎄, 선물 받는 분 취향에 따라 다를 거 같긴 한데…. 팀장님이

263

	라고?
우진	네, 본사에 있을 때 되게 잘해주셨던. 골라줘 봐요, 뭐가 예뻐요?
주혁	(옅은 분홍색 와이셔츠 꺼내며) 이런 색이 낫지 않나? 너무 하얀 거보단.
우진	(옷과 주혁 스캔하고) 그러네. 그게 낫네. (만족한 표정인데)
주혁	(휴대폰 벨 울린다. 보면 '상식'이다. 받는다) 어, 상식아, 왜…? (통화하며 저쪽으로 가면)
우진	(얼른 휴대폰으로 사진 찍어뒀던 '직원 비상 연락망'에서 주혁 주소를 확인한다. 더하우스 세르빌 307호)

19. 푸드 트럭 (밤)

종후 앉아 있고, 건너편에 상식과 주은이 긴장한 표정으로 앉아
있다.

종후	야, 뭔데? 왜 밤중에 불러내서 요상한 분위기를 잡는데….
상식	잠깐, 잠깐만 기다려. 주혁이 오면.
종후	아… 나 오늘은 30분밖에 못 받아 나왔는데. 난 나중에 들으면 안 되냐?
상식	(다급) 아니, 안 돼. 오늘은 진짜 니가 필요해. 가면 안 돼…!
주은	있어주라, 오빠. 우리의 유일한 인간 방패야… 오빠가. (상식 보며) 어떻게, 오늘 다 까? 아님 스텝 바이 스텝으로 가?
상식	하나만 해, 하나만. 1단계만 가자…. (떨리는지 심호흡하는)
종후	뭐라는 거야, 이것들이…? 뭔 방패?! (하는데)

이때 주혁 도착해서 종후 옆자리에 앉는다.

주혁	왜, 무슨 일인데? (하고는 종후 보며) 너도 불려 나왔냐?
종후	어. 뭔지 모르겠는데… 내가 방패라는데?

주혁	방패? (대충 감 잡은) 뭔데. 혹시 둘이 사귀는 거 고백하려고 그러냐?
상식/주은	(화들짝) 어! 알고 있었어? /어떻게? 어떻게 알았어?
종후	이게 뭔 소리야. 둘이…? (번갈아 보며) 진짜? 진짜 진짜 진짜?! 와하… 대…박!
주혁	난 찬성이니까 쇼하지 말고 그냥 만나. 천생연분이야, 둘이.
상식	(긴장 확 풀려) 야, 니가 그렇게 말해주니까 너무 고맙다. 사실 요 며칠 마음고생 진짜 많이 했거든…! 이걸 어떻게 얘기해야 되나, 곧 배도 불러올 텐데….
주혁	뭐?
주은	?! (놀라서 상식 툭 치는)
상식	!!! (당황해) 아, 아니 그러니까… 내가 장사하면서 너무 먹었나, 애가 똥배가 점점…. (하다가 바로 무릎 꿇으며) 주혁아…! 살려주세요. 잘못했어요. (싹싹 빈다)
주혁	(상식 멱살 낚아채며) 뭐가 나와? 뭐? 뭐?!
주은	(말리는) 오빠 제발… 말로 해, 좀! 종후 오빠!!!
종후	야, 그래, 말로 해라. 지성인답게 말로 하자. 주혁아, 어? (말린다)
주혁	그래, 그래그래…. 말로… 말로… (하다가 다시 욱하는 듯) 하긴 뭘 말로 해! 이 나쁜 놈아, 뭐가 급해서…! 그러고도 니가 내 친구야? 이 나쁜 시키야! (다시 때리는)
주은/종후	아, 오빠!/아아! (몸으로 상식과 주혁 사이 막는)

20. 주혁 원룸 앞 복도 (밤)

한바탕 몸싸움으로 녹초가 된 주혁, 팔 뻐근한 듯 돌리며 걸어오는데… 집 현관문 손잡이에 쇼핑백이 걸려 있다. '뭐지?' 열어서 본다.

주혁	?! (이건 아까 그 셔츠…?!)

그제야 '이게 내 거였구나…' 알게 된 주혁. 지금 입고 있는 셔츠를 본다. 아니나 다를까, 단추가 하나 대롱대롱, 위태롭게 매달려 있다. 우진이가 이걸 봤구나…. 무안하면서도 뭔가 가슴이 찌릿해진다.

21. 주혁 원룸 (밤)

우진이 선물한 와이셔츠 입고 거울에 비춰 보는 주혁. 몸에 잘 맞는다. 간만에 기분이 좋아져 거울에 이리저리 자기 모습 비춰보다가…, 갑자기 표정 굳으며 급 자각한다.

(주혁) (거울 보며) 뭐야…. 너… 너 또 흔들리는 거야…? 우진이한테 넌 불행이라며. 다시 엮이면 안 된다며… 우진일 위해서! 정신 차려, 차주혁…. 정신 차려…!(하고는 황급히 옷 벗어 쇼핑백에 던져 넣는다)

22. 다음 날/은행 객장 (낮)

업무 준비 중인 직원들. 우진, 자리에서 스트레칭한다.

해정 (희한하게 보며) 뭐… 뭐 하세요…?
우진 아, 하루 종일 앉아 있을 거니까 미리 몸 풀려고요…. 금방 적응될 거예요!
환   와, 나도 해봐야겠다. (스트레칭하며) 이렇게 하는 거예요 선배님? (따라 한다)
장 팀장 (자리에 앉으며) 참… 우진 씨, 오늘 회식 있는 거 알지? 우진 씨 환영회다.
우진 넵, 알다마다요. (하고는 제자리 뛰기 하는데)
지점장 (지점장실에서 통화하며 나오는) 어어… 알았어, 알았어. 내 전화

	할게, 어! (끊고) 저기 차 대리, 차 대리, 차 대리! (신나서 주혁 쪽으로 오는)
주혁	네, 지점장님. (일어서면)
지점장	차 대리 소개팅해라. 방금 마눌님이랑 통화했는데… 우리 처제 후배 중에 참한 아가씨가 하나 있다고 해서. 직업이 약사인데….
주혁	(곤란) 아… 지점장님, 생각해주시는 건 감사한데, 저 생각 없습니다.
지점장	왜, 퇴짜 맞을까 봐? 아냐, 차 대리 아직 괜찮아, 자신감을 가져.
변 팀장	그래, 차 대리. 지점장님이 이렇게 생각해주시는데 한번 만나나 봐라. 혹시 알아? 차 대리 인연이 거기 떡하니 있을지.
주혁	아뇨. 진짜 됐습니다. 마음만 받겠습니다, 지점장님. (하고는) 저, 화성실업 대출 건 때문에 담당자 잠깐 만나고 오겠습니다. (서류 들고 나가는)
우진	(그래야지… 하는 표정인데)
지점장	(주혁 사라지자) 아… 진짜 아까운 자리인데 말이야…. 왜 저렇게 질색을 하는 거야?
변 팀장	그러니까요. 당최 알 수가 없네요. 어디가 모자란 것도 아니고.
지점장	저거 저렇게 가다가는 총각 귀신 면하기 어려울 거 같은데 말이야, 놔둬도 되나?
장 팀장	아, 그럼 지점장님이 우연인 척 자리를 한번 마련해보시죠?
우진	! (경계의 표정으로 장 팀장 보는)
혜정/향숙	아, 그거 괜찮다. 만나보면 또 스파크가 튈 수도 있잖아요./맞아 맞아.
종후	저도 찬성입니다. 솔직히 저 자식 마음에 걸려서 제가 잠이 다 안 오거든요.
지점장	그래? 그럼 일단 자리를 한번 마련해봐? 그냥 저지르고 봐? 어?!
우진	(책상 쾅 치며) 아뇨! 저는 반대, 결사 반대입니다!!!
일동	!!! (놀라서 우진 보는)
우진	(아차 싶어) 아… 그러니까 제 말은, 다른 것도 아니고 남녀 문

제를 본인 의사와 무관하게 그렇게 밀어붙이는 건 좀 아니지 않
나…. 프라이버시 문제도 있고 또….

일동   (갸웃, 의심의 눈초리 거두지 못하며 우진 보는)

종후   ! (특히 추궁하는 듯한 표정으로 본다)

우진   (보다가 에라, 이실직고한다) 맞아요. 저 차 대리님한테 마음 있
어요!

일동   헐…/어머…! 어머, 대박. (놀라고)

환/종후 (실망한 듯한 표정)/(너무 놀라 손으로 벌어진 입 가린다)

(장 팀장) 대체 언제부터야?

23. 은행 여자 화장실 (낮)

우진 손 씻는데 향숙, 혜정, 장 팀장이 호기심 어린 표정으로 옆
에서 묻는다.

장 팀장 온 지 얼마 되지도 않았잖아. 첫눈에 그냥 확 꽂힌 건가?

우진   글쎄… 이걸 언제부터라고 해야 하나…?

혜정   아니, 근데 왜…? 그러니까 차 대리님 어떤… 면이…? (이해 안 된
다는 듯 보면)

우진   음… 일단 잘 생겼고요….

향숙/혜정 어머.

우진   사람도 착하고, 살짝 샤이한 면 있는 것도 귀엽고….

향숙/혜정 어머, 어머.

우진   목소리도 너무 좋고, 결정적으로 눈빛이 섹시해요. 빨려 들어갈
거 같아.

향숙/혜정 어머, 대박. /섹시래…. 완전 제대로 꽂히셨네.

우진   특히 고객 상담할 때 프로필 보면, 코끝은 오똑하고 몸 선은 떡
벌어져서 굵직굵직한 게 얼마나 섹시한데요. 뭐, 못 느끼셨으면
다행이고. (손 닦고 나간다)

향숙	와, 진짜 대박이다. 이래서 인연은 따로 있다는 거구나.
장 팀장	그러게. 콩깍지가 단단히 씌었네. 다른 건 몰라도 섹시…, 그건 쫌…?
혜정	근데 듣고 보니까… 또 차 대리님이 살짝 그런 면이 있는 거 같기도 하고…. 아닌가?

21. 은행 객장 (낮)

지점장, 책상 앞에서 변 팀장과 종후, 환의 결재 서류에 차례로 사인해준다.

지점장	(신난) 그거 참 신기하네. 아니 서우진 씨는 온 지 얼마나 됐다고 고새 화살이 차 대리한테 꽂혔대? 변 팀장은 눈치챘어?
변 팀장	아뇨, 전혀요. 저도 아까 진짜 쇼킹이었습니다.
종후	(감격) 와… 쥐구멍에도 볕들 날 있다더니, 우리 주혁이한테 이런… 하….
환	난 좀 실망인데, 우진 선배한테. 아니 본 지 얼마나 됐다고, 너무 경솔한 거 아니야?
변 팀장	쯧쯧… 남녀 관계가 기간이 무슨 상관이냐, 이 환장아.
지점장	옳은 말씀이야. 어쨌거나 난 이 두 사람 찬성. 차 대리처럼 착하기만 하고 우유부단한 스타일에는 서우진처럼 불도저 같은 여자가 아주 딱이야. 찬성, 찬성!
변 팀장	제 말이요. 저도 두 사람 찬성입니다. 아주 천생연분이에요 둘이. (말하는데)

이때 우진과 향숙, 혜정, 장 팀장, 우르르 자리로 돌아온다.

지점장	(업된) 어… 우진 씨, 우진 씨, 이리 와봐.
우진	네, 지점장님. (가면)

지점장 지금 얘기를 해봤는데 말이야, 차 대리랑 우진 씨, 우리가 밀어줘
     볼까 하는데, 어때?

우진   진짜요? 그럼 저야 천군만마죠. 안 그래도 차 대리님 반응이 살
     짝 껄쩍지근해서 좀 고민이었는데.

환   그럼 그냥 말아요! 아니 뭐하러 선배가 차 대리님한테….

종후   (환 입 손으로 틀어막는다. 우진 보고 어색하게 웃으며) 애는 무시
     하시고.

지점장 그래, 한번 해보자, 어? 안 그래도 우리나라 결혼율도 감소하는
     데 국위 선양하는 셈치고, 어? 잘되면 나 양복도 한 벌 해주고
     말이야.

변 팀장 그래, 우진 씨 운 좋은 거야. 우리 지점장님이 나서면 바로 커플
     성사거든. 예전에 청담점에서도 박 대리랑 안 주임이랑 밀어준
     거 지점장님이시잖아요.

장 팀장 (툭 치며) 걔들 이혼했어.

변 팀장 그랬어? 그건 뭐, 지들 탓이고…. 어쨌거나 잘해보라고. 난 벌써
     둘이 식장 들어가는 그림이 빡 그려지는데? 조만간 우리 점에 경
     사 있을 거 같아.

우진   아우… 식장은 벌써 무슨…. 너무 앞서가신다, 팀장님. (하면서도
     좋은)

25. 은행 탕비실 (낮)

     우진 커밍아웃하고 나름 목말랐는지 물 벌컥벌컥 들이키는데…,
     종후, 얼굴 들이밀며 이미 열린 문 똑똑 두드린다.

우진   (종후 보고) 아, 네, 대리님.

종후   (보며) 우진 씨, 아까 차 대리 얘기…, 그거 진심인 거죠?

우진   아… 그럼요. 제가 아무리 똘끼가 있어도 그런 말을 농담으로 할

까….

종후 　오케이! 그럼 나도 도울게. 처음 봤을 때부터 우진 씨 인상이 아주 좋았거든, 난.

우진 　(미소) 저도요. 저도 대리님 인상 짱 좋았어요. 감사합니다!

종후 　유어웰컴. 난 우진 씨가 꼭 내 제수씨가 됐으면 좋겠네? (활짝 웃는데 휴대폰 벨 울리고, 얼른 받는) 어… 여보, 왜? 무교동 낙지? 왜, 매운 게 땡겨?

우진 　(윤 대리님은 그분과 행복하구나…. 흐뭇하게 보며 웃는)

26. 은행 객장 (낮)

우진, 서류 복사 중이고 주혁도 복사하려고 뒤쪽에서 서성거린다.

지점장 　(지나가다가 보고) 차 대리 스톱! 스톱, 스톱! 거기 우진 씨 옆에 서봐.

주혁 　예?

지점장 　캬아…! 그리고 둘이 서 있으니까 진짜 잘 어울린다. 그림이 된다, 그치?

변 팀장 　(보며) 아유, 그리고 보니까 그러네. 둘이 아주 키도 맞고 생긴 것도 강아지상들이라 딱이고…. 뭐, 벌써 커플이래도 다 믿겠다.

우진 주혁 　(민망한 척) 아우, 아니에요. /왜들 그러세요, 진짜…. (난감해하는)

(컷) 변 팀장, 지나가는 주혁에게

변 팀장 　차 대리. 이 화분 좀 저쪽으로 좀 옮길까? 저쪽으로?

주혁 　아, 네. (변 팀장과 같이 옮기려는데)

변 팀장 　아유, 무겁다. 안 되겠다. 우진 씨, 이쪽으로 좀 와. 같이 좀 옮겨.

우진 　네! (우진 와서 붙으면)

변 팀장 　(우진 손을 주혁 손 위에 겹쳐주며) 요기 잡고 요렇게…. 아유, 둘이 호흡이 착착 맞네. 난 빠져도 되겠다. (하곤 홀랑 가버린다.)

주혁/우진　흐음…! (어쩔 수 없이 같이 옮기는)/(모른 척 옮기는데)

지점장　(보며) 뭐야, 뭐야… 둘이 부쩍 뭘 같이 해? 수상해…. 썸 타는 거야?!

우진/주혁　(모른 척)/아, 아니에요. 지점장님. 그런 거 아닙니다. (난감해 쩔쩔매는)

(컷) 탕비실. 주혁 혼자 커피 마시고 있는데 장 팀장, 우진, 향숙, 혜정, 우르르 들어오다 주혁 보고 멈칫한다.

장 팀장　어! 차 대리 여기 있었네…?

혜정/향숙　(눈치 보며) 아 참, 우리 고객 리스트업한 거 팀장님한테 보고 안 했다. /아… 맞다, 맞다. 그거 빨리 해야 되는데….

장 팀장　어어, 보여줘. 우진 씨는 있어. 우리끼리 할게. 좋은 시간 보내. (얼른 나가는)

혜정/향숙　(눈치 보며 얼른 나가는)/(문까지 친절하게 꼭 닫아주는)

주혁　(갸웃, 아무래도 이상하다 싶은데)

종후　(들어오다가 두 사람 보고, 바로 돌아 나간다)

(주혁)　솔직히 말해. 뭐 있지? 다들 왜 그래, 대체?

27. 은행 옥상 (낮)

주혁, 종후 붙들어 세워놓고 취조 들어간다.

주혁　다들 왜 나랑 서우진을 못 엮어서 난리인데? 왜 그러는 거야…?

종후　(시치미) 글쎄, 난 잘 모르겠는데…. 그런 분위기디, 요새? 리얼리?

주혁　쌩까지 마, 인마. 너도 그러잖아.

종후　(주혁 본다. 잠시 고민하다가) 정 알아야겠냐?

주혁　? (뭐가 있긴 있구나 싶다)

종후	으이그…! 복도, 복도 지지리도 없는 거 같더니… 느지막이 여자 복은 있어가지고…! 서우진 씨가 모두 앞에서 커밍아웃했어, 인마. 너한테 마음 있다고.
주혁	뭐, 뭐?!
종후	솔직히 너도 마음 없는 건 아니잖아. 다른 사람은 속여도 난 못 속이거든. 너도 분명히 서우진 씨한테 관심 있어. 니 눈빛에서 난 그걸 읽었거든.
주혁	야, 제발 좀! 그딴 소리 좀 하지 마. 남 속도 모르고 진짜….
종후	니 속이 뭔데? 딱 까놓고 얘기해봐, 그럼. 뭐… 죽어도 아니라고? 진짜 아냐?
주혁	아니, 그런 문제가 아니라고 지금. 아… 우진이 걔는 대체 왜 그러냐 진짜. 그러다 지 혼삿길 막히면 어쩌려고!
종후	오, 우진이. 우진이랬어, 방금? 오호…. 야아…! 이 자식. (주혁 등 때리면)
주혁	(컥, 아프다. 뭐라 더 설명할 수도 없고 미치겠다)

28. 고깃집 외경 (밤)

29. 고깃집 안 (밤)

우진 환영회 자리. 가현점 식구들 둘러앉아 있다. (오른쪽 맨 끝자리 주혁 앉아 있고, 그 옆에 환, 그 옆에 우진… 왼쪽 끝자리 지점장 앉아 있다)

지점장	자, 우리 서우진 씨 환영하고 사랑이 넘치는 가현점 생활을 위하여!
일동	위하여! (건배하는)
지점장	(주혁이랑) 짠! (우진이랑) 짠! 자, 두 사람도 짠! 뭐 해? 짠!!!
주혁	(어쩔 수 없이 우진과 짠 하고 맥주 마시면)
우진	어, 차 대리님 술 약한데…. 얼른 안주로 믹싱. (주혁 접시에 고기

273

한 점 놔주는)

변 팀장   와…! 저 넘치는 차 대리 사랑 봐라. 진짜 티를 내도 너무 낸다, 우진 씨.

지점장   우진 씨뿐인가, 내가 보기에는 차 대리도…. 흐흐… 둘이 잘해봐. 진짜 잘 어울려.

주혁   아니에요. 지점장님, 팀장님, 진짜 그러지 마세요….

지점장   알았어, 알았어. 우리 차 대리 또 부끄러워한다….

환   일단 좀 먹으면 안 돼요, 지점장님? 고기 다 타는데….

지점장   어어, 먹자. 이거 공기가 뜨끈뜨끈한 게 불판 때문인지 누구 썸 때문인지… 하하!

변 팀장   부러울 따름입니다. 썸도 다 때가 있는 거거든요.

지점장   그럼, 때가 있다마다. 내 미리 얘기하는데, 우리 지점에서 커플 탄생해서 결혼하면 특별히 신행 휴가 1.5배로 준다, 내 목숨 걸고.

향숙/혜정   오…! /좋겠다!

장 팀장   와, 그건 진짜 탐나는 특전인데요? 차 대리, 진짜 우진 씨랑 좀 잘해봐.

주혁   아… 장 팀장님까지 왜 그러세요? 진짜 그런 거 아니라니까.

지점장   알았어, 알았다고. 아, 거 부끄럼 한번 되게 타네. 그래, 먹자, 먹어!

주혁   (불편해 미치겠다. 우진 보는데)

우진   (모른 척 새침 떨며 잘 구워진 고기 또 주혁 접시에 살짝 놓는)

주혁   (그 고기 안 먹고 불판 고기 집으려다가 젓가락 떨어뜨린다. 일어나 옆 테이블로 가서 젓가락 집어 오는데)

지점장   어! 차 대리, 스톱 스톱. 야, 환아, 넌 왜 거기 끼어 있니, 눈치 없게? 일어서, 인마. 자리 바꿔. 차 대리 일어선 김에 거기 앉자, 나란히.

주혁   아, 아니에요. 됐어요.

지점장   에이… 사양 말고 앉아, 차 대리. 이왕이면 옆에서 먹는 게 좋지. 야, 환!

환/주혁   (입 나온 채 비켜서고)/(어쩔 줄 모르며) 아뇨, 아니….

지점장	에헤이…! (일어서 주혁 잡아다가) 그러지 말고 앉으라니까. (우진 쪽으로 밀면)
주혁	(폭발한다) 아… 왜 이러세요? 진짜 아니라는데!!!
일동	!!! (깜짝 놀라 주혁 보는)
주혁	(격앙) 아니라고요! 그런 거 아니라는데 왜 자꾸…. 그러지들 마시라고요, 좀!
일동	(놀란 채 눈만 끔뻑 끔뻑)
종후	(평소 같지 않게 큰 소리 낸 주혁이 낯설어 눈 동그랗게 뜨고)
우진	(역시 표정 굳어진다. 주혁의 폭발에 충격받은 듯)

(컷) 분위기 싸한 채 다들 주혁 눈치 보며 조용히 고기만 먹는…. 주혁 군은 표정으로 깨작깨작 밥알 세고 있고, 우진도 표정 굳은 채 깨작깨작….

우진	(힐끔 주혁 본다. 진짜 그렇게까지 싫은 걸까 싶다)
주혁	(고개 처박고 밥알 세다가 목이 타는지 물만 벌컥벌컥 마신다)

30. 고깃집 앞 (밤)

뻘쭘한 회식 후 바로 헤어지는 분위기다.

지점장	흐음…! 그럼 내일들 보자고.
일동	네. 가십시오, 지점장님./내일 뵙겠습니다…./내일 봬요…! (삼삼오오 흩어지는)
종후	(주혁에게) 넌 인마, 어떻게 된 놈이….
주혁	닥쳐…. (종후 보며) 그만해. 얘기 안 할 거야, 오늘. 먼저 간다. (돌아서는)
종후	야… 차 대리, 차주혁! 야!

생각 많은 표정으로 걸어가는 주혁. 이래저래 후회되고 심란한데….

(우진)　　차주혁 대리님.

주혁　　(돌아보면)

우진　　(진지한 표정으로 서 있다) 잠깐 저랑 얘기 좀 하죠.

31. 근처 공원 (밤)

공원 벤치에 나란히 앉아 있는 주혁과 우진. 우진은 뭔가 진지하
게 생각 중이고, 주혁은 그런 우진의 눈치 보며 어색하게 있는
모습.

우진　　(드디어 입 연다) 도저히….

주혁　　(우진 보면)

우진　　안 되겠어요, 진짜? 그렇게 정색을 할 정도로?

주혁　　…. (유구무언이다)

우진　　난 내가 노력하면 될 줄 알았어요. 대리님이 왜 그러는지 나만
　　　　아니까. 근데 내가 이러는 게 오히려 대리님을 괴롭히는 건가…
　　　　내가 너무 내 생각만 앞세운 건가… 하는 생각이 들었어요, 좀
　　　　아까.

주혁　　….

우진　　마지막으로 한 번만 더 물을게요. 진짜… 안 되겠어요…?

주혁　　(슬픈 눈빛으로 보다가… 고개 끄덕끄덕하는)

우진　　(가만히 그런 주혁 보다가) 알았어요. 그렇게 힘들면, 내가 포기할
　　　　게요.

주혁　　(우진 보는)

우진　　너무 일방적이었나 봐요, 내가. 미안해요. (일어서는) 각자 인생
　　　　살아요, 그냥…. 그렇게 합시다. (쓸쓸한 표정 짓곤 가는)

주혁　　(그런 우진을 잡지도 못하고 바라보며… 가슴이 또 한 번 내려앉는다)

#. 은행 객장
직원들 막 출근한 분위기. 주혁, 탈의실 쪽에서 나오는데 우진 출근한다.

우진　(씩씩) 안녕하세요? 좋은 아침입니다.
일동　하이, 우진 씨!/좋은 아침!
우진　(주혁 보며 담담하게, 동료 그 이상도 이하도 아닌) 좋은 아침입니다, 대리님.
주혁　어, 왔어?
우진　(주혁 지나치곤) 편의점에서 삼각김밥 좀 사 왔는데 필요하신 분!
주혁　(그런 우진 슬쩍 다시 본다. 이제까지와 다른 거리감이 느껴진다…. 씁쓸한)

#. 은행 객장
환, 고객 응대 중이고… 주혁과 종후, 대출 서류 검토 중이다.

우진　(대부계 자리로 와서) 대리님, 이거 다음 달 특판 상품 금리거든요. 참고하세요. (종이 나눠주는)
종후/주혁　땡큐요. / 어, 고마워.
우진　(주혁에게) 아, 차 대리님, 아까 장표 정리하신 거 후선에 두셨죠?
주혁　어어. (하곤 우진 슬쩍 보는데)
우진　넵, 알겠습니다. (할 말만 똑 부러지게 하고 가는)

#. 은행 앞
퇴근하는 종후, 주혁, 우진, 향숙, 혜정, 환.

혜정　본사 회의 맨날 있음 좋겠다. 우리끼리니까 일찍 퇴근하고 너무 좋아.

향숙 　　내 말이. 간만에 우리끼리인데 저녁이나 먹고 갈까요?

장 팀장 　콜! 나 완전 배고파. 콜… 콜!

종후/주혁 그래, 먹고 가자. 나도 오늘 와이프 친정 가서 프리./뭐 그러든지.
　　　　(하는데)

우진 　　아… 전 먼저 가볼게요. 선약이 있어서…. 먹고들 가세요.

혜정 　　왜요, 웬만하면 먹고 가지. 간만에 뭉치는 건데….

우진 　　죄송해요. 저녁 약속이라. 맛있게들 드세요. 내일 봬요. (인사하고
　　　　가는)

장 팀장 　(김샘) 그럼 그냥 다음에 같이 뭉치고 오늘은 우리 셋이 가자.

향숙/혜정 그럴까요? /그래요. 저희 갈게요, 그럼. 내일 봬요. (가는)

환 　　　(주혁 힐끔 보며 종후한테) 우진 선배요… 차 대리님 이제 완전 포
　　　　기한 거 같죠? 뭔가 분위기가 싸한 게.

종후 　　그러게. 그렇지 싶다. (하다 주혁이 뒤통수를 냅다 갈긴다)

주혁 　　아, 왜애!

32-1. 거리 (밤)

　　　　주혁, 종후, 걸어가는데… 종후 혼자 씩씩거린다.

종후 　　바보 같은 놈. 머저리 천치. 에라이…!

주혁 　　뭐어….

종후 　　너 진짜 큰 실수 한 거야. 우진 씨 같은 여자가 어디 흔한 줄 아
　　　　냐? 지 분에 넘치는 여자인 줄도 모르고… 어디서 팅기고 앉아
　　　　있어, 앉아 있길!

주혁 　　(괜히) 아닌데? 나 서 있는데?

종후 　　아우, 짜증 나. 짜증 나! 아, 몰라. 니 복을 니가 차든지 말든지, 내
　　　　가 안달복달해서 뭐하냐. 알아서 살아라. 차주혁 포기, 포기!

주혁 　　듣던 중 반가운 소리네. (힐끗) 밥이나 먹고 가든지.

278

종후	그래, 먹자 먹어. 안 그래도 와이프님이 저녁 해결하고 오라시더라.
주혁	상식이네로 갈 거지?

33. 한강 조깅로 (밤)

목에 수건 걸고 운동복 차림으로 한강 뛰는 우진. 허전한 마음 떨치려 전력을 다해 뛴다.

34. 우진의 집 근처 편의점 앞 (밤)

주은, 편의점에서 또 우유 사 마시며 나오는데 우진 온다. 우진, 휴대폰으로 메일 읽느라 골몰해서 주은 못 보고 지나친다.

주은	어…! (알아보고 다가가 우진 등 툭, 치는)
우진	(보고) 어…! (반가운)
주은	(역시 반가운) 지금 퇴근…?

(컷) 편의점 앞 파라솔에 앉아 우진은 맥주, 주은은 우유 마신다.

주은	(우진 보고 부러운) 아… 얼마나 시원할까. 뛰고 난 다음에 맥주 한 모금 딱 마시면 목이 찌르르… 한 게 진짜 겁나 시원한데. (입맛 다시면)
우진	그러게 한 캔 하라니까. 왜, 한 모금 줘? (캔 내밀면)
주은	아니, 유혹하지 마…. (배 가리키며) 요기서 애기 꼴라되면 어쩌라고.
우진	? (무슨 소린가 보다가…!!!) 진짜…? 진짜, 진짜?!
주은	(웃으며 끄덕끄덕)
우진	축하해, 주은아! 축하할 일 맞는 거지? 그럼 결혼은 어떻게…? 애기 낳고?

주은　아니. 그냥 약식으로 빨리 하기로 했어. 식구들하고 가까운 친구들만 불러서. 근데 내가 대전에서 학교를 다녀서 친구가 별로 없거든. 너도 와라.

우진　그럼 가야지. 진짜 너무 너무 너무 축하해, 진심으로.

주은　고맙다. (보며) 근데 넌? 넌 사귀는 남자 없어…? 그 얼굴에 없을 리가 없는데.

우진　(쓸쓸하게 웃으며) 없어, 이 얼굴에. 참 미스터리하지?

주은　그러게. 남자들 눈이 삐었나…. 썸 타는 놈도 없다고? 니가 눈이 너무 높은 거 아냐?

우진　글쎄… 높은 건지 낮은 건지 눈이 삔 건지 나쁜 건지….

주은　응…?

우진　아냐, 그냥 헛소리. (맥주 마시면)

주은　(으쓱하고) 나도 요샌 자꾸 혼잣말을 한다. 애기야, 이랬니? 저랬니? 이래가면서. 참 신기하지. 캐릭터랑은 상관없는 현상이더라고, 이게. 내 신랑 될 남자도 지금 완전 들떠 있어. 지가 아빠 된다는 게 실감이 안 나는 거지. (하다) 아, 우리 신랑 한번 볼래? 소개해줄까?

35. 상식 푸드 트럭 (밤)

종후, 푸드 트럭에서 곱창 볶고, 주혁은 테이블 손님에게 물 날라준다.

종후　아… 오 사장 앤 전화 한 통 하고 온다더니 왜 이렇게 안 와? 간만에 온 손님을 보낼 수도 없고 진짜…. 하여튼 친구 둘 있는 게 하난 허당, 하난 굴러온 복을 지 발로 차는 븅… (주혁 오자) 어, 븅 오네 븅. (하는데)

주혁　(와서) 야 어쩌지? 저 테이블, 계란찜 하나 추가라는데.

종후　아, 그걸 받으면 어떡해! 너 들어와 빨리. 계란 풀어. 파도 썰고!

	잘게, 쫑쫑쫑.
주혁	쫑쫑쫑?
종후	그래, 쫑쫑쫑 인마!
주혁	(급하게 트럭 안으로 들어와 앞치마 두르는데)

이때 주은과 우진이 트럭 쪽으로 온다.

주은	어, 오빠들이 왜 거기 있어? 오상식 씨는?
우진/주혁	…! (주혁 보고 표정 굳는)/(역시 우진 보고 표정 굳는)
종후	(젓가락 들고 우진 보며) 어, 우진 씨! 여기 웬일이에요? 어떻게 둘이…?
주은	(주혁과 종후, 우진 보며) 뭐야… 서로들 아는 사이야…? (하는데)
상식	(휴대폰 주머니에 넣으며 뛰어온다) 어, 손님! 쏘뤼 쏘뤼! (하다 주은 보며) 어, 자기 왔어? (하곤 우진 보며 '이분은 누구…?' 하는 표정)

(컷) 테이블 손님은 가고 둘러앉은 다섯 사람. 어색한 주혁과 우진, 눈 안 마주치고 세 사람만 신났다.

상식	와, 세상 참 좁다. 이래서 나쁜 짓 하면 안 되는 거야. 안 그래도 대강 종후한테 듣긴 했는데…. 그러니까 얘랑 얘랑 남매고 얘랑 이분이 최근에 친구를 먹었는데, 이분이 또 얘랑 얘 직장 동료가 되고, 심지에 얘한테 꽂… (허가지고 하려는데)
종후	(상식 툭 치면)
상식	(아차… 눈치 보고) 어쨌거나 우리가 참 인연은 인연이다. 그치?
주은	그러게. 나도 좀 아까 얘기 듣고 소름이었어, 완전. 이 친구 예전에 대전 우리 동네 살았대, 오빠. 그래서 내 얼굴을 기억하더라니까? 오빠 몰랐지?
주혁	어? 어…. (하곤 우진 힐끗 보면)
우진	(멋쩍은, 주혁과 눈 마주치고 얼른 딴 데 본다)

종후	어쨌든 참 신기하긴 하다. (분위기 무마하려) 근데, 결혼식은 언제 한다고?
상식	이번 달 말. 스케줄 비워놔라, 너 사회다. (하곤) 그리고… 다른 건 다 생략해도 웨딩 촬영은 해야 될 거 같아서… 내가 알아봤거든. 한 백오십이면….
주은	어머, 이 남자 봐. 미쳤어 미쳤어! 우리 형편에 무슨 웨딩…? 그 돈이면 차라리 이 트럭 리모델링을 하겠다. 하지 마라.
상식	야, 그래도 결혼 기념으로 앨범 하나는 만들어야지….
주은	확 그냥, 내가 안 된다고 말했다. 계약하기만 해, 죽는다 진짜…!
종후	야, 그래. 객관적으로 봐도 주은이 말이 옳다. 와이프 말 들어서 나쁠 게 없어요. 들어, 들어. 아, 대신 촬영은 우리가 해줄게. 내가 사진은 좀 찍잖냐.
상식/주은	니들이? /그래, 그거 괜찮네. 오빠들이 찍어. 웨딩 촬영이 뭐 별 거야?
종후	그러자. 마침 주말이니까 터미널 공원, 내일 어때?
주은	좋아, 콜! (우진에게) 우진아, 넌 시간 어때? 좀 와서 도와주면 내가 백골이 난망이겠는데…. 메이크업 이딴 게 내가 서툴러서….
우진	어? 어, 그래…. 해줘야지 그 정도는. (하면서도 불편할 텐데… 주혁 신경 쓰는)
주혁	(역시 신경 쓰인다. 힐끗거리는 표정)

36. 거리 (밤)

주혁과 종후와 우진, 나란히 같이 걸어간다. 주혁과 우진은 침묵하고 종후만 분위기 무마하려 계속 떠들고 있다.

종후	(톤업) 만나기만 하면 으르렁대던 것들이 결혼을 한다니 참…. 남녀 간의 일은 진짜 아무도 모르는 거예요, 그죠?
우진	네….

주혁	….
종후	그래도 주은이 저게 야무져서, 결혼하면 둘이 금방 일어설 것도 같고. 이래서 남자는 여자를 잘 만나야 돼. 물론 여자도 남자를 잘 만나야 되지만.
우진	네….
주혁	….
종후	(힐끔, 둘 눈치 보곤) 아, 내가 사진 하는 후배한테 카메라를 좀 빌리기로 해서…. 이왕이면 조금이라도 더 예쁘게 찍어주면 좋으니까. 그럼 난 이쪽으로…. 내일 보자, 주혁아. 내일 봐요, 우진 씨. (쌩하니 빠져주는)
주혁	! (당황) 야, 종후야… 그냥 같이….
종후	(뒤도 안 돌아보고 가는)
주혁/우진	(우진과 둘이 남아 난감한)/(그런 주혁 의식하는)

(컷) 어색한 분위기 속에 걸어가는 주혁과 우진. 주혁, 무슨 말이라도 해야 하나 눈치 보는데 우진이 먼저 말을 꺼낸다.

우진	많이….
주혁	(보면)
우진	많이 불편하세요… 저 때문에…?
주혁	(당황해) 아니… 불편하긴. 전혀. (하는데 아닌 거 다 티난다)
우진	불편하구나, 많이.
주혁	….
우진	어떡해요? 지점에서도 계속 봐야 되고, 주은이랑도 벌써 또 친구를 먹어버렸고…. 시간이 지나면 그저 담담해지려나? 그냥 동료로 지인으로 보면서 아무렇지도 않게…. 우리한테 언제 그런 시간들이 있었냐는 듯이… 그렇게 되려나…?
주혁	…. (뭐라 말 못하는데)
우진	본사 있을 때 친했던 선배가 홍콩 뱅크 쪽에 가 있는데… 자꾸 그

쪽으로 오라고… 엄마도 마음에 걸리고 이래저래 엄두를 못 냈
는데… 한 번 가보고 싶기도 하고….

주혁   …! (보면)

우진   (보며) 대리님이라면… 어떻게 할 거 같아요…?

주혁   (당황해) 그, 글쎄…. 나한텐 그런 제안이 올 일이 없어서….
(무슨 말이라도 해야 될 듯한) 홍콩 뱅크 쪽이면… 우진 씨한텐 좋
은 기회일 것 같긴 한데….

우진   (멈춰서 보는) 진짜 그럴까요…?

주혁   (멈춰서 보며) 아무래도… 겨, 경험 삼아….

우진   (가도 상관없다는 말로 들린다. 마지막 희망의 끈을 놓쳐버리는 듯한)

주혁   (가지 말라고 해야 되나? 이제 와서 어떻게… 갈등되는)

우진   (체념의 한숨 새어 나오는)

주혁   (진짜 가려는 걸까…? 눈빛 흔들리는)

37. 주혁 원룸 (밤)

문 열고 들어와 신발 벗지도 않은 채 털썩 주저앉는 주혁. 우진에
게 솔직하지 못했다. 가지 말라고 잡고 싶었는데… 차마 그렇게
말할 수가 없었다. 가슴이 텅 빈 듯한 공허한 표정.

38. 우진의 집 거실 (밤)

티비 앞에 앉아, 무릎 모은 채 꼼짝 않고 영화 보는 우진. 우진 모,
방금 들어온 듯 물 따르며 통화 중이다.

우진 모   그럼요. 당연히 그렇게 해드려야죠, 싸모님인데. 사은품이요? 아
유 진작에 챙겨뒀지! 네, 내일 두시쯤 갈게요. 네…! (끊고) 썩
을…. 하여튼 있는 것들이 더해요.

우진   …. (티비만 보는)

284

우진 모	(대답 없자 보곤) 또 그 영화야? 지겹지도 않니 넌? 대사 다 외겠다.
우진	….
우진 모	넌 꼭 울고 싶을 때 그 영화 보더라? 왜, 뭔 일 있었어 오늘…?
우진	(시선 고정한 채) 아니거든…. 나 원래 멜로 좋아하거든….
우진 모	웃기고 있네. 코미디나 휴먼 더 좋아하면서. 내가 니 취향을 몰라?
우진	(입 꾹 다물고 영화만 보는)
우진 모	볼 거야 계속? 드라마 안 보고?
우진	(고집스럽게) 어… 볼 거야….
우진 모	(가만둬야겠구나…. 힐끗 우진 보곤 안방으로 들어간다)
우진	(티비 속 영화 뚫어져라 보며 눈에 눈물 고이는)

39. 우진의 집 안방 (밤)

우진 모 평상복으로 갈아입는데, 밖에서 우진이 훌쩍거리는 소리 들린다.

우진 모	뭔 일이래… 회사에서 윗사람한테 쥐어터졌나…? (마음 쓰이는)

40. 다음 날/거리 (낮)

어제 울어서 푸석푸석한 얼굴로 걸어가는 우진. 큰 숄더백 가방 에는 주은의 웨딩 촬영을 위한 모자와 소품 잔뜩 들어 있다. 이때 휴대폰 벨 울리고….

우진	(전화받는) 네, 윤 대리님….
(종후)	우진 씨, 어디…? 주혁이랑 나랑 여기 동네인데, 출발 안 했으면 태워 가려고요.
우진	아…. (주혁과 같이 가는 게 불편하다) 지금 저 버스 탔는데…. 거 기서 봬요, 그냥.

주행 중 핸즈프리로 통화 중인 종후. 주혁은 보조석에 앉아 있다.

종후 알았어요, 우진 씨, 그럼 이따 봐요. (끊는)
주혁 (보며) 뭐래? 출발했대?
종후 어, 한발 늦었네. 이럴 줄 알았으면 진작에 약속을 할걸. (운전해 가는데)

이때 종후 차 버스정류장을 지나치는데… 170번 버스 서 있고, 우진이 버스에 막 타는 모습이 창을 통해 보인다.

주혁 …! (우진 보고, 지금 타면서 우진이 거짓말을 했구나… 씁쓸한)

(slow) 천천히 우진이 탄 버스 옆을 스쳐 지나가는 종후의 차. 버스에 올라타 맨 뒷자리로 가 앉는 우진, 표정 어둡다. 주혁, 고개를 돌려 끝까지 그런 우진 모습 본다. 마음이 아프다….

(컷) 계속 주행해 가고 있는 종후 차. 주혁, 생각 많은 표정으로 앞쪽 보며 가는데…. 이때 맞은편 차선에서 경찰차가 사이렌을 울리며 스쳐 지나간다. 순간 문득 스치는 기억…!

#. 회상 플래시 1 - 12회 24씬. 교통 리포터 '…오전 10시 10분경 버스터미널 쪽에서 170번 버스와 뒤따라오던 2.5톤 화물 트럭이 추돌해… 이 사고로 다수의 승객이 중경상을 입었다는 소식이네요….' 라디오 듣던 장면.

#. 회상 플래시 2 - 같은 씬. 우진이 오르던 버스, 170번 버스 번호 줌인!

주혁	!!! (놀라 시간 본다. 10시 01분이다)
	(얼굴 하얗게 질리며 종후에게) 종후야! 유턴! 유턴, 유턴!
종후	(영문 몰라) 뭐? 뭔 유턴…?
주혁	(마음 급해) 세워! 차 세우라고 당장!!!

42. 거리 (낮)

끽, 급정차하는 종후의 차. 주혁, 급히 차에서 내려 운전석 쪽으로 가 문을 열고는 종후 끌어낸다.

종후	야야야! 왜 이래, 왜 이래, 이 미친놈 이거…!
주혁	(다급) 미안, 시간이 없어! (운전석에 타고 시동 걸고 다시 출발하는, 급하게 유턴해서 지금까지 왔던 길을 빠른 속도로 거슬러 올라간다)
종후	저거, 왜 저래 저거…. (벙찐 표정으로 보는)

43. 종후 차 안 (낮)

속력 높여 운전해 가는 주혁. 사색 된 채, 마음 초조하다.

주혁	제발… 제발 제발…. (사고를 막아야 한다, 간절한 마음으로 액셀 밟는데)

중앙선 왼쪽으로 우진이 탄 버스와 그 뒤를 바짝 쫓는 화물 트럭이 보인다. 우진, 버스 맨 뒷자리 창가 쪽에 앉아 넋 놓고 앞쪽 바라보고 있다.

주혁	우진아! (절박한 표정으로 우진 보는)

44. 도로 (낮)

유턴 지점에서 급 유턴하는 주혁(종후 차). 빠른 속도로 버스 뒤에서 달리는 화물 트럭을 쫓고, 이어 그 옆 차선으로 차선 변경해 화물 트럭 옆으로 붙는다.

45. 화물 트럭/종후 차 안 (낮)

화물 트럭 운전사, 트로트 노래 크게 틀어놓고 보조석에 놓아둔 빵 집으려는 중이다. 위험을 감지한 주혁, 옆 차선에서 빵! 빵 빵!!! 클랙슨 마구 울려대는데… 노랫소리 때문에 들리지 않는다. 빵 집으려 아슬아슬, 손 더 뻗는….

주혁 차 안. 급하게 클랙슨 울려보지만 트럭 운전사 못 듣는 듯하다. 버스와 트럭의 간격 점차 아슬아슬하게 좁혀지고…. 버스 앞쪽 신호등에 들어오는 노란 불 (C.U) 시간 확인하는 주혁. 10시 9분이다! 뭔가 결심하는 듯한 표정의 주혁. 갑자기 핸들을 옆으로 확 꺾는…!

46. 도로 (낮)

버스와 트럭 사이에 끼어들며 급정거하는 주혁(종후 차). 트럭 운전사 그제야 놀라 브레이크 밟고…! 신호등 노란 불에서 빨간 불로 바뀌며 버스도 급정차한다. 트럭과 주혁(종후 차) 거의 키스 상태로 멈춰 있고, 그 앞에 멈춰 선 버스와의 간격 역시 몇 센티미터도 되지 않는다.

급정거에 놀란 승객들 '아 뭐야…!' '깜짝이야!' 하며 웅성거리는
데… 우진, 무심코 뒤쪽 보다가 차 운전석에 있는 주혁을 본다.
놀라 일어서는 우진.

트럭에서 화물 운전사 내리고, 종후 차로 와 차창 마구 두드리는

운전사	어이! 당신 미쳤어?! 그렇게 갑자기 껴들면 어떡해, 사고 날 뻔했 잖아!
주혁	(경직된 채 차에서 내리는데)
우진	(버스에서 내려 길가 쪽으로 온다. 주혁 보는)
주혁	(우진과 눈 마주치는)
우진	(어떻게 된 영문인지 몰라 그저 주혁 보는데)
주혁	(달려가 우진을 와락 안는)
우진	(안긴 채 가만히 보는)
주혁	(포옹 풀고, 눈물 그렁그렁해 우진 보며) 뻔뻔한 줄 아는데, 아닌 줄 도 알고 안 되는 것도 아는데… 이젠 더는 안 되겠어.
우진	(보는)
주혁	(울컥한 채) 다 모르겠고… 양심, 죄책감, 그런 거 다 모르겠고… 그냥 한 가지 확실한 건, 내가 우진아…, 널… 너무너무 사랑한다 는 거야….
우진	(역시 눈물 그렁그렁해) 진작에 그럴 것이지….
주혁	(보며) 내가 행복하게 해줄게…. 꼭 그렇게…. (눈물 흘리는)
우진	(보며 그런 주혁 머리 쓰담쓰담 해주는)
주혁	(우진 다시 와락 안고, 뜨겁게 포옹하는 모습 부감으로)
	14화 엔딩.

15
화

☾

☽

───

커
플

버스와 트럭 사이에 끼어들며 급정거하는 주혁(종후 차). 트럭 운전사 그제야 놀라 브레이크 밟고…! 신호등 노란 불에서 빨간 불로 바뀌며 버스도 급정차한다. 트럭과 주혁(종후 차) 거의 키스 상태로 멈춰 있고, 그 앞에 멈춰 선 버스와의 간격 역시 몇 센티미터도 되지 않는다.

우진   (버스에서 내려 길가 쪽으로 온다. 주혁 보는)

주혁   (우진과 눈 마주치는)

우진   (어떻게 된 영문인지 몰라 그저 주혁 보는데)

주혁   (달려가 우진을 와락 안는)

우진   (안긴 채 가만히 보는)

주혁   (포옹 풀고, 눈물 그렁그렁해 우진 보며) 뻔뻔한 줄 아는데, 아닌 줄도 알고 안 되는 것도 아는데… 이젠 더는 안 되겠어.

우진   (보는)

주혁   (울컥) 다 모르겠고, 양심, 죄책감, 그런 거 다 모르겠고… 그냥 한 가지 확실한 건, 내가 우진이 널… 너무너무 사랑한다는 거야….

293

우진	(역시 눈물 그렁그렁해) 진작에 그럴 것이지….
주혁	(보며) 내가 행복하게 해줄게…. 꼭 그럴게…. (눈물 흘리는)
우진	(보며 그런 주혁 머리 쓰담쓰담 해주는)
주혁	(우진 다시 와락 안고, 뜨겁게 포옹하는 모습)

3. #. 인서트 – (디지털 달력) 날짜 8월 31일로 넘어간다

4. 정원 있는 레스토랑 외경 (낮)

정원이 있는 레스토랑 전경 위로
(M) 결혼 행진곡(바그너)
노래 울려 퍼지며 타이틀이 뜬다.

제15화 | 커플

5. 레스토랑 정원 (낮)

조촐한 스몰 웨딩. 심플하고 새하얀 원피스 입은 신부 주은과 양
복 차림의 신랑 상식 입장하고…. 사회는 종후, 몇 개의 테이블에
양가 부모, 가까운 친척 몇 명, 주혁, 우진을 비롯한 몇 명의 친구
들 앉아 박수 치며 환호한다.

일동	우우!!! /이쁘다! (소리 지르고)
상식/주은	(V자 그려 보이고)/(부끄러워 어쩔 줄 모르는)
종후	네, 신랑 신부 동시 입장에 이어 혼인서약서 낭독 및 맹세가 있겠습니다.
주은	(준비해 온 서약서 들고 낭독하는) 하나, 나 차주은은 남편 오상식

이 편히 쉴 수 있는 나무 같은 아내가 되겠습니다.

상식   (감격에 벌써 눈물 그렁) 둘, 나 오상식은 아내 차주은의 말에 늘 귀 기울이며… (울먹) 때로는 사랑하기 어려운 그 순간까지도 끝까지…. (말 못 이으면)

주은   (왜 울고 난리야… 하는 표정. 장갑 낀 손으로 눈물 찍어주는)

종후   (농담) 네… 신랑이 제 친군데요…, 저런 소녀 감성, 진짜 꼴 보기 싫네요.

사람들   (하하… 유쾌하게 웃고)

주혁/우진   (나란히 앉아 웃다가, 서로 보며 미소 짓는다)

하객들 축하받는 상식과 주은. 우진, 휴대폰으로 사진 찍는다.

우진   (주은에게) 예쁘다, 주은아! 완전, 레알, 진심.

주은   고마워. 너도 예쁘다 오늘. (하곤 울컥한 상식 보며) 아, 고만 좀 울어…! 팔려 오냐? 내가 진짜 남들 보기 남사스러워서 진짜….

상식   (훌쩍) 엄마 얼굴 보니까 막 눈물이 나는데 그럼 어떡해….

주혁   그래. 오늘 울 거 다 울고, 내일부턴 웃기만 해. 내 동생도 많이 웃게 해주고.

상식   고맙다, 주혁아. 내가 진짜 너한테도… 마음의 빚이 많다, 진짜…! (울컥하는데)

종후   (와서) 야야, 그만 울고…. 신랑 신부 가서 사진 찍어! 사진!

주은/상식   뚝하고, 가서 사진 찍자. 어? /(끄덕끄덕, 마음 추스르고 가는)

종후   아이그… 저게 애 아빠란다, 저게. 애가 애를 키우게 생겼네. (하다가 주혁 툭 치며) 너도 아주 얼굴에 웃음꽃이 폈다? 그러게 진작 잘해보라니까.

주혁   (무안) 내, 내가 뭐. 그럼 좋은 날 우냐?

종후   짜식, 부끄러워하긴. 어쨌든 축하한다, 인마. (우진 보며) 축하해요, 우진 씨. 세상에… 인연은 손가락끼리 빨간 실로 묶여 있는 거라 더니! 솔직히 잘 어울린다. (상식, 주은 보며) 저 둘도 잘 어울리고.

우진	네, 고맙습니다, 대리님! (활짝 웃는데)
주혁	우진아, 잠깐만. (우진 손목 잡고 주혁 부모 쪽으로 데리고 가는)
우진	(갑작스러운 상황에 당황한 채 끌려가는)
주혁	(부모한테) 엄마, 아버지, 여기… 요즘 제가 만나는 친구예요. (우진 보며) 우리 엄마, 아빠.
주혁 모	어머, 어머! 진짜구나. 안 그래도 아까부터 니 아빠하고….
주혁 부	내가 긴 거 같다니까 니 엄마가 자꾸 아닐 거라고….
주혁 모	(우진 손 덥석 잡으며) 고마워요, 아가씨. 정말 고마워…. 우리 주혁이 구제해줘서.
우진	(손 잡힌 채) 아니에요, 어머니. 제가 더 감사해요, 대리님 낳아주셔서.
주혁 모	세상에, 어쩌면 이렇게 말도 예쁘게 해…. 이러려고 니가 그동안 그렇게 혼자 지냈구나. 이 인연을 만나려고…. (감격에 겨운)
종후	(와서) 자, 가족분들 와서 사진들 찍으세요. 이쪽으로 모이세요.

(컷) 포옹한 채 개구진 표정 짓는 상식과 주은 모습에서 사진 스틸!
행복한 상식과 주은, 주혁과 우진, 환하게 웃는 종후, 다섯 명 모습에서 스틸!
꿀 떨어지는 눈빛으로 서로를 보는 주혁과 우진 모습에서 스틸!

6. 공원 (밤)

결혼식 끝나고 데이트 중인 우진과 주혁. 손 꼭 잡고 걷는다.

우진	피로연 사진은 한 장도 못 건질 것 같아. 상식 씨 눈이 너무 부어서.
주혁	그러니까. 못난 짓은 혼자 다 해요, 자식.
우진	윤 대리님이랑 둘이 구석에서 눈물 훔치는 거 다 봤거든요.
주혁	(무안) 종후가 먼저 울었거든. 난 쪼끔 고일락 말락 한 거야, 그냥.
우진	(피식, 걸어가며) 오늘 상식 씨랑 주은이… 참 좋아 보이더라. 결

혼이란 게… 그게 어떻게 보면 되게 무서운 선택 같거든. 생판 남남인 남녀가 만나서 서로 맞추고 이해하고, 같이 살아내야 된다는 게 말이야…. 얼마나 현실적인 갈등이 많을까 싶은데, 두 사람은 그걸 다 이겨낼 아주 딴딴한 신뢰와 애정이 있어 보여서….

주혁 (고개 끄덕끄덕) 맞아, 나보다 아량이 넓어 주은이는. 어릴 때부터 그랬어. 그리고 상식이는 선량한 놈이고. 둘이 아주 천생연분이야.

우진 노력하면 돼, 꼭 천생연분이 아니라도.

주혁 맞아, 노력해야지. 노력할게. (보는)

우진 치… 그걸 어떻게 믿어. 한 번 버린 놈이 두 번 못 버릴까.

주혁 (당황) 아, 그 얘긴 안 꺼내기로 했잖아. 다 지난 일을 뭐하러….

우진 안 꺼낼 수가 없지. 두고 두고 꺼내고 또 꺼내고, 우려먹고 또 우려먹어야지. 보통 일을 했어, 자기가? (하다) 왜, 말 나오니까 또 후회돼? 마침 딱 오늘이네, 8월 31일! 어떻게, 지금이라도 500원짜리 동전 하나 구해줘…?!

주혁 (곤란하니까 딴청, 하늘 보며) 와… 달이 밝긴 밝네. (앞서가는)

우진 이보세요! 어디 달이 보여, 아직 보이지도 않는구만. 차주혁 씨! (쫓아간다)

주혁 (내빼듯 도망가고)

우진 (쫓아가 잡고, 티격태격하는)

(컷) 벤치. 나란히 앉아 하늘의 달 쳐다보는 주혁과 우진.
#. 밤하늘 인서트 - 드디어 달, 두 개로 갈라진다. (C.G)

우진 와… 두 개다….

주혁 그러게…. 진짜 두 개다….

우진 진짜 이제… 그날로 돌아가고 싶은 마음 없어? 다른 어떤 날로도?

주혁 어, 없어. 지나간 시간 돌아보는 거 이제 안 해. 앞만 보고 갈 거야… 너랑.

우진 (보며) 응, 그게 맞아. 우리 미래는 우리 힘으로 만들어가야지.

주혁	오케이. 당분간은 원 없이 연애부터 하고…?
우진	콜! 바라던 바예요. 안 그러면 내가 너무 억울하지! 추억은 소중한 거니까. (웃는)
주혁	(손 꼭 잡은 채 두 개의 달을 올려다본다)
우진	(역시 올려다보는)
주혁/우진	(다시 우진 보며 다가가 키스하는)/(달빛 아래 키스하는)

7. 도로 (밤)

칠흑 같은 어둠 속에서 도로를 질주하는 한 대의 차.

8. 차 안 (밤)

운전대 꽉 쥔 손에서 줌아웃하면…. 운전자, 다름 아닌 우진 모 주치의다.

의사	그래, 밑져야 본전이다…. 한번 믿어보자, 까짓 거. 과거로 가든 내가 환자가 되든, 둘 중에 하나는 되겠지…. (하고는 오른손에 들고 있던 500원짜리 동전을 꽉 움켜쥔다)

#. 동전 인서트 - 발행년도 2002년 C.U 된다.

9. 다음 날/우진의 집 마당 (낮)

(우진)	엄마, 나 먼저 출근한다! 저녁때 봐! (현관문 열고 뛰어나오는)

10. 우진의 집 앞 (낮)

우진 대문 열고 나오는데, 주혁이 토스트와 음료수 사 와서 들고 서 있다.

우진   어…! (반색) 차주혁이다…!

주혁   안녕? 서우진.

우진   언제부터 와 있었어요? 전화를 하지….

주혁   얼마 안 됐어. 한… 2, 3, 4, 50분? (걸어가며 봉지 내미는) 아침 안
먹었지?

우진   뭐야? (음료수 받고 토스트 꺼낸다) 어, 토스트다! (꺼내서 한입 베
어 문다) 음… 완전 맛있어. (주혁에게 내미는)

주혁   (한 입 베어 물려는데)

우진   (휙 가져와서 또 먹는…. 장난치고는 좋다고 킁킁 웃는다)

주혁   (그런 우진이 귀여워서 피식, 웃는다) 하여튼 예나 지금이나, 장난
엄청 좋아해, 서우진.

우진   내가 쫌, 고런 경향이 있지. 근데… 우리 사귀는 거 지점에 언제
얘기해?

주혁   얘기해야지. 하자, 오늘. (웃으며 손잡고 가는)

11. 은행 회의실 (낮)

회의 중인 직원들. 커밍아웃 앞둔 주혁은 사뭇 긴장된 표정이다.

지점장   아, 그리고 변 팀장, 해정산업 건은, 어디까지 진행됐나?

변 팀장   서류 작업은 마쳤고요, 이따 오후에 김환 데리고 공장 실사 나갈
생각입니다.

환   (깜짝) 제가요?

지점장   그래, 김환도 슬슬 배워야지. 언제까지 서류 작업만 할래? 다른
보고 사항 없고?

변팀/장팀   네, 없습니다. /수신도 없습니다.

지점장   오케이, 그럼 오늘 하루도…. (마무리하려는데)

주혁	저기, 지점장님, 제가 다 계신 데서 드릴 말씀이 하나 있는데요…. 좀 사적인 건데….
우진/종후	(침 꼴깍, 마음의 준비 하는)/(오…, 하는 표정으로 보는데)
지점장	저기, 내가 먼저 말할게. 주말 내내 나도 생각해봤는데 말이야…, 저번 회식 자리 건이랑 차 대리 일은… 내가 잘못했어, 오지랖이 었어. 인정해.
주혁/우진	네?! /(뜨악, 놀라서 보면)
지점장	나야 둘이 잘됐으면 해서 그랬지만, 아무리 취지가 좋았어도 당사자가 곤란했으면 그건 실수인 거지. 이 자리를 빌려서 정식으로 사과할게. 차 대리, 미안해.
주혁	아, 아뇨. 그러실 필요….
지점장	아냐, 진짜 미안해. 내가 나잇값을 못했어. 이건 어디까지나 차대리 개인 가치관이고 사생활인데, 비혼 의지가 그렇게 확고한 줄은 몰랐어, 내가. 존중해줘야 마땅하지. 이제부터 절대로 차 대리한테 여자 얘기 안 꺼낼게.
변 팀장	그래, 말씀 듣고 보니까 나도 반성되네. 미안하다, 차 대리.
장팀/향/혜	미안해. /죄송해요./저희 좋은 뜻에서 그랬어요. 화 푸세요. (우르르 사과하는)
주혁	(갑자기 이구동성으로 그러자 말문 막힌다)
환	그래도 이렇게 단체로 사과를 하시면 우진 선배 입장이 뭐가 돼요…?
지점장	아, 그렇게 되나? 그럼 서우진 씨한테도 내 사과할게. 미안해.
변/장/향/혜	미안하다./미안해./미안해요./기분 나쁘게 할 의도는 없었어, 미안해.
우진	(당황) 아뇨, 전 뭐. …괜찮은데…. 흐흥…. (애매한)

12. 은행 옥상 (낮)

주혁과 우진, 누가 볼까 경계하며 옥상으로 나온다.

주혁	(우진 보며, 은밀하게) 아무래도 지금은 타이밍이 좀 아닌 것 같지…?
우진	어, 아닌 것 같아….
주혁	아…! 빨리 말하긴 해야 되는데, 불편하게.
우진	왜, 해보니까 비밀 연애도 은근 스릴 있던… (하다가 아차! 해서 보는)
주혁	스릴 있었어? 언제…? (찌릿! 알면서 물어보면)
우진	(딴청) 어우, 근데 여기 뭐가… 묻은 거 같은데…? (주혁 얼굴 닦아주는 척하는데)
종후	(나오다가 멈칫하는)
주혁	(야리며) 미안하면 눈치껏 조용히 좀 가든가!
종후	그래 주고 싶은데 상황이 상황인지라…. (보며) 우진 씨, 밑에 어머니 오셨는데…?
우진	(놀라) 어, 엄마요? 우리 엄마?!

13. 은행 객장 (낮)

종후 앞세워 우진과 주혁, 서둘러 객장으로 내려온다. 우진 모, 창구에서 적금 가입 신청서 쓰고 있다.

우진	(놀라) 엄마…! 웬일이야 연락도 없이…?
우진 모	웬일은…. 딸이 처음으로 영업점 일을 한다는데 엄마가 되어가지고 어떻게 가만있어. 적금 한두 개는 들어줘야겠다 싶어서… 겸사겸사. (하다가 주혁 보고 놀란다)
주혁	(뜨끔한 표정)
우진 모	(알아보는) 맞죠? 그 알짜…, 아니 우리 고객님! (반색하는)

(컷) 직원들 모여서 우진 모가 사 온 빵이며 간식 먹고 있다.

지점장	적금 가입만도 감사한데 이렇게 간식까지 사 오시고…. 너무 감사합니다, 어머니.
우진 모	아니에요, 요깟 게 뭐라고…. 다음에는 더 맛난 걸로 사 올게요. 주변에도 내가 벌써 엄청나게 홍보해요. 카드고 대출이고 다 여기서 하라고.
장팀/변팀	어머, 너무 감사해요. /아이구 우리 대출까지…. 우진 씨가 누굴 닮아 이렇게 적극적인가 했더니… 이야…! 바로 어머니 쪽이었구나.
우진 모	네, 그런 소리 많이 들어요. 성격에 생긴 거까지 아주 판박이라고.
일동/종후	(말문 막히는데)/(얼른) 아… 그러게요! 완전 닮았어요 두 분. 하하…!
우진 모	많이들 먹어요. (주혁 보며) 우리 고객님도. 어떻게, 화장품은 잘 쓰고 계시고?
주혁	아, 네, 잘… 쓰고 있습니다. 진짜 괜찮더라고요….
우진	(피식, 주혁이 그 알짜 고객이었다는 사실에 기분 좋은)
우진 모	그죠? 괜찮죠? 없어서 못 파는 크림이거든, 그게. (쇼핑백 쓱 올려놓으며) 안 그래도 제가, 우리 여직원분들 위해서 샘플을 좀 챙겨 왔어요. (화장품 꺼내며) 이게 이번에 새로 들어온 라인인데, 자 하나씩들 받으세요. (돌리면)
장팀/혜/향	(좋아하는) 어머, 정말요?/와, 감사합니다!/웬일이야!
우진 모	이게 오가닉이라 참 순하고 좋아. 나랑 우진이도 이거 쓰거든요. 얼마나 안전하면 먹어도 된다 그러겠냐고.
지점장	오…! 남자 건 없나? (신기한 듯 보는)
장팀/혜/향	(신난) 정말! 향료도 안 들었네./오가닉 써보고 싶었는데!/나도, 나도!
우진 모	그러니까! 근데 그중에서도 제일 좋은 건, 가격이에요. (얼른 본품 꺼내는) 그 샘플의 본품이 바로 요건데, 단돈 8만 원이면 세트를 가져가실 수 있어요. 세상에, 어디서 오가닉 화장품을 8만 원에 사, 안 그래요?

여자들	아… 예…. (그게 목적이었구나)
우진 모	(주혁 보며) 전에 우리 고객님도 구입하셨지만…, 이게 한 세트에는 8만 원, 두 세트에는 7만 원, 세 세트면 팩도 끼워드리거든. 어때세요? (눈 빛내며 보면)
장팀/혜/향	그래도 화장품은 향이 좀 나야…/새로 산 지 얼마 안 돼서…/전 오가닉이 살짝 좀 안 맞아서…. (시선 피하며 내려놓는)
지점장	(아차 싶어 얼른 내려놓는데)
환	(이참에 점수 따려는) 저 주세요! 저 로션 살 때 됐어요!
일동	(놀라서 환 본다)
환	저도 쓰고 두루두루 선물도 하게…, 한 다섯 세트 정도만.
우진 모	(화색 돈다) 다섯 세트나? 어머, 어머, 어머! 젊은 친구가 시원시원한 게 너무 마음에 든다. 나이가 어떻게 돼? (급관심 보이는)

14. 우진의 집 거실 (밤)

우진 모, 우진, 마주 앉아 클렌징크림으로 화장 지우고 있다.

우진 모	(얼굴 문지르며) 세상에, 그 알짜 고객이 너네 지점 사람이었다니… 어쩜 이런 우연이 다 있니 그래.
우진	(기분 좋은) 글쎄… 그게 진짜 우연일까나? 난 모르겠네.
우진 모	뭐래…? (하다) 근데 그 사람, 일은 야물딱지게 하니? 사람이 너무 좋아도 문젠데, 그거…. 아까도 보니까 좀 어리버리한 게, 영 미덥지가 않던데 남자가.
우진	(펄쩍) 무슨 소리야…! 보기만 그렇지 얼마나 일을 잘하는데, 성실하고. 엄마가 그 사람의 숨겨진 카리스마를 못 봐서 그래. 완전 짱이거든?
우진 모	(갸웃) 카… 리스마랑은 거리가 좀 먼 스타일 같던데. 외려 고 신입이라는 애, 얼굴 요만 하니…. 걔가 애는 옴팡질 거 같더만. 사는 형편도 괜찮아 보이고.

우진	으… 우리 엄마 속물 다 됐어, 암튼! 딱 보고 사는 형편까지 파악하셔?
우진 모	그것도 노하우야, 기지배야. 하루아침에 되는 건 줄 알아?
우진	네, 알아모시겠습니다! (하고는) 근데… 인상은 어때? 엄마 스타일이지?
우진 모	누구, 신입?
우진	아니, 그 대리님. 알짜.
우진 모	뭐… 잘은 생겼지, 깎아놓은 밤톨마냥. 정 가게도 생겼고.
우진	그치, 정이 막 용솟음치지. 어디서 본 거 같고, 내 사위 같고.
우진 모	아우, 아냐, 사윗감은 아냐. 어디 가 사기나 안 당하면 다행이지. 너무 착해도 못써.
우진	착하면 좋지 뭘…. (삐죽거리는데 휴대폰 벨 울린다. 발신자 보고 반색한다. 눈치 보며 안방으로) 네, 접니다. 말씀하십시오…. 아 그러십니까? 네네….
우진 모	(보며) 웬 다나까…? (갸웃하는)

15. 우진의 집 안방 (밤)

불 꺼진 방. 우진 모 누워 잠 청하는데…, 옆에서 엎드려 누운 채 우진은 계속 누군가와 문자질이다. 얼굴엔 행복한 미소가 가득하다.
#. 문자 인서트 - '엄마가 자기보다 환 씨가 더 맘에 든대.'
'진짜? 그럴 리가…. 가습기 하나 더 살걸 그랬나? ㅠㅠ'

우진	(큭… 웃으며 다시 문자 답장 보내면)
우진 모	(힐끗 보며) 아 뭐 해…? 안 자…?
우진	(쳐다보지도 않고 문자 치며) 어, 자…. 엄마 먼저 자….
우진 모	아, 옆에서 계속 부스럭대는데 어떻게 자. 누구랑 그렇게 문자질인데…?
우진	(건성) 어… 친구, 친구….

우진 모	야밤에 친구랑 뭔… (하다가) 너 혹시 요새 누구, 만나는 남자 있어…?!
우진	어? (뜨끔, 모친 보며) 아니, 남자는 무슨…. 그냥 친구라니까.
우진 모	친구 누군데? 이름.
우진	이름? (갑작스러운 질문에 당황) 아… 주… 은이. 차주은이라고 있어….
우진 모	주은이? 못 듣던 이름인데…? (의심스럽다는 듯 보면)
우진	아, 몰라, 있어. 거, 과년한 딸 사생활을 뭘 그렇게…. 적당히 모른 척합시다. 예? (하고는 이불 훅 뒤집어쓰고 이불 속에서 문자 보내는)
우진 모	(보며) 뭐가 있긴 있구만…. 누구야 대체…? (궁금한)

16. 다음 날/은행 객장 (낮)

마감 중인 객장. 변 팀장, 일어나며….

변 팀장	자, 시재도 아주 딱딱 맞고 우리 역대급으로 일찍 퇴근 좀 해볼까?
일동	좋아요!/앗싸! (맘 바뀔까 부리나케 짐 챙기는)
환	(바로 휴대폰 거는) 야, 다 모였냐? 아니. 나 갈 수 있을 거 같은데? (하는데)
주혁	(환 힐끗, 트집 잡는) 야, 환. 너 내가 시킨 미납 고객 리스트 정리, 다 했어?
환	예? 아… 쬐끔 남았는데, 내일 일찍 출근해서 후딱 하려고.
주혁	후딱 할 수 있는 걸 왜 내일로 미뤄? 그거 안 좋은 버릇이야. 마무리하고 가.
환	(입 나온 채) 네…. (하곤) 야, 이따 다시 연락할게. 어…. (끊는)
변 팀장	그럼 김환이는 야근 당첨이고 어떻게, 우리끼리 간만에 한잔 할까?
장팀/항/혜	전 콜입니다./저도 좋아요!/안주 맛있는 걸로!
우진	(주혁과 눈 맞추곤) 아… 마음은 굴뚝 같은데 하필 오늘 집에 일

이 좀 있어서….

주혁   (보며) 저도 오늘은 컨디션이 좀… 죄송합니다. 다음에 하는 걸로.

종후   (두 사람 보며) 그럼 한잔은 다음에 하고 오늘은 각자 찢어지죠. 저
         도 와이프 좋아하는 쭈꾸미 볶음이나 사 가서 점수 좀 딸랍니다.

변 팀장   그래? 에이, 그래 그럼. 오늘은 날이 아닌갑네, 다음에 합시다, 다
         음에.

우진/주혁 (다행이다 눈빛 주고받는)

17. 레스토랑 (낮)

마주 앉은 주혁과 우진. 테이블 위에는 막 나온 스테이크 놓여 있다.

주혁   종후가 여기 맛있다고 추천을 하더라고. 아, 내가 잘라줄게.
         (우진 접시의 스테이크 잘라주려는데 잘 안 된다)

우진   쯧쯧… 내가 할게. 이건 힘이 아니라 기술로 해야 되거든요. (자르
         며) 근데 아까 환 씨한테 왜 그랬어요? 괜히 막 갈구는 거 같던데?

주혁   내가? 아닌데, 진짜 잘못해서 혼낸 건데.

우진   진짜? 혹시, 엄마가 환 씨 더 마음에 든다 그래서 질투한 거 아니고?

주혁   질투는 무슨, 유치하게. 나 그런 거 하는 스타일 아니거든.

우진   그래요? 아님 말고. (다 자른 스테이크 포크로 찍어) 자, 먹어봐.
         아….

주혁   아…. (입 벌리면)

우진   (입에 넣어주려다 쏙 빼고) 큭…, 이번에는 진짜. (또 빼며 장난치는)

주혁   야아…. (눈 흘기며 꽁냥거리는데)

이때 주혁 뒤쪽 입구로 장 팀장, 혜정, 향숙이 들어온다.

장팀/향/혜 여기 스테이크가 죽인다니까!/진짜요?/아우, 나 너무 기대돼!

주혁/우진 (뒤 보며) 헉!/수, 수그리! (동시에 테이블 밑으로 엎드려 숨는다)

장팀/향/혜 (다른 테이블에 앉고)

주혁/우진 (테이블 밑에서 울상하고 마주 보며) 아, 하필 왜…!/어떡해…?(주혁 보면)

주혁 (눈빛으로 빠져나가자 사인 보내는)

우진 (비장한 표정으로 끄덕끄덕하고는 몸 납작 낮춘 채 빠져나간다)

큰 화분 뒤로 몸 숨기는 주혁. 우진도 그 뒤로 숨고…, 장 팀장네 테이블 눈치 보며 우진 먼저 쏜살같이 출입문 밖으로 내뺀다. 이어 주혁, 출입문 향해 종종걸음 치며 나가려는데….

(장 팀장) 차 대리…?

주혁 !!! (그대로 굳는)

우진 (출입문 바깥, 숨어서 보며 '걸렸구나.' 안타까운 표정)

장 팀장 어머, 어머, 맞네. 차 대리!

주혁 아… 팀장님. 향숙 씨, 혜정 씨, 안녕? 또 보네? (어쩔 수 없이 다가가는)

향숙/혜정 대리님, 여기 웬일이세요?/컨디션 안 좋다 그러지 않으셨어요? 여긴 어떻게….

주혁 아, 그게… 몸이 축나서 그런가 싶어서…. 스테이크라도 먹으면 좀 나아질까 해서….

장 팀장 혼자서?

주혁 예, 혼자… 저 혼자요. 진짜 맛있더라고요, 양도 많고.

장팀/향/혜 아…. (뭐라 더 말을 못한다. 안됐다는 표정)

주혁 그럼, 드시고 가세요. 향숙 씨, 혜정 씨, 많이 먹어. 내일 봐! (내빼듯 나간다)

장 팀장 어머… 어쩜 좋니, 차 대리. 너무 짠하다.

향숙/혜정 이럴 줄 알았으면 같이 올걸. /무안해서 내빼시는 거 봐…. (안쓰러워하는)

식겁한 주혁과 우진, 함께 걸어가며….

주혁   아니… 어떻게 거기 딱, 장숙정 세 자매가 나타나냐? 와… 아직 심장 뛰어, 나.

우진   그러니까! 아… 스테이크 아까워 죽겠네, 아주.

주혁   어디 가서 뭐 다른 걸로 저녁… (하는데)

우진   (앞쪽 보며) 어! 저기 뭐 촬영하나 본데? 우리 가보자. (신기한 듯 다가서는)

주혁   ? (쫓아가는데)

길가 푸드 트럭 쪽에 카메라와 스태프들, 구경하는 사람들이 모여 있다. 패널에 〈Tnx 에드워드 강의 거리 음식을 묻는다〉 써 있고, 스타 셰프 에드워드 강이 음식 프로그램 촬영 중이다.

강 셰프   (핫도그 들고 냉철하게 평가하는. 동작 하나하나 카메라 한껏 의식하며) 비쥬얼은 괜찮네요. 색감 괜찮고, 사이즈도 적절하고. 향은… (맡는다) 쏘쏘. (하고는 케찹을 혀로 살짝 먹는다) 시판 소스네요?

주인   네, 핫도그에 케찹은 당연히….

강 셰프   (한입 먹곤 바로 찡그리며) 이거, 기름 오늘 거 아니죠?

주인   아… 예. 며칠 된 거긴 한데 잘 걸러서….

강 셰프   기름은 공기랑 닿으면 산화작용을 하고, 산화된 기름은 고소한 맛이 떨어질 뿐 아니라 발암물질을 생성해 건강에도 치명적입니다. 지금 사장님이 저한테 주신 건 음식이 아니라 암, 덩어리란 얘기죠.

주인   예? 아니….

강 셰프   (격앙!) 내가 가장 경멸하는 게 바로 이런 거예요. 아이덴티티 없으면서, 책임감까지 없는 음식! (하며 박력 있게 쓰레기통에 핫도 그 처박고는, 잠시 포즈…. 카메라 똑바로 보며) 찍었어요, 방금?

감독 아, 네.

강 셰프 오케이! 그거, 예고로 가죠. (주인에게) 왜 그러셨어요, 사장님. 웬만하면 좋게 말해드렸을 텐데. 2회에서 개선된 거 보여주면 되니까 너무 걱정은 마시고.

주혁 (구경꾼 모드) 와… 저 셰프 완전 성깔 있네…. 근데 잘생겼다, 그치?

우진 어. 근데 저 사람, 어디서 많이 본 것 같은데…? (갸웃하며 보는데)

강 셰프 (티슈로 손 닦다가 우진과 눈 마주치고는 눈 동그래진다) 어…?!

우진 ?! (뭐지? 하는 표정으로 보는)

강 셰프 (우진 쪽으로 오며) 우진이…, 서우진 맞지…?!

우진 (그제야 알아본 듯 눈 커지며) 선우 선배? 강선우 선배님?

주혁 (둘이 알아…?! 번갈아 보는데)

강 셰프 와…! 우진아, 진짜 오랜만이다. 너무 반갑다…. 하하…! (와락 안는)

우진 (박력 있는 포옹에 좀 놀랐지만, 자연스럽게) 어… 어, 나도.

강 셰프 (포옹 풀고) 이게 몇 년 만이야, 어? 나 영국 유학 가기 전에 한번 봤으니까, 한 10년 됐나? 너 엄청 예뻐졌다…?

우진 흐흐…. 선배 셰프 됐다는 말은 들었는데 티비에도 나와? 완전 유명한가 봐.

강 셰프 아니, 그냥 얼굴만 살짝 알려진 정도. 안 그래도 대학 동기들한테 가끔 니 소식 묻고 그랬는데, 어떻게 지내? (유니폼 보고) 은행 다니는구나?

우진 어, 나 KCU 은행에서 일해. 요기 가현점.

강 셰프 진짜? 야, 안 어울린다. 너처럼 덤벙거리는 애가 무슨. (하고는 '예쁘다….' 하며 본다)

스태프 장소 이동하실게요! (소리치는)

강 셰프 어… 우진아, 나 가봐야겠다. 또 보자! (머리 쓰담쓰담 하고 가는)

주혁 ! (왜 자꾸 스킨십을…? 빠직! 째려보고)

우진 (별 의식 못하고) 가, 선배! (손 흔들어준다)

19. 감자탕집 (밤)

보글보글 끓는 감자탕 국물 맛깔 나게 한입 맛보는 우진. 주혁 흘 긋 보며….

주혁   되게 친한 선배였나 봐? 아까 그 셰프…?

우진   선우 선배? 그럼, 친하다뿐이야? 대학 때 첫사랑이었잖아, 그 선 배가.

주혁   첫… 사랑…?!

우진   내가 1학년 때 봉사 동아리를 들었거든. 신입생 환영회 한다 그 래서 수업 끝나고 동아리방에 갔는데….

(* 스케줄, 상황 여부에 따라 생략 가능)

#. 회상 플래시 - 동아리방

우진, 빵 먹으며 동아리방으로 들어서는데… 창가에 비스듬히 앉 은 선우(에드워드 강), 기타 치며 노래하고 있다. 바람에 커튼 자 락 휘날리고 (slow) 그 모습에 반한 우진, 충격에 먹던 빵 떨어 뜨린다. 그런 우진을 보는 선우. 다가와 떨어진 빵 주워서 바닥에 닿은 부분 떼어내고 우진에게 건네며 씩 웃어준다.

우진   (추억에 젖어) 웃을 때 보이던 그 하얀 치아가 얼마나 잘생겨 보 이던지.

주혁   (질투한다. 갸웃하며) 별로, 그럴 정도 외모는 아니던데….

우진   왜, 잘생겼잖아. 후배들한테 인기 짱이었는데? 기타도 잘 치고. 영국으로 유학 갔다는 소리는 들었는데…. 와… 셰프가 됐을 줄 은 진짜 꿈에도 몰랐네.

주혁   (썩 기분 좋지는 않은데 티 안 내려 애쓰는)

우진   (뼈에서 살 발라 먹다가 주혁 보며) 안 먹어? 완전 맛있는데.

주혁   어? 어… 먹어야지. 와 진짜 맛있겠다. (하면서도 여전히 기분은 썩

좋지 않다)

우진, 고객 상대로 업무 중이다.

우진   (친절) 고객님, 주택청약통장 만들어드렸고요, 더 필요한 거 없
       으세요? 고객님 옷 색깔 넘 예쁘다. 완전 잘 어울리세요. (웃는)
주혁   (눈 가늘게 뜨고 그런 우진 보는)
종후   (보고) 늦게 배운 도둑질이 무섭다더니, 그렇게 좋냐? 눈을 떼지
       를 못하네, 아주.
주혁   그게 아니라… 종후야, 여자한테 첫사랑이란 뭘까?
종후   뭐긴 뭐야 인마. 말 그대로 첫 번째 사랑이지.
주혁   그치. 첫 번째 사랑이지.
종후   뭐래, 싱거운 놈. 한눈 그만 팔고 일해, 인마! 일. (주혁 고개 돌려
       주는)
(주혁) (다시 우진 쪽 쓱 보며) 그 첫사랑이 원래는 그놈이 아니라 나였는
       데….
우진   (고객 보며 활짝 웃으면)
(주혁) 그래, 누굴 탓하냐. 그 역사를 바꾼 게 바로 나인데….

이어 휴대폰으로 '에드워드 강'을 검색하는 주혁.
#. 휴대폰 인서트 - '훈남 셰프 에드워드 강, 여심 녹이는 요리 실력' '더
블루밍 키친 오너 셰프 에드워드 강, 한남동에 이어 이태원까지 점령' 등
의 기사들 뜨고… 쭉 달린 댓글. 그중 '허세가 좀 있는 거 같더라.'라는 댓
글 보인다.

주혁, 허세 댓글에 '좋아요'를 빠르게 누른다.
(E) 전화벨 소리

지점장, 의자 뒤로 최대한 젖힌 채 느긋하게 전화받는다.

지점장 　네, 제가 KCU 가현점 지점장입니다만… 네, 누구요…? 에드워드
　　　　강…. (누군지 모른다) 네, 그러신데요…? (벌떡 일어난다. 표정 반
　　　　색되며 허리가 휠 듯 조아리는) 아, 네네! 아… 네! 그럼요, 그럼요!
　　　　당연하죠. 네… 네, 네, 네!

22. 은행 객장 (낮)

직원들 각자 업무 중인데 지점장, 신나서 지점장실에서 나오는….

지점장 　서우진 씨! 우진 씨, 우진 씨!
우진　　 (일어서며) 네, 지점장님.
지점장 　우진 씨, 에드워드 강인지 뭔지 그 셰프랑 어떻게 아는 사이야?
장 팀장 　에드워드 강? 아… 최근에 러브키친인가 나와서 이슈 된 그 훈남
　　　　셰프…?
우진　　 아… 저 대학 때 동아리 선밴데요, 왜….
지점장 　대박 건수야 이거. 방금 그 사람한테 전화가 왔는데… 이태원에
　　　　가게를 몇 개 더 낸다고, 대출 상담을 하고 싶대요. 그것뿐이 아
　　　　니야. 자기 직원들 급여 통장을 싹 다 우리 은행으로 바꾸고 싶다
　　　　고, PSB를 보내달래. 서우진 씨로 콕 찍어서.
주혁　　 ! (순간 열이 확 뻗친다. 우진 보는)
향숙/혜정 어머, 어머, 어머! 진짜요?/ 그 셰프 완전 대세잖아, 요새. 인기 짱
　　　　이던데.
우진　　 그래요? 제가 티비를 잘 안 봐서.
변 팀장 　아주 각별한 사이였나 보네. 이렇게 콕 찍어서 실적 올려줄 정도면.
환　　　 그러게요. 선배도 잘 두고 볼 일이네.

지점장	어쨌거나 대박 왕거니예요, 아주. 우진 씨, 이따 그 레스토랑으로 파출 갔다가 퇴근해. 아! 자영업 대출 상담은 차 대리 담당이니까 차 대리도 같이.
주혁	(촉이 안 좋다, 딴생각하는)
종후	(툭 치며) 뭐 하니, 이 차 대리야. 지점장님 말씀하시잖아.
주혁	네? 아 네… 알겠습니다. (표정 관리하려 애쓰는)
우진	(해맑게 주혁 보며 '아싸, 같이 외근한다!' 하며 좋아하는 표정)

23. 레스토랑 외경 (낮)

(우진)	안녕하세요? 저 KCU 은행에서, 강 셰프님 뵈러 왔는데요….

24. 레스토랑 (낮)

우진과 주혁 홀 가운데 서 있고, 오픈 키친 안에서 선우는 요리 중이다. 직원이 옆에서 뭐라 뭐라(손님이 오셨다) 말하는데… 선우, 우진 의식하면서도 '나 일에 열중 중…!'이라는 듯 윅질만 한다.

주혁/우진	뭐야, 오라고 해서 왔더니./잠깐 기다려봐요, 요리 중이잖아….
직원	셰프, KCU에서 오신 분들 아까부터 기다리시는데….
선우	(그제야) 뭐…? (하고는 홀 쪽 내다본다. 집중하느라 이제야 깨달았다는 듯 나오며) 아, 우진이 왔구나! 몰랐네, 일하느라. (자뻑 어린)

(컷) 주혁과 우진 앉아 있고… 강 셰프, 음료 두 잔 내려놓으며 앉는다.

강 셰프	우리 가게 시그니처인 홍시 주스, 일명 마약 주스. 아마 자꾸 생각날걸, 나처럼?
우진/주혁	(농담으로 받는) 그럴까 봐 겁나네./(이 꽉 깨물고) 잘 마시겠습니

다….

강 셰프   (주혁 보며) 이분은…?

우진   (소개하는) 아, 우리 지점 대출계 차주혁 대리님. 오늘 대출 상담 해주실.

강 셰프   아… 반갑습니다. 에드워드 강입니다. (손 내민다)

주혁   차주혁입니다. (악수한다. 손에 힘주는)

강 셰프   (움찔하지만, 밀리지 않으려 역시 힘주는…. 묘한 긴장 오가는데)

우진   (둘러보며) 근데 가게 진짜 예쁘다. 여기가 본점인 거야? 가게가 대체 몇 개야?

강 셰프   아냐, 몇 개 안 돼. 한남동에 세 개, 강남 쪽에 세 개. 이태원에 한 두어 개 열 거고, 도쿄, 오사카 쪽도 얘기 중이고…. 뭐 그 정도.

우진   도쿄, 오사카까지? 대박이다, 선배.

주혁   (작게 우진에게) 거기는 얘기 중이라잖아, 그냥, 얘기.

우진   그래도 그게 어디야? 인기도 짱이라며. 우리 여직원들이 아주 난리더라?

강 셰프   글쎄, 난 워낙 방송 반응 같은 거에는 관심이 없어서. 뭐… 팬카 페인가 뭔가 생겼다는 소리는 들었는데…. 애니웨이. (별거냐는 듯 어깨 으쓱해 보이는)

우진   오… 다 가진 자의 여유?

강 셰프   (손사래 치며) 야, 하지 마. 다 가지긴 무슨….

주혁   (끼어든다) 저기, 일 바쁘실 텐데 빨리 용건부터…. (서류 내밀며) 자영업 대출 관련 상품은 여기 있는 것들이 대표적인데, 일단 한 번 읽어보시고…. (하는데)

강 셰프   (말 끊으며) 참, 근데 너 어디 살더라? 아직 보은동 그쪽 사나?

주혁   (말 끊기고 무안하다. 우진 보는데)

우진   오… 선배, 어떻게 기억을 해? 하긴, 선배들이 내 주사 꽤 받아줬 었지, 그때.

강 셰프   그래, 인마. 그때 너 업느라 굽은 허리가 아직까지 쑤신다. 내가 입 열면 아마… 너 시집도 못 갈걸? 갈 생각은 있나 모르겠다만.

(떠보는)

우진   에이, 왜 흉한 과거 얘기를 꺼내고 참…. 시집이야 가야지 당근. 왜 안 가. (웃는)

주혁   (동물적인 촉으로 강 셰프의 호감을 감지한다. 속이 부글부글 끓는 듯)

25. 우진의 집 골목 (밤)

주혁, 우진 집 앞까지 바래다주는 길이다.

우진   사람이 성공을 하면 캐릭터까지 달라지나? 예전엔 말수도 적고 낯도 가리는 스타일이었는데…. 와, 말이 아주 청산유수더라. 방송을 타서 그런가?

주혁   그런 환경 영향도 있겠지. 근데….

우진   응?

주혁   사람이 원래 허세가 좀 있는 거 같던데…. 과시욕이라고 해야 하나.

우진   그래? 난 그냥 자신감으로 보이던데. 잘나가는 건 사실이니까 뭐.

주혁   잘나간다고 다 그러냐? 우리 선배들 중에 잘나가는 사람 쎄고 쎘는데 다들 얼마나 겸손한데. 결국 다 인성인 거지. 아까 봤잖아, 말투도 그렇고 일부러 막…. 원래 남자는 남자가 보는 게 정확한 거다, 너?

우진   그래? 그런가?

주혁   뭐, 아님 말고. 내가 잘못 본 걸 수도 있고. (괜히 쿨한 척하는)

우진   (끄덕끄덕) 그건 그렇다 치고…. (애교) 주말에 우리 뭐 해?

주혁   어? 어, 뭐… 만나서 영화나 볼까? 아니면 어디 등산이라도….

우진   내가 집으로 놀러 갈까? 맛있는 것도 해 먹고, 영화도 집에서 보고.

주혁   (!) 집? 우리 집?

우진   그럼 우리 집에서 놀게요? 그럴까, 엄마랑 같이?

주혁   아, 아니, 아냐. 우리 집, 우리 집으로 와. (하며 침 꼴깍 삼키는)

315

#. 창문 활짝 열어젖히는 주혁.
#. 여기저기 널브러져 있는 빨랫거리 뭉쳐서 세탁기에 쑤셔 넣고
#. 침대보 털어 정리하고, 탈취제도 뿌리고
#. 장 봐 온 것들 냉장고에 보기 좋게 정리해 넣고
#. 손 탁탁 터는 주혁. 둘러보면⋯ 그럭저럭 깔끔해졌다. 만족스러운 표정
(E) 초인종 소리

우진, 다시 초인종 누르려는데⋯ 현관문 획 여는 주혁.

주혁   왔어? (상기된 표정으로 웃으며)

우진 들어오며 휘 둘러본다. 주혁은 괜히 좌불안석이다.

우진   깨끗하네. 청소했구나?
주혁   어⋯. (하다가 얼른) 아니, 아닌데. 원래 이 정도는 해놓고 사는데.
우진   그래? 그렇다 치고 그럼. (보며) 우리 뭐 해 먹어, 근데⋯?

(컷) 옆구리 터진 김밥 몇 줄 말아져 있고 주혁, 김밥 썰고 있다. 우진은 가스레인지 앞에서 라면 끓이는 중이다.

주혁   (김밥 썰다가) 아⋯ 햄을 너무 많이 넣었나 봐. 옆구리가 다 터졌어.
우진   원래 옆구리 터진 김밥이 제일 맛있는 거거든요? 음⋯! 김밥에

라면, 완전 탁월한 메뉴 선정이야. (주혁 보고) 다 끓었다. (가스
불 끄고 라면 식탁으로 옮긴다)

주혁   (싱긋 웃으며 김밥 접시 그 옆에 옮겨놓는데)

이때 식탁 위 우진 휴대폰 벨 울린다. 주혁 보면, '선우 선배'다.

주혁   ?! (앤 주말에 왜 또…?! 미간 찌푸려지는)
우진   (보고) 어, 선우 선배네. (받는) 어, 선배, 웬일이에요? 아니, 지금
       친구 집인데? (창가로 가며 통화하는) 아… 직원 중에…? 그래도
       신분증은 꼭 필요한데. 스캔을 해서 보내줘도 좋고요…, 응. 또
       뭐? (듣고) 아, 자유적금요? 직원들 복지 엄청 신경 쓰나 보다, 선
       배. 자유적금은…. (통화 계속되는)

(diss) 그대로 식어 불어버린 라면. 말라가는 김밥. 우진, 통화는
계속되고 주혁의 표정은 점점 굳어간다.

우진   (통화 중) 적금은 계약 기간을 유지해야 약정 금리를 주지만, 펀
       드는 중간에 수익이 나면, 환매수수료 없는 경우에는 중도 해지
       해도 그 수익률을 가져갈 수 있어요. 상품 한번 찾아볼게요, 내
       가. (하다가) 글쎄, 몇 시에 헤어질지는 모르겠는데…. 이따 전화
       할게요. 응…. 오케이. (전화 끊고 뛰어오는) 어머, 어떡해, 어떡
       해…! 미안. 라면 다 불었지? 그냥 먹고 있지….
주혁   (성난) 그렇게 통화를 하고 또 전화를 해? 뭔 할 얘기가 그렇게
       많길래?
우진   아니, 펀드 하나 가입하고 싶은데 뭐가 좋을지 모르겠다 그래
       서… 수익률 뽑아보고 다시 통화하기로 했어. 어떡해, 미안…. 라
       면 다시 끓일게 내가.
주혁   (기분 안 좋은) 됐어, 그냥 먹어…. (김밥 집으며) 아니 뭔 급한 일
       이라고 쉬지도 못하게 말이야…. 정 궁금하면 평일에 지가 은행

을 오든가…!

우진   바쁘잖아 워낙. 또 아는 후배고 하니까….

주혁   아는 후배면 뭐, 니가 지 개인 관리사야? 사람이 매너가 똥이야, 아주.

우진   (눈치 보는) 에이, 왜 그래, 자기답지 않게…. 화 많이 났어?

주혁   (발동 걸린) 화가 날 수밖에 없잖아, 상황이…. 지금 통화를 몇 분 했는 줄 알아? 30분이나 했어. 그걸 왜 다 들어주고 있어? 나중에 얘기하자 딱 끊음 되지.

우진   그렇게 길게 할 줄 알았나…. 그리고 상품 문의하는데 어떻게 딱 끊어.

주혁   왜 못 그래? 하면 하지! 서우진 원래 똑 부러지잖아!

우진   (슬슬 화난다) 아니, 근데 왜 소리를 질러 아까부터?! 아니, 다른 것도 아니고 일로 통화한 건데, 그게 그렇게 화낼 일이야, 지금?

주혁   그냥 일이 아닌 거 같으니까 그렇… (하다 멈추는) 아, 됐어. 그만 하자.

우진   (누르며) 그래요, 그만해. 황금 같은 주말에 왜 이런 걸로 싸워야 돼, 우리가?

주혁   알았어. 먹자, 옆구리 터진 김밥. (다시 김밥 집는)

우진   (피식) 터지게 만 게 누군데. (하고는 김밥 집어 먹는다. 화해 분위기로 가는 듯한데)

주혁   (먹으려다 또 궁시렁) 아니, 근데 통화하면서 왜 그렇게 웃어? 별로 유머 감각도 없더구만 그 자식….

우진   (순간 빡친다. 들고 있던 젓가락 식탁 위에 탁!!! 놓는다)

29. 주혁 원룸 복도 (낮)

화가 난 우진, 나와 현관문 탁! 닫고 씩씩거리며 가버린다.

후회막급인 표정으로 현관 앞에 서 있는 주혁. 현관문 보며…,

주혁　　아… 마지막 말은 하지 말았어야지…. 참지 좀…. (휴대폰 꺼내 전화 걸까 말까 망설이는데… 이때 전화벨 울린다. '우진인가?' 해서 얼른 보는데 '상식'이다. 심드렁하게 받는다) 어, 상식아….

(상식)　(들뜬 목소리) 주혁아, 형님…! 나 신혼여행 갔다 왔다!!!

상식, 며칠 새 먼지 쌓인 트럭 여기저기 닦고 있고 불려 나온 주혁과 종후, 테이블 앞에서 음료수와 맥주 마시고 있다.

종후　　그래서, 신혼여행은 재밌었고?

상식　　재밌긴. 주은이가 가자마자 입덧이 시작돼가지고 먹고 토하고 먹고 토하고, 괜히 나도 덩달아 먹고 토하고 먹고 토하고…. 신혼여행이 아니라 먹토여행이었다니까, 완전. 지금 녹초돼서 집에 누워 있어. 안쓰러죽겠어.

종후　　다 과정이다. 출산 날 돼봐라, 아파하는 거 보면 내가 대신 낳아주고 싶지.

상식　　그러게. 난 벌써 막 가슴이 찢어지려고 해. (하는데)

주혁　　휴우…. (땅이 꺼져라 한숨 쉬는)

상식/종후　(보며) 뭐야, 이 밑도 끝도 없는 한숨은…?/왜, 너 뭐, 우진 씨랑 싸웠냐?

주혁　　(정곡을 찔렸다, 아니라고 말 못하는)

상식/종후　에이, 싸웠네 싸웠어./하긴, 슬슬 싸울 때 됐지. 왜? 뭐 때문에 싸웠는데?

주혁　　됐어….

319

상식/종후	아, 뭔데! / 말해봐, 인마! (채근하면)
주혁	(한숨 쉬며) 아니, 그 우진이 선배… 에드워드 강인지 뭔지….
상식	에드워드 강…? 그 셰프가 우진 씨 선배야? 걔 요새 완전 핫하던데!
종후	어제 우진 씨랑 같이 파출 업무 갔었잖아. 뭔 일 있었어?
주혁	아니, 어제는 대충 얘기됐는데, 주말인데 자꾸 일 핑계로 전화를 하는 거야. 솔직히 내가 모르나? 그냥 일 때문인지 흑심이 있는지? 백퍼, 아니 이백퍼 후자야.
상식	그건 아마 모르긴 몰라도 니 촉이 맞을 거다.
종후	그럼. 동물적으로 감지되는 더듬이 같은 게 있지, 또 연인 사이에는. (주혁 보며) 그래서 싸웠구나 우진 씨랑? 우리 주혁이가 질투의 화신이 돼가지고.
주혁	야… 질투는 무슨. 나 그런 거….
상식	안 하는 스타일이라고 하기만 해봐, 입을 확 찢어버릴 테니까.
주혁	(입 꾹 다문다. 뻘쭘한 표정 지으면)
종후	야, 그러지 말고 그냥 풀어. 막말로 우진 씨가 매력이 넘치니까 남자도 꼬이고 그러는 거지, 그게 뭐 우진 씨 죄냐? 야 먼저 풀어…. 풀어, 풀어!
주혁	(종후 말도 일리가 있다. 그래야 되나 싶은데)
상식	그래 풀어라, 야…. (눈치) 그리고 화해하면…, 그 〈에드워드 강, 거리 음식을 묻는다〉에서 우리 트럭 한번 와달라고, 빽 좀 써주면 안 되나, 우진 씨가…?
주혁/종후	아오! (순간 손 나가는)/어어…! (말리는)

32. 다음 날/은행 외경 (낮)

33. 은행 객장 (낮)

영화 티켓 두 장 예약하는 휴대폰 화면에서 줌아웃하면… 주혁
이다. 예매 완료한 주혁, 자리에서 영업 준비 중인 우진 눈치 보

고 있다.

우진　(때마침 파쇄용지함 들고 일어난다)
주혁　! (동시에 얼른 파쇄용지함 들고 일어나는데)
장 팀장　우진 씨, 잠깐만 나 좀.
우진　네. (파쇄용지함 도로 두고 장 팀장 자리로 간다)
주혁　아…. (파쇄용지함 들고 우물쭈물하는데)
환　어, 버리시게요? 제 것도요! (주혁 파쇄용지함에 자기 파쇄용지함
　의 종이 털어 보태는)
주혁　('이 자식이…!' 찌릿 째려보곤 다시 우진 눈치 살피는데)
우진　(장 팀장한테 페이퍼 받아, 주혁 한번 휙 흘겨보고는 복도 쪽으로 간다)
주혁　(파쇄용지함 놓고 슬쩍 따라간다)

34. 은행 복도 (낮)

우진 페이퍼 들고 가면, 주혁 뒤쫓아 따라잡으려는데… 화장실에
서 향숙, 혜정 나온다.

우진　어, 잘 만났다. 안 그래도 물어보려고 그랬는데….
향숙/혜정　뭐요?/뭔데?
우진　(페이퍼 보여주며) 이거 팀장님한테 새로 받은 고객 명단인데…,
　지난번에 문자 발송한 건이랑 겹치는 부분 있나 해서요….
향숙/혜정　어디어디./봐요. (같이 들여다보는)
주혁　(숨어서 지켜보다가 지금은 때가 아니다 싶은지 객장 쪽으로 되돌아
　간다)
(장 팀장)　민수 씨, 셔터 내리자!

어느새 마감 업무 중인 가현점 직원들. 아직도 타이밍을 잡지 못한 주혁, 이제나저제나 우진 쪽 눈치만 보다가 안 되겠는지, 휴대폰 꺼내 '우진아, 잠깐만 탕비실로…' 문자 치고 있는데…, 지점장, 지점장실에서 통화하며 나온다.

지점장	아유, 저희야 영광이죠! 예예, 인원수 파악해서 바로 연락드리겠습니다. 옙!
	(끊고) 자, 주목! 갑작스럽지만 오늘 전체 회식을 좀 해볼까 하는데 말야.
직원들	오늘… 요?/아…. (싫은 눈치 주고받는)
혜정/향숙	(얼른) 저… 죄송한데, 전 오늘 집안 행사가 있어 가지고…./저도….
장 팀장	자기들은 무슨 집안 행사가 맨날…. (하곤) 점장님, 전 진짜 행사가 있거든요?
지점장	그래, 오늘은 자유야. 오기 싫으면 다 빠져들. (하고는) 참고로, 오늘 회식 장소는 에드워드 강이 하는 한남동 레스토랑이다.
직원들	(화색) 네?!/정말요?!
지점장	에드워드 강 씨가 우리 직원들 전부 초대했어. 오늘 계약서에 사인도 하고, 거래 튼 기념으로 저녁 식사나 대접하고 싶다고.
주혁/종후	!!! (놀라는)/!!! (주혁 보는)
혜정/향숙	어머, 거기 예약하려면 한 달은 기다려야 되는데…./웬일이니 웬일이니!
변 팀장	아니 뭐, 비싼 데서 꽁밥 먹으니 좋긴 한데… 왜 그렇게까지….
장 팀장	우진 씨 덕분 아니겠어? 후배 챙기는 거지 뭐. 아우, 우진 씨, 땡큐!
지점장	어! 장 팀장 가시게? 집안 행사 있다며?
장 팀장	아우, 점장님, 집안 행사만 중요한가요. 회식도 직장 행사인데…. 호호… 안 그래들?

혜정/향숙 그럼요! 백 번 지당하십니다./우진 씨, 땡큐요!

환   (삐죽거리며) 난 쫌 취지가 의심스러운데…. 안 내킨다.

주혁   (역시 안 내킨다. 아니 불쾌하다)

지점장   (못 말린다는 듯 웃곤) 자 그럼, 다들 가는 거지? 에브리바디….
        (하는데)

주혁   (손들고) 전 빠지겠습니다. 선약이 있어서요.

종후   (주혁 툭 친다) 야, 대출 진행 니가 다 해놓고 왜…? 사인한다잖아.

주혁   (고집스러운 표정) 사인만 하면 끝나잖아. 너도 있고 팀장님도 계
        시고.

우진   ('꼭 그렇게까지…?!' 마음에 안 드는 듯한 표정으로 주혁 보는)

36. 레스토랑 외경 (밤)

37. 레스토랑 (밤)

        음식들 가득 차려져 있는 테이블 앞에 마주 앉은 직원들과 에드
        워드 강. 대출 서류에 멋지게 사인 날리고… 장 팀장, 혜정, 향숙
        눈빛이 초롱초롱하다.

지점장   거래해주신 것도 감사한데 이렇게 초대까지… 너무 감사해서….

장 팀장 (내숭 톤) 예뻐서 손을 못 대겠어요! 어쩜 이렇게 플레이팅이 예
        술일까.

강 셰프 그게 제가 추구하는 음식이에요. 푸드에도 스타일이 있거든요.
        내가 내는 요리가 곧 내 얼굴이다….

혜정/향숙 저기… 죄송한데 사진 한 장만 같이./이따가는 바쁘실까 봐요.
        (다가서는)

강 셰프 아, 난 요쪽 프로필이 더 잘 나와요. (위치 조정해 서는)

우진   주세요. 제가 찍어드릴게요. (휴대폰 받아 여러 컷 찍는)

강 셰프 (누르는 순간 얼굴 뒤로 훅 빼서 본인이 제일 작게 나오게 하곤) 줘

봐. (사진 보며) 어, 이게 젤 잘 나왔네. SNS에는 요걸로 올려요.
(웃는)

변팀/환   (보며 못마땅) 참… 팬미팅이 따로 없네…/제 말이요….

종후   (주혁 대신 감시하듯 보며 '저놈 저거 보통 아니네….' 하는 표정)

38. 영화관 (밤)

커플석에서 혼자 뻘쭘하게 영화 보고 있는 주혁. 주변 자리는 죄
다 커플. 영화보다 연애질하느라 꽁냥꽁냥, 난리다. 주혁, 영화가
눈에 안 들어오는 듯 계속 자세 바꾸며 집중 못하는데…, 이때 지
잉…. 문자 메시지 진동 울린다. 주혁, 휴대폰 화면 불빛 때문에
주변에 피해 안 가게 최대한 가리고 휴대폰 확인한다.

#. 휴대폰 인서트 - '야, 여기 분위기 심상치 않다 - 종후'
'에드워드 강 진짜 우진 씨한테 마음 있는 듯 ㅠ - 종후'

휴대폰 닫고 정면 보는 주혁. 마음은 불안감에 요동을 친다. 애써
무시하고 버텨보려고 하지만, 결국 참아내지 못하고 벌떡 일어선
다…!

39. 레스토랑 (밤)

강 셰프와 가현점 직원들, 식사 거의 마쳐가는 모습. 그 와중에
우진은 주혁에게 '어디야…?' 문자 치고는 보내? 말아…? 갈등 중
인데.

강 셰프   어떻게, 음식들… 은 입에 당연히 맞으셨을 테고 양은 안 모자라
시는지.

지점장   아유, 아닙니다. 아주 양껏 잘 먹었습니다.

장 팀장   에피타이저까지 정말 완벽해요. 예약하기 진짜 힘들다던데 또 오

고 싶음 어떡해….

강 셰프　저한테 다이렉트로 연락 주세요, 자리 빼드릴게요. 우진이 동료
　　　　　분들인데 그 정도야. (애정 어린 시선으로 우진 보면)

우진　　　오… 감동. 학연이 이렇게 득이 될 때가 있긴 있구나. (농담으로
　　　　　넘기려는데)

환　　　　그냥 학연이라고 하기엔 살짝 과한 면이 있는 거 같은데. (비꼬면)

일동 지점장　(표정, 그렇게 느낀)/(습…! 하지 말라는 듯 환에게 눈 부라리는데)

강 셰프　(웃으며) 저분 말이 맞죠. 그냥 선후배 간의 정이면 좀 오버긴 하죠.

직원들　　!!! (저게 무슨 소린가… 놀라는데)

우진　　　(상황 모르고, 계속 테이블 밑으로 휴대폰만 보며 정신 팔려 있다)

해정　　　(우진 툭, 치면)

우진　　　예? 왜요? (그제야 고개 들고 보는)

강 셰프　(뭔가 말하고 싶은 듯 우진 지그시 본다)

우진　　　(무슨 상황인지 감 못 잡고 어리둥절하다)

종후　　　(저 자식이 설마 지금…?! 주혁에게 황급히 '야, 비상비상!' 문자 보
　　　　　내려는데)

문 벌컥 열리며, 숨이 턱까지 찬 주혁이 뛰어 들어온다.

종후　　　! (놀라서 보고)

우진　　　!!! (더 놀라서 보는)

직원들　　(보며) 어, 차 대리!/대리님 웬일이세요?/약속 있으시다더니….
　　　　　(하는데)

주혁　　　(헉헉거리며… 마저 걸어 들어와 우진 손을 덥석 잡는다)

우진　　　!!! (손 잡히곤 눈 똥그래져서 주혁 보면)

주혁　　　(헉헉) 우리 사귑니다…. 서우진 씨랑 저… 만나고 있습니다!!!

일동　　　(놀란 표정인데)

강 셰프　(분위기 파악하고 얼른) 아… 하하! 어쩐지…. 아… 그래서 처음
　　　　　봤을 때도 둘이…. 와우, 콩그레추레이션! (쿨한 척 오버하며 박수

치는)

40. 거리 (밤)

주혁과 우진 나란히 걸어간다. 서로 괜히 뻘쭘한 듯 우진도 주혁
힐끗, 주혁도 우진 힐끗….

우진   (다시 힐끗 보곤) 아까….

주혁   (보면)

우진   쫌… 남자더라. 살짝… 섹시했어….

주혁   섹시는 무슨….

우진   치…. (주혁 곁눈질하고 웃는. 슬쩍 손잡으며) 밥은 먹었어?

주혁   (투정 부리듯 절레절레)

우진   밥도 안 먹고 뭐 했어, 이 시간까지? 가자! 먹으러.

주혁   너 먹었잖아….

우진   별로 안 먹었어. 그 집 음식이 나랑 좀 안 맞더라고.

주혁   (그 말에 기분이 좋다. 헤벌쭉 웃으면)

우진   아! 우리 그거 먹으러 갈까?

41. 분식집 (밤)

벽면 군데군데 낙서되어 있는 예의 그 분식집. 즉석 떡볶이와 돈가
스 놓여 있고…, 우진, 포크로 돈가스 찍어서 주혁에게 건네준다.

우진   자, 먹어요.

주혁   오케이. (받으며) 돈가스는 이렇게 먹어야 맛있지. (한입 베어 먹는)

우진   아무렴요. (다른 한 덩이 포크로 찍어서 역시 한입 베어 먹고는)
               음… 역시. 눈이 돌아가서 뒤통수에서 딱 만날 정도로 맛있어.

주혁   으이그. (웃으며 티슈로 우진 입가에 묻은 소스 닦아주고)

우진	으유. (역시 티슈로 주혁 입가 소스 닦아주는)
주혁	(우진과 이렇게 마주 앉아 있는 것만으로 행복하다. 미소 짓는데)
우진	아, 맞다! (가방에서 펜 꺼내) 우리도 흔적을 남겨야지! (벽에 펜으로 낙서한다. '서우진 차주혁 왔다 가다. 2018년 9월')
주혁	(우진 펜 빼앗아 '왔다 가다' 앞에 '다시' 써 넣고, 하트도 그리고 웃는다)

42. 주혁 우진 연애 몽타주 (시간 경과)

#. 은행 객장 입구 (낮)
나란히 출근하는 밝은 표정의 주혁과 우진.

주혁/우진	(밝은) 안녕하십니까!/좋은 아침입니다!
장 팀장	뭐야, 이젠 대놓고 동반 출근이야?
변 팀장	왜, 질투나? 정 그럼 어떻게, 아침에 어디서 만나 같이 출근해줘?
장 팀장	(싫지 않으면서) 뭐래…? 오지랖도 병이야 진짜….
종후	(장난) 아… 누군 왕년에 사내 연애 안 해봤나. 법으로 금지를 시키든가 해야지….
환	(주문 외듯) 안 부럽다 안 부럽다 안 부럽다…, 하나도 안 부럽다…. (하며 서류 보고)
주혁/우진	(웃으며 하이파이브하고, 각자 자리로 간다)

#. 객장 창구 (낮)
진상 고객 상대 중인 우진.

우진	신분증 없이는 처리 불가능하거든요. 고객님, 진짜 죄송합니다.
남자	아, 한 번만 쫌 해달라고! 왜 이렇게 융통성이 없어 직원이…. 개 씨XXXX!
우진	! (욱해서 한마디 하려는데)
주혁	(어느새 와서) 고객님, 방금 뭐라 그러셨어요? 개 씨XXXX라니, 지금 이 친구한테 욕하신 거예요? 아니 고객이면 뭐, 직원한테

막 욕하고 그래도 되냐?!

남자   뭐야 이 새낀 또…?!

주혁   나? 이 여자 애인이다. 왜, 떫냐?! (멱살 잡으려는데)

종후/우진 (양쪽에서 그런 주혁 말리는)

(주혁)   어어! 안 돼, 안 돼!!!

    #. 우진 차 안 (낮)

    주혁, 우진 운전 연수시켜 주는 중. 주혁, 창문 위쪽 손잡이 꼭 붙
    들고 있다.

주혁   (애써 웃으며) 우진아, 너 운전이 너무 거칠어. 이거 습관 되면 진
        짜 큰일난다. 그러니까 내가 연수시켜줄 때 고치자, 어? 제발 천
        천히… 여유롭게….

우진   오케이, 여유롭게!

주혁   자, 백미러 사이드미러 한 번씩 확인하고. 앞에 방지턱 있지? 속
        도 줄이고. 속도, 속도…. (하는데 못 줄여 결국 덜컹!)

우진   아이쿠, 미안. 못 줄였다.

주혁   (화 누르며) 그러니까 우진아, 운전할 땐 최대한 침착해야지. 너
        무 급하잖아.

우진   나도 침착하고 싶지. 근데 마음대로 잘 안 되는 걸 어떡해.

주혁   알았어, 이제 속도 좀 줄이고…. (하는데)

우진   (속도 못 줄이고 달리다가 신호에서 급브레이크 밟는. 끼익!!!)

주혁   (몸 앞으로 확 쏠리고는, 열 받아 버려) 그러게 내가 속도 줄이랬잖
        아! 참 사람 말을 귓등으로도 안 듣고 말이야! (씩씩거리면)

우진   (보며) 아, 자꾸 화를 내? 그럴 거면 연수시켜주질 말든지!!!

주혁   니가 해달라며! 그래 놓고 말을 너무 안 듣잖아.

우진   아, 됐어, 하지 마! 드럽고 치사해서 진짜…. 나 돈 내고 받을 거
        야. 하지 마!

주혁   야, 또 뭘 그렇다고…. 알았어. 미안해. 다시 하자, 어?

328

우진	(버티다가, 못 이기는 척 출발하는)
주혁	슬로우… 슬로우… 좋아. 슬로우…. (하다 또 급브레이크 끽! 앞으로 훅 쏠린다)

#. 우진의 집 근처 골목 (밤)
어두운 골목, 손잡고 오는 주혁과 우진. 헤어지기 싫은 표정.

우진	(아쉬운) 울 동네가 원래 이렇게… 코딱지만 했나? 어떻게… 한 바퀴 더 돌아?
주혁	아냐, 너 구두 신었잖아. 발 아파, 안 돼.
우진	알았어. 가, 그럼. (하고는 주혁 입술에 뽀뽀 쪽 해준다)
주혁	(역시 우진 입술에 뽀뽀 쪽)
우진	(그걸로는 아쉽다는 듯이 여러 번 쪽쪽쪽 하는데)
(우진 모)	그러다 입술 닳겠다, 닳겠어.
주혁/우진	! (놀라서 떨어지며 돌아보면)
우진 모	('잘하는 짓이다….' 하는 표정으로 보고 서 있다)
주혁	(당황) 아, 안녕하세요…, 어머니. 전에 주신 영양크림 아주 잘 쓰고 있습니다.
우진 모	그래? 오래도 쓰네. 그때가 언젠데, 참….
주혁	제품이 너무 좋아서, 조금만 발라도 효과가 엄청 좋더라고요, 하하! (그러다 '뭔 헛소리냐' 싶어 얼른) 그럼 다음에 뵙겠습니다. 우진아, 갈게. (서둘러 가려는데)
우진 모	저기, 이봐요.
주혁	! (돌아보는) 네…?!
우진 모	(보며) 들어가 밥이라도 한 끼… 하고 가든지.

43. 우진의 집 거실 (밤)

소박하게 차린 밥상 앞에 주혁, 우진, 우진 모 앉아 있다. 주혁은

329

다시 우진 모의 밥상을 마주하니 감회가 새로운 표정이다.

우진 모   뭐 해요? 안 들고. (하고는) 내 다른 뜻이 있는 건 아니고…, 그래
          도 내 VIP 고객인데… 그냥 보내는 건 좀 아닌 거 같아서… 오해
          는 하지 말고….

주혁   아, 예… 압니다…. (얼른 수저 들고 국 한술 뜨는데… 익숙한 그 맛
          이다…!)

우진 모   어때, 먹을 만한가? 양지 고기 육수 내서 끓인 건데.

          #. 회상 플래시 - 과거 우진의 집 거실. 주혁 국 떠먹으면

우진 모   (보며) 어때, 차 서방? 맛있나? 양지 고기 육수 내서 끓인 건데.
주혁   와…! 진짜 대박 맛있는데요, 장모님? (환하게 웃는)

          다시 현실. 괜히 뭉클해지는 주혁.

주혁   네… 진짜 대박 맛있습니다, 장모… 아니 어머님…. (환하게 웃어
          보이는)
우진   (주혁의 감정을 알 듯도 하다. 역시 뭉클해서 보는)
우진 모   입에 맞다니 다행이네. 자, 이 갓김치도 좀 먹어보고. (갓김치 집
          어서 주면)
주혁   (한 수저 가득 푼 밥 위에 갓김치 올려 먹는다. 맛있게 먹는다)
우진 모   (흐뭇하다) 보기보다 밥을 참… 맛있게 먹네. 그래, 그래야 복이
          있지. 자, 이 멸치도. (멸치 얹어주면)
주혁   (또 한 수저 가득 퍼 멸치와 함께 먹는다. 열심히 먹는다)
우진   아, 엄마, 좀 천천히…. 그러다 체하겠어. 솔직히 아까 저녁도 먹
          었는데….
주혁   아냐, 먹을 수 있어. 두 그릇, 세 그릇도 가능해. 내가 어머니 갓김
          치를 얼마나 좋아하는데….

우진 모   내 갓김치를 어떻게…? (하다가 우진 째려보며) 어쩐지, 반찬이 자꾸 비더라….

우진   아니, 내가 퍼다 줘서 아는 게 아니고… 그런 게 있거든. 엄마는 기억 안 나겠지만.

우진 모   시끄러워, 기지배야, 넌 나중에 얘기해. (째리고는 주혁 보며 다시 미소) 많이 먹어요, 갓김치 더 줄 테니까. 먹어, 먹어.

(우진)   (찰싹) 아! 아…! 아퍼!

44. 우진의 집 안방 (밤)

우진, 우진 모한테 등짝 맞는다…. 주혁 가고 난 직후다.

우진 모   (때리며) 반찬이나, 빼돌리고, 이, 나쁜, 기지배!

우진   아, 아파! 그런 거 아냐…. 숨은 진실이 또 있다니까!

우진 모   진실 같은 소리 하고 있네. 내가 동네 창피해서 진짜…. 아니, 뉘 집 딸내미인지 다 아는구만, 야밤에 연애질하느라 동네에서 쪽쪽 거리기나 하고 그냥…!

우진   야밤이니까 쪽쪽거리지, 대낮에 쪽쪽거리면 더 이상하지 않아…?

우진 모   확 그냥! 말은 한마디도 안 져, 아무튼.

우진   (애교스럽게 옆으로 붙으며) 그래서, 마음에는 드셨나? 아까 보니까 반찬도 요래 요래 얹어주고…, 싫진 않은 거 같던데?

우진 모   아, 시끄러워! 그럼 사람 불러다 놓고 구박하리?

우진   에이, 그래서 그런 게 아닌 거 같던데. 마음에 안 들 리가 없는데.

우진 모   마음에야… 안 들지는 않지. 근데… 그때도 말했지만 사람이 너무 착해 보여서….

우진   아, 착한 게 뭔 탈이냐고…. 못된 거보다 낫지, 안 그래?

우진 모   그건 그렇지. 근데… 나이는 몇인데? 좀 들어 뵈는 거 같던데…. 부모님은 뭐 하시고?

우진	아이구야, 우리 엄마 호구 조사 들어가셨네. 부모님 살아계시고, 대전에서 분식집 하시고, 여동생 하나, 시집은 갔고. 또 뭐, 궁금한 거 다 물어봐.
우진 모	건강은 하지? 눈빛은 총명하니 건강해 뵈던데.
우진	어, 건강해. 아주 벽에 똥칠할 때까지 살 거 같아. 됐어? 우리 엄마 아주 당장이라도 시집 보낼 기세네. 그동안 어떻게 참았대?
우진 모	(다시 등짝 스매싱) 그럼 나이가 몇 갠데! 몇 갠데! 결혼 안 할 거야, 기지배야?!
우진	아, 연애 중이잖아 지금…! 결혼을 하자고 해야 하지!!!

45. 다음 날/은행 금고 (낮)

주혁, 시재통 넣고 있는데… 우진, 시재 들고 들어온다.

주혁	어, 이리 줘. (얼른 받아 자리에 넣어주며) 어우, 오늘은 꽤 무겁네.
우진	오늘 유난히 잔돈이 많이 들어와서. (힐끗 보며) 아까 둘이 손 꼭 잡고 환전하러 온 커플, 봤어? 왜, 커플티 맞춰 입고….
주혁	어, 봤어. 왜?
우진	아니… 둘이 신혼여행 간다고 같이 환전하러 온 게 너무 좋아 보여서.
주혁	여행 가고 싶어? 둘이 휴가 맞추기 쉽지 않을 텐데.
우진	아니, 여행이 가고 싶다기보다…. ('말로 해야 아나? 결혼! 이 남자야…!' 하는 듯 쳐다보면)
주혁	(못 알아듣는 척) 아니면 당일이라도 어디 갔다 올까? 춘천?
우진	(답답하다) 됐어. 혼자 잘 다녀오세요, 춘천이든 개천이든. (하고는 나가버린다)
주혁	(피식, 웃으며) 춘천 싫으면 강릉? 부산? 어디 가고 싶은데? (쫓아 나가는)

마감 직전의 한산한 시간. 우진 시재 맞추다가 주혁과 눈 마주치
는데… 주혁, 얼른 시선 피한다.
우진 '뭐지…?' 갸웃하고 다시 일 몰두하는데…. 주혁, 주변을 한
번 슥 살피고는 서랍에서 통장 꺼낸다. 긴장되는 듯 '후우….' 심
호흡하고는 통장 들고 우진 자리로 간다.

주혁   흠! 서우진 씨…?
우진   (보며) 네, 차 대리님?
주혁   이거… 통장 정리 한번 해줄래요?
우진   지금 시재 맞춰야 되는데…. 웬만하면 ATM기 가서 좀 하시죠.
주혁   (버티는) 아… 좀 해주지? 얼마나 걸린다고. 해서 나 갖다 줘요.
      (통장 책상 위에 놓고는 얼른 자리로 간다)
우진   (보며) 아… 바쁜데 진짜…. (할 수 없이 통장 들고 기계에 넣는다.
      잠시 후, 통장 정리 다 돼서 나오고, 빼서 확인하는데) !!! (눈 동그래
      져 들여다본다)

#. 통장 인서트 - 통장 프로포즈 이벤트
그동안 프로포즈를 위해 매달 100만 원씩 입금한 주혁. 입금자명 여섯
글자 이용해, 결혼하자는 메시지 이어서 적은 게 찍혀 나왔다.
'먼길을돌아서/다시만난우리/백번돌아가도/내선택은너야/사랑해우진
아/나랑결혼해줘/♥♥♥♥♥♥'

우진   (놀라서 주혁 보면)
주혁   (모르는 척 일하다가, 우진 쪽 쳐다본다. 눈 마주치자 씩 웃는다)
우진   (어이없기도 하고 감동이기도 하다. 웃으며 손가락 까딱까딱)

      우진 걸어오고…, 주혁은 졸졸 뒤따라온다.

우진   (갑자기 홱 뒤로 돌면)

주혁   (생글거린다. 칭찬받으려고 기다리는 강아지 눈빛으로 우진을 바라
           본다)

우진   (통장 내보이며) 뭐야? 이거 지금 프로포즈야?

주혁   (끄덕끄덕) 이제 같이 잠들고 같이 일어나고, 그랬으면 좋겠어서.
           왜, 연애 더 하고 싶어?

우진   아니… 너무 감동스러워서. 인터넷 열심히 서치했구나, 그치?

주혁   (찔끔하는) 아니, 인터넷에서 본 게 아니라… 그냥 살짝 참고만
           하고, 거기다 내 아이디어를 좀… 그 문장들은 다 내 머릿속에서
           나온 거야. 진짜야.

우진   (웃는) 알아. 그런 문장을 누가 생각해내겠어, 당신 말고.

주혁   (뻘쭘하다. 미소 지으면)

우진   (통장 주머니에 챙겨 넣으며) 돈은 꼭 필요한 데 요긴하게 쓰는 걸
           로 하고…. 근데 이걸론 좀 모자라는데?

주혁   뭐, 돈이?

우진   아니, 프로포즈. 실은 내가 30여 년 넘게 꿈꿔오던, 일종의 로망
           이랄까? 내가 꼭 받고 싶어 하던 프로포즈가 있거든. 해줄 거야?

주혁   뭔… 데…? (예감이 안 좋다. 뭔가 불안한 표정)

      (E) 드드드드… (기계의 벨트 돌아가는 소리)

48. 놀이공원 (낮)

      잔뜩 겁먹어서 얼굴 하얗게 질린 주혁 얼굴에서 줌아웃하면…,
      막 오르막길 진입 중인 롤러코스터에 앉아 있다. 주혁, 손잡이 꽉
      잡고 경직된 채 앉아 있고, 우진은 그 옆에 들뜬 표정으로 앉아

있다.

우진   (소리치듯) 내가 옛날부터 꿈꿔왔던 게 바로 이거거든! 머리가 쭈
       뼛 서게 짜릿…한 프로포즈!!!
주혁   (완전 얼음 된 채 공포로 제정신 아닌 듯)
우진   (드드드… 더 올라가자) 와우…! (즐겁다)
주혁   우, 우진아…, 진짜 꼭… 이렇게까지 해야 돼…? 내가 지상에서
       백만 배 짜릿하게….
우진   어어… 정상 얼마 안 남았다. 이제 준비해, 준비…. (앞쪽 상황 살
       피며) 아직 아니야. 아직, 아직… 아직 아니야…. (거의 다 올라온)
주혁   (눈 질끈 감는다)
우진   (딱 정상에 올라선 순간) 지금이야!!! (외친다)
주혁   (눈 부릅뜨고) 우진아, 사랑해! 나… 나, 나랑 결혼해줘!!!

       외침과 함께 급하강하는 롤러코스터. 으아악…!!! 비명 지르는 주
       혁과… '꺄악! 좋아! 나도 사랑해!!!' 소리 지르며 신난 우진 모습.

49. 놀이공원 일각 (낮)

       오바이트하려는 듯 손으로 입 막고 멘붕인 채 벤치에 앉아 있는
       주혁. 우진 물 사 들고 와 내민다.

우진   괜찮아? 아직도 속 니글거려?
주혁   (고개 끄덕끄덕하고는, 뚜껑 열고 물 마신다. 조금 진정된 듯)
우진   (업된 표정으로 그런 주혁 보며) 고마워, 진짜. 완전 감동이었어.
       세상에 나보다 더 액티비티한 프로포즈 받은 여자는 없을 거야.
주혁   당연히 없어야지…. (욱!) 아, 자꾸 토 나오려고 해….
우진   (무시하고) 아, 진짜 기분 죽인다. 오케이, 콜! 결혼해줄게, 내가!
주혁   (보며) 뭐?

우진   결혼해준다고 차주혁이랑. 결혼하자고, 우리.

주혁   진짜?!

우진   진짜지, 그럼. 완전 레알 진심!!! (하고 보면)

주혁   (우진을 와락 안으며) 와, 나 결혼한다! 서우진이랑 또 결혼한다 아!!!

우진   (안긴 채 팔짝팔짝 뛰며 좋아하는 모습 위로)

두 사람의 결혼을 축하하듯 불꽃과 폭죽 터지고 (C.G), 멘델스존 〈축혼 행진곡〉 울려 퍼진다.

50. 주혁의 집 외경 (낮)

자막 - 3년 후

(E) 알람 소리

51. 주혁의 집 안방 (낮)

마구 울려대는 알람. 한 침대에서 험하게 자고 있는 주혁과 우진. 둘 사이에 두 살배기 아들이 자고 있고 옆의 아기 침대에 갓난아기도 잠들어 있다. (*1회와 동일한)
알람 계속 울리자 주혁 잠결에 손 뻗어 <u>끄고</u>…. 잠시 후, 동시에 눈 번쩍 뜨는 주혁과 우진.

주혁/우진 (우진 보며) 몇 시야…?/8시. 아이 씨! 망했다…!
벌떡 일어나는 두 사람. 서로의 뒷덜미를 잡으며 먼저 욕실 차지하려고 실랑이하는 모습에서 스틸.
15화 엔딩.

336

16
화 ☾

☾

아
는

——

해
피
엔
딩

드드드… 소리 내며 올라가는 중인 롤러코스터.

우진   어어… 정상 얼마 안 남았다. 이제 준비해, 준비….(앞쪽 상황 살
             피며) 아직 아니야. 아직, 아직… 아직 아니야…. (거의 다 올라온)

주혁   (눈 질끈 감는다)

우진   (딱 정상에 올라선 순간) 지금이야!!! (외친다)

주혁   (눈 부릅뜨고) 우진아, 사랑해! 나… 나, 나랑 결혼해줘!!!

우진   오케이, 콜! 결혼해줄게, 내가!

주혁   (보며) 뭐?

우진   결혼해준다고 차주혁이랑. 결혼하자고, 우리.

주혁   진짜?!

우진   진짜지, 그럼. 완전 레알 진심!!! (하고 보면)

주혁   (우진을 와락 안으며) 와, 나 결혼한다! 서우진이랑 또 결혼한다
             아!!!

우진   (안긴 채 팔짝팔짝 뛰며 좋아하는 모습 위로)

불꽃과 폭죽 터지고 (C.G), 멘델스존 〈축혼 행진곡〉 울려 퍼진다.

3. 전화 연결 - 3년 후/주혁의 집 안방 (낮)

마구 울려대는 알람. 한 침대에서 험하게 자고 있는 주혁과 우진. 주혁, 잠결에 손 뻗어 알람 *끄고*…. (디졸브) 동시에 번쩍 눈 뜨는 주혁과 우진.

주혁/우진   (보며) 몇 시야…?/8시. 아이 씨! 망했다…! (일어나 앞다퉈 욕실로 가려는데)

주혁   (멈칫 서며) 맞다! 내가 알람 한 시간 일찍 맞춰놨다. 못 일어날까 봐.

우진   (보며) 진짜? 그럼 지금 7시 좀 넘은 거라고?

주혁   (고개 *끄덕끄덕*)

순간 약속이나 한 듯 침대로 점프하는 두 사람. 다시 껴안고 잠든다.

4. 주혁의 집 거실 (낮)

주혁, 옷도 못 갈아입은 채 아이들 유치원 가방 챙기랴 옷 입히랴 정신없다. 주혁, 아들 붙잡고 양말 신기며….

주혁   한 짝만 일단 신자, 응? 한 짝만…! (그러고는 안방 향해) 우진아! 멀었어?

우진   다 됐어, 다 됐어! (안방에서 준비 마치고 달려 나온다. 머리에 롤 말고 있다) 터치, 터치!

주혁   (터치, 양말 넘기고 안방으로 들어가며) 가방 챙겼어! 수저만 넣으면 돼!

우진   어어! (하곤) 빨리 하자, 아들! 말 잘 들으면 엄마가 저녁때 오므라이스 해줄게.

주혁	(안방에서 셔츠 입다 말고 고개 훅 내밀곤) 진짜?
우진	(어이없어 웃으며) 아, 빨리 옷이나 입어! 버스 도착 10분 전이야!
주혁	아, 알았어! (도로 쏙 들어가는)
우진	(서둘러 옷 입히며) 9분 30초 전!

5. 주혁의 집 앞 (낮)

어린이집 버스 막 떠나려는데….

우진	잠깐! 잠깐만요, 아직! (차 두드리며) 아직요, 선생님!
선생님	(차 다시 서고, 문 열리며 내리는)
우진	죄송해요, 선생님! 좀 늦었죠? (뒤쪽 보며) 여보! 빨리, 빨리!
선생님	아, 안 오시는 줄 알고….
주혁	(앞으로 아기띠 매고, 한 팔로 아들 안고 달려온다) 아유, 죄송합니다, 선생님. (아기띠 빼며 아들에게) 지훈아, 쌤 말씀 잘 듣고. 당근 가려내지 말고 꼭꼭 먹고, 알았지? 아빠가 이따 변신 소방차 만들어줄게!
선생님	(아이 둘 받고) 출근하세요, 어머님, 아버님.
주혁/우진	얘들아, 안녕! (아이 둘에게 뽀뽀하는)/잘 놀고, 이따 봐!

선생님, 한 손으로 아기 안고 한 손에는 큰 아이 손 잡고 차에 탄다. 문 닫히고, 차 출발한다. 그제야 겨우 한숨 내쉬고 서로 쳐다보는 주혁과 우진.

주혁/우진	!!! (순간 현실 직시) 아, 씨…!/지각이다…!(다시 정신없이 뛰기 시작하는)

허겁지겁 뛰어오는 우진과 주혁, 시간 보고 '죽었다' 하는 표정.

우진　　어떡해… 15분 늦었어. 그러게 왜 알람은 일찍 맞춰놔 가지고….
주혁　　더 잘 땐 지도 좋아해놓고. 어쩌냐? 쌍으로 지각하면 눈총 장난
　　　　아닐 텐데.
우진　　(잠시 생각. 주혁과 눈 마주치고는 '그거?' 하듯 눈썹 찡긋한다)
주혁　　(알아들었다. 비장하게 끄덕끄덕하는)

직원들 각자 자리에서 왔다 갔다 하며 업무 준비 중인데…. 주혁
과 우진, 빈 종이컵 들고 주혁은 다른 손에 종이 한 장 들고 보며
업무 얘기 나누는 척 자연스럽게 들어온다. (옷과 가방은 ATM기
에 이미 은폐한 상태다)

주혁　　(서류 가리키며) 여기, 이 업체도 금리 특인번호 받아야 되는 거지?
우진　　그럼요. 본점 전화해서 협의하고 특인번호 받아야죠. (자리로 가
　　　　려는데)
(종후)　스톱… 스톱, 스토웁!
주혁/우진　(멈칫. '아…!' 눈빛 주고받는)

팀장석에서 일어나 다가오는 종후. 책상 위에 '팀장 윤종후' 명
패 있다. 목에 건 사원증에는 '가현점 대부계 팀장 윤종후' 쓰여
있다.

종후　　고대로 있어, 고대로. (다가선다. 장난스러운 표정으로 두 사람 스
　　　　캔하며) 어디서 많이 본 시나리오네, 이거? 그러니까 벌써 출근은

했고, 두 내외가 여유롭게 커피 한 잔 사 들고 들어왔다, 이거지 지금?

주혁 (이 시키가…!) 뭐… 그렇지… 요?

종후 일단 우진 씨는 못 먹는 커피잔부터 내려놓으시고. 보자, 보자! (종이 가져가려는)

주혁 (안 뺏기려고 손에 힘주고 버티다 뺏긴다)

종후 이야… 비상연락망을 보면서 특인번호를 얘기해? 엄청난 능력자들이시네. 딴 지점 같으면 벌써 찢어놓았을 텐데, 우리가 마음이 약해서 편의를 봐줬더니만, 아주 훌륭한 부부 사기단 나셨어? (깐족거린다)

주혁 (눈치 보며, 종후에게만 들리게) 어이 윤 팀장…, 적당히 하지이…?

종후 어허! 하늘 같은 팀장한테 어디 눈깔을 희번덕거리고…! (깐족) 그러게 누가 빽하면 월차 내고 휴직계 내고 방황하래? 그것 때문에 늦어진 거 아니야, 승진이…!

주혁 (이게 아픈 데를 찔러?! 하듯 눈 부라린다)

변 팀장 (부지점장석-기존 지점장석 옆 책상-에 앉아) 윤 팀장, 대충 넘어가라…. 아침부터 뭘 따지니 덥게. 가 앉아, 얼른. 앉아.

주혁 아 네. (종후 놀리듯) 들으셨죠? 부지점장님 명이라. (자리로 간다)

우진 죄송합니다! 앞으론 일찍 다니겠습니다! (눈치 보며 탈의실 쪽으로 간다)

장 팀장 (변 팀장 보며) 참, 자리가 사람 만든다더니…. 높은 자리 올라가시더니 왕년 기억 다 잊으시고 완전 너그러워지셨어요, 변 부지점장님?

변 팀장 그러게, 이 자리 앉으니까 그렇게 되네. 꼬우면 그대도 진급하시든가! (하는데)

이때 지점장이 업된 상태로 출근한다.

지점장 아… 좋은 아침! 베리 베리 굿모닝!

일동	오셨어요?/지점장님 나오세요?
우진	(탈의실 가다 말고 다시 돌아와) 오셨어요, 지점장님? (하는데)
지점장	어! 자, 다들 주목! 방금 들어온 아주 따끈따끈한 굿 뉴스가 있는데 말이야….
일동	(굿 뉴스? 눈 빛내며 집중한다)
지점장	내가 오는 길에 본사 인사팀장한테 전화를 받았거든. 이번에 우리 지점에서 승진을 하게 될 사람이 자그마치… 둘이나 된답니다! 브라보!
일동	와…! (박수 치는)/헐…./누구, 누군데요? 예? (집중해서 바라본다)
지점장	그 두 사람이 누구냐 하면 말이야… 바로….
주혁/우진	(침 꼴깍 삼키며 보는)/(동공 커진 채 보는)
지점장	바로, 바로, 바로…! 장 팀장, 그리고 서우진 씨입니다! 축하해!!! (박수 치는)
장 팀장/우진	어머, 어머 진짜요?! /우와… 대박. 대박, 대박, 대…박! (좋아 어쩔 줄 모르는)
지점장	우리 장 팀장은 다음 주부터 마포점 부지점장으로 가게 됐고, 수신계 팀장 자리에 우리 서우진 씨가 승진하는 걸로, 그렇게 결정이 났다네? 수신계 직원 충원은 티오 나는 대로 해준다니까 당분간은 우진 씨가 창구 일 좀 거들어주고.
향숙/혜정	그럼 장 팀장님은 마포점으로 옮기시는 거예요?/어머 어떡해, 너무 섭섭해요….
장 팀장	그러게. 나도 좀 섭섭하네…. 너무 갑작스러워서. (변 팀장 힐끔 보면)
변 팀장	(서운함 감추며) 축하한다, 장 팀장. 안 그래도 내가 먼저 부지점장 돼서 앞통수가 맨날 따가웠는데. 마포점이면… 뭐, 완전 노른자네. 축하!
장 팀장	네, 감사하네요. 변, 부지점장님. (내심 섭섭한 표정)
종후	우진 씨도 축하해요. 열공하더니 기어이 차 대리보다 먼저 해내시네.

환	그러게요. 차 대리님 어떡해요? 무슨 대리우스도 아니고, 만년 대리…. (하는데)
향숙	(쿡, 찌르는)
주혁	(괜히 오버) 와…! 대리우스, 신선하네. 그럼 난 앞으로 대대리 되는 건가? 하하…!
우진	(주혁이 신경 쓰여 눈치 본다. 그래도 기쁨 못 감추는 표정)

8. 은행 복도 (낮)

조용히 복도 끝으로 오는 우진과 주혁.

우진	(주혁 눈치 보며) 어떡해…? 나 먼저 팀장 달아서. 당신 괜찮아…?
주혁	그럼. 난 휴직한 전적도 있고…, 둘 중에 하나라도 된 게 어디야. 난 내가 승진한 거보다 훨씬, 훨씬 기쁜데? 진짜 잘했어. 장해, 우리 와이프!
우진	진짜야? 진짜 괜찮은 거야?
주혁	그럼 괜찮지. 나 그렇게 속 좁은 남자 아니야. 너무너무 축하해! (손 잡아주면)
우진	나 그럼 진짜 마음 놓고 좋아한다…? (그제야 좋아라 팔짝팔짝 뛴다) 꺄악! 여보, 이거 꿈 아니지? 나 진짜 팀장 된 거 맞지? 그치?
주혁	네, 맞습니다. 서 팀장님.
우진	서 팀장…? 우와. 너무 짜릿해. (손가락 제스처) 짜릿해, 짜릿해!
주혁	(같이 장단 맞춰주며) 축하해, 축하해!
우진	너무 좋아, 여보. (주혁 껴안으며) 역시, 우리 남편은 마음이 태평양이야! 한때 날 버리긴 했지만 용서하고 다시 결혼하길 정말, 정말 잘했어!
주혁	! (물러선다. 찌릿! '또 그때 얘기를…!' 하는 듯 째려본다)
우진	알았어, 알았어. 과거를 묻지 맙시다. 오케이. 오케이! (주혁 손 잡는다)

주혁   (피식, 표정 풀어지고 손잡은 채 다시 팔짝팔짝 뛰며 좋아한다)

이미지 컷 위로 타이틀이 뜬다.

(지점장)   자, 우리 장만옥 마포점 부지점장과 서우진 팀장을 위하여!
(일동)   위하여!

잔 부딪치고 마시는 가현점 직원들.

지점장   크… 달다. 좋은 일로 마시니까 술이 더 다네. 축하해, 두 사람!
장 팀장/우진 감사합니다. /감사해요, 지점장님.
지점장   우리 서우진 씨, 장 팀장 대신해서 수신계 야무지게 잘 이끌어주
           고.
우진   넵! 장 팀장님 발가락 때만큼도 못 따라가겠지만, 그래도 최선을
           다하겠습니다!
장 팀장   웬 겸손이야, 안 어울리게. (웃고는) 자기는 잘할 거야. 멘탈 세고
           센스도 있어서.
지점장   그리고 우리 장 팀장, 아니 장 부지점장님. 헐렁한 내 밑에서 때
           우고 받치고 하드 트레이닝 했으니까, 가서도 잘할 거야. 그동안

346

수고 많았다.

장 팀장 (순간 울컥) 지점장님… 왜 그러세요. 영영 안 볼 사람처럼.

지점장 그러게. 매일 보던 그 지겨운 얼굴 안 본다 생각하니 섭섭하고 허전하니 마음이 좀 그렇네? 그동안 너무 정이 들었나, 참.

일동 (숙연해지는)

변 팀장 에헤이! 분위기 왜 이래 이거. 잘 돼서 가는 거니까 씩씩하게 보내주자고요! 자, 장 팀장! 작별의 인사 한마디는 해야지. 촌스럽게 눈물 쏟고 그러지는 말고. 지금부터 울컥, 눈물, 이런 거 금지야. 어기는 사람 10만 원 벌금이야. 자, 장 팀장.

장 팀장 아유, 참…. 흠! (목 가다듬고) 솔직히… 은행 생활하면서 무수히 많은 지점 다녔지만, 이렇게 사건 사고 많은 지점은 처음이었어, 솔직히. 오죽했으면 굿을 한번 해야 되나 하고 몰래 알아봤을 정도였으니까.

일동 (웃는)

장 팀장 근데… 그래서 그런가, 더 정도 많이 들고 참 애틋해…, 나한테는. (보며) 우리 수신 식구들, 특히 우리 향숙, 혜정! 숙정 자매. 그간 까탈스러운 내 비위 맞추느라 고생 많았어. 내가 자기들 많이 예뻐한 거 알지?

혜정/향숙 (울컥하지만 애써 웃으며) 그럼요, 알죠./사랑해요, 팀장님!

장 팀장 대부 식구들도. 원래 대부 수신 사이가 원만한 편이 아닌데… 근데 여기선 정말 한 식구라는 생각이 들었어. 많이 배웠다, 내가. 고마워.

주/종/환 아니에요, 팀장님./저희가 더 감사했죠./저도요.

장 팀장 그게 또 다 대부계에 미우나 고우나, 우리 동기님이 계셨던 덕분이기도 하고.

변 팀장 아니 다행이네…. (피식 웃는. 내심 많이 서운한 듯)

장 팀장 마지막으로 우리 지점장님….

지점장 (목멘 듯, 눈 피하며) 흠… 저기, 나는 그냥 패스해, 패스.

장 팀장 아녜요, 지점장님께 고마운 게 얼마나 많은데요. 저 처음 왔던 날 그러셨잖아요, 일찍 세상 뜬 누이랑 닮았다고. 그 말에 가슴이 참 찡하면서도, 따뜻하고….

지점장   (울컥) 아, 패스하라고오! 아, 몰라, 몰라. 못 참겠다. (지갑에서 10만 원 꺼내서 테이블 위에 탁 놓고는 티슈로 눈물 찍어낸다)

혜정/향숙   저도요…!/저도…! (지갑에서 10만 원 꺼내놓고 훌쩍인다)

장 팀장   (울먹) 아, 왜 그래들…! 다시 못 보는 것도 아닌데…. (그러다 못 참겠는지 10만 원 꺼내놓고) 나도 자꾸 슬퍼지잖아…! (우는 순식간에 눈물바다 된다)

주혁   (우는 모습들 보니 자기도 울컥… 눈물 나려고 한다. 주머니에서 지갑 꺼내려는데)

우진   ! (검지와 중지 펴서 주혁 눈 가리키고, 다시 자기 눈 가리키는…. '참아라… 10만 원이다….')

주혁   ! (얼른 눈 크게 뜨고 천장 보며 울음 참아본다)

변 팀장   (울컥) 아, 어디 죽으러 가나, 왜들 이래 진짜….(물 마시는 척하며 눈물 삼키는)

12. 고깃집 복도 (밤)

장 팀장 화장 고치고 화장실에서 나오는데 변 부지점장 다가온다.

장 팀장   뭐… 또 장 트라볼타…? 병원 좀 다니세요, 좀. (지나가려는데)

변 팀장   (나지막이 부르는) 장 팀장아.

장 팀장   어? (보면)

변 팀장   아닌가? 이젠 장, 부지점장이라고 불러야 되나?

장 팀장   아직은 장 팀장이지, 뭐. 뭐면 어때, 우리끼리. (하는데)

변 팀장   장만옥. (보며) 마포점 가도… 저녁은 웬만하면 나랑 먹자.

장 팀장   (무슨 뜻인가 해서 보다가, 피식) 봐서. 장어 사주면. (미소 지어 보이는)

(주혁)   어어! 움직이면 안 돼, 우진아!!!

주혁이 취한 우진 업고 들어오고, 주은이 주혁 손에 들고 있는 우진의 가방 받아준다.

우진   (업힌 채) 자유형… 평영…. (허우적대면)
주은   쯧쯔…. 우리 언니, 술 많이 드셨네. 하긴 오늘 같은 날 안 마시면 언제 마시겠냐야.
주혁   아우! 가만히만 있으면 좋겠구만, 좀…. 애들은…?
주은   애들 방에 재웠어. 나희는 방금 우유 먹었으니까 몇 시간은 안 깰 거야. (하고는) 다다음 주 준희 봐주기로 한 거 지켜라. 우리 벌써 예매 다 해놨다.
주혁   알았어, 지켜야지 그럼. 얼른 가봐.
주은   어. (보며) 언니, 나 가요. 축하해요! 팀장 된 거. 멋져부러, 우리 언니! (엄지 척)
우진   (눈 게슴츠레 뜨고) 어, 어…! 아가쒸! 아가쒸 언제 왔어? 나랑 한 잔해쥐!
주은   네, 언니, 한잔은 나중에 하고요…, 주무세요! 오빠, 나 간다. (나가는)
주혁   어, 가! 고생했다! (우진 부축해 안방으로 들어가는)
우진   (뒤돌아보며) 가요, 아가쒸! 싸랑해!!!

침대에 털썩 눕혀지는 우진. 주혁, 똑바로 서려는데 우진이 주혁 팔 확 잡아당긴다.

우진   어디 가, 여보오!!!
주혁   (침대에 쓰러지고) 아, 씻어야지. 난 안 취했거든, 지금? (일어나려는데)

우진	(잡고 안 놔주는) 으응… 팔! 팔, 팔. (하고는 주혁 팔 베는)
주혁	휴우…. (그런 채로 가만히 있는) 그래, 편하긴 하다…. 그냥 자버릴까, 진짜….
우진	(쎄근쎄근, 어느새 숨소리 내며 자는)
주혁	(보며) 참… 진짜 빠르네. 어이없다, 서우진. (하고는 조심스럽게 팔 빼내고 일어난다. 자상한 미소 지으며 우진 양말 벗겨주는데 문자 진동이 징, 울린다)

주혁, 주머니에서 휴대폰 꺼내서 보면
#. 휴대폰 인서트 - '차 서방, 자나? - 장모님'

| 주혁 | ?! (장모님이 이 시간에 왜…? 얼른 전화한다) 네, 장모님, 차 서방입니다. |

15. 우진의 집 마당 (밤)

주혁, 마당 한쪽 수도에 테이프 칭칭 말고 있다. 외출복 차림의 우진 모, 옆에서 들여다본다.

우진 모	아니, 회식이 늦게 끝났거든. 눈꺼풀이 반이나 내려와서 대문 열고 딱 들어서는데 세상에…, 마당에 아주 물이 흥건해가지고…. 때아닌 홍수도 아니고 이게 뭔 일인가 싶어서 아주 눈이 번쩍 떠지더라니까.
주혁	(테이프 감으며) 워낙 오래된 집이라, 수도 배관이 낡아서 그런 거 같아요….
우진 모	그러게. 아니, 내가 혼자 어떻게 해보려다가 잘못 건드리면 일이 커질 거 같아서. 잠도 못 자고 이렇게 불려 와서 어떡해, 차 서방….
주혁	아니에요, 괜찮아요! 잘하셨어요, 진짜. (이빨로 테이프 끊어 마무

리하고) 일단 임시로 수습해놨으니까 내일 꼭 사람 부르세요, 장모님. (하다가) 아니다, 제가 근처 어디가 잘하는지 알아보고 전화 한번 해볼게요.

우진 모   아냐, 아냐. 그건 내가 해도 돼. 고마워, 차 서방.

주혁   아우, 장모님. 이 정도 가지고 뭘….

우진 모   아니야, 진짜 고마워. 딸보다 자네가 훨씬 나아. 아주 훨씬!

주혁   진짜요?

우진 모   그럼. 내가 우진이 없이는 살아도 이제 자네 없이는 못 살 거 같다니까. 개도 알걸? 내가 지보다 자네 더 좋아하는 거. 가끔 샘내더라고, 기지배가.

주혁   (큭큭) 맞아요. 샘쟁이예요, 은근.

우진 모   고게 은근 샘도 있고 지 고집이 세서, 맞춰 살기 쉽지는 않을 거다, 아마.

주혁   제 말이요, 장모님. (신나서 흉보는) 손도 은근 많이 가요. 이번 주제가 세탁기 당번이거든요. 근데 자꾸 양말을 뒤집어서 내놓는 거예요.

우진 모   어머, 개가 또 그랬어? 그러지 말라고 내가 귀에 딱지 앉게 얘기했구만.

주혁   들은 척도 안 해요, 아주. 와…! 장모님이랑 얘기하니까 속이 좀 뚫리는 것 같다. 역시 통해, 통해. 나 그냥 장모님이랑 같이 살면 안 되나…? (애교 부리는데 휴대폰 벨 울린다. 발신자 보고) 잠깐만요. (받는) 어, 오 사장! 왜? 아니, 나 여기 장모님 댁.

16. 상식 포차 (밤)

주혁과 종후 앉아 있고, 상식이 생맥과 사이다 놓으며 앉는다.

상식   아니, 먹고 사는 게 아무리 바빠도 그렇지. 우리가 최소 얼굴은 보고 살아야 되는 거 아니냐? 그간 너무 소원했던 거 알아?!

주혁   (강냉이 집어 먹으며) 미친놈. 엊그제 봤거든, 우리?

상식   그러니까. 하루를 건너뛰는 게 말이 되냐고, 우리 사이에. 한잔
        해. (마신다)

주혁   (피식 웃으며) 주은이한테 얘기 듣고 부른 거 다 알아. 나 괜찮고,
        와이프라도 승진해서 다행이고, 다음에는 나도 꼭 할 거니까 위
        로 사절, 마음만 땡큐다. 됐냐?

상식   아… 눈치 빠른 놈. 이 눈치로 승진을 했으면 팀장을 달아도 벌써
        달았을 텐데.

주혁   아픈데 찌르냐? 찔러? (장난치며 손가락으로 상식 찌르는데)

종후   하아…. (한숨 내쉬곤 맥주 들이키는)

주혁   ?! (종후 보며 상식에게 '얘 왜 이러냐?' 표정으로 물으면)

상식   (고개 흔든다. '나도 모르겠다….')

주혁   야, 왜 그래. 나도 초긍정으로 버티는구만, 우리 팀장님께서 웬
        한숨…?

상식   그러게. 아까부터 입 꾹 다물고…. 왜, 형수님이랑 한판 했냐?

종후   (쳐다보지도 않고 고개 끄덕끄덕하면)

상식   에이, 니가 잘못했네. 무조건 잘못했을 거야. 빌어! 빌어, 빌어.
        (하는데)

종후   농담할 기분 아니고…. 야, 우리 살짝 권태기인가 봐. 뻑하면 신
        경질을 낸다, 와이프가? 아니, 집에서 애들한테 치이는 건 알지.
        근데 회식을 안 갈 수는 없잖아….

상식   그래서 확 받아버렸구나, 니가. 쯧쯔…. 간땡이가 부었네, 이게.

종후   오죽하면 그랬겠냐? 아니, 나도 눈치가 보여서 애들 옷을 개고
        있었거든. 근데 한숨을 푹 쉬더니 내가 개놓은 걸 다시 개더라고.
        아니, 진작에 이렇게, 이렇게 개라고 얘기를 하든가…. 말하기도
        싫다 이거지. 그래서 말하기 싫은가 보다, 하고 있는데, 이번에는
        플라스틱 재활용 칸에 왜 캔을 넣었냐고 소리를 지르는데…. 어
        차피 분리수거 내가 하거든? 그냥 다 짜증 난다 이거지. 내가 숨
        만 쉬어도 싫은가 봐, 요새는.

주혁	(종후 보며) 종후야, 내 말 잘 들어. 너 이 시기 잘 극복해야 된다? 안 그러면 진짜 어려워져. 무조건 와이프 입장에서 먼저 생각해, 무조건.
종후	뭐?
주혁	너, 와이프 이름 불러준 지 얼마나 됐어?
종후	이름…? (생각하는)
주혁	주부들은 주로 '누구 누구 엄마'로 불리잖아. 그게 얼마나 싫겠냐? 내 이름은 실종되고 '누구 엄마'로 인생이 끝날 거 같고. 예전처럼 꾸미고 일도 하고 친구도 만나고 싶은데, 그게 또 만만하지 않거든. 수시로 우울해지지, 당연히.
상식/종후	너 주부세요?/어떻게 그렇게 여자 마음을 잘 아냐?
주혁	알 만하니까 알지, 인마. 어쨌거나, 와이프 마음을 들여다보려고 노력을 좀 하란 말이야. 그럼 와이프도 너한테 말투부터 달라지게 되어 있다니까. 부부 관계도 결국은 상대적인 거거든.
상식	아이고, 부부 문제 전문가 나셨네 아주. 얘 오늘 왜 이렇게 재수 없냐?
종후	근데 얘 말이… 이상하게 설득력이 있다? 또, 또, 또 뭐 있냐?
주혁	이건 실전 꿀팁인데, 1일 1칭찬하기. 와이프한테 하루에 하나씩 칭찬을 날리는 거지. '어! 요새 살 좀 빠졌나?' '와! 머리 푸니까 대학생 같네' '넌 반찬까지 잘하면 어쩌자는 거니?' 기타 등등.
상식/종후	(살짝 솔깃해하며) 그렇게까지 해야 돼?/또, 또, 또, 또!

17. 다음 날/은행 외경 (낮)

18. 은행 객장 (낮)

기존 장 팀장 자리로 옮긴 우진. 들뜬 표정으로 책상 정리한다.
변 팀장, 주혁에게 안내문 주며…

변 팀장	차 대리, 내일 본사에서 직무심화교육 있는 거 알지? 이거 자료.
주혁	아, 네. (받으면)
변 팀장	오전부터 종일 교육받고, 저녁에 테스트. 이거 잘 봐야 된다, 차 대리. 다음 인사고과 때 30프로는 들어갈걸? 다음에는 승진해야 지.
주혁	네… 정신 똑바로 차리고 받겠습니다, 부지점장님. (각오 다지는데)

이때 지점장, 박스 들고 들어온다. 민수, 얼른 받아 테이블 위에 놓는다.

일동	(인사) 지점장님, 오셨어요?/그게 뭐예요?
지점장	어. (오며) 본사에서 영업할 때 쓰라고 지원품을 보냈더라고.
변 팀장	오…. (다가와 보며) 와, 이거 태블릿 피씨인데요. 본사에서 돈 좀 썼네요!
지점장	그러게, 웬일로 그랬더라고. 가끔 예쁜 짓도 해, 그러고 보면.
종후/우진	어디요? 오! (보고)/(역시 보며) 신형이네. 예쁘다.
주혁	(하나 집으며) 잘됐다. 안 그래도 컴퓨터가 자꾸 다운이 돼가지고, 개인적으로 하나 사야 되나 말아야 되나 고민 중이었는데…. 요 긴하게 쓰겠어요. (하는데)
지점장	(눈치) 아, 근데 태블릿은… 팀장급까지만 주라고 하는 것 같던 데….
주혁	네? (김칫국 마셨다) 아… 그렇구나…. (도로 상자 안에 놓는다)
지점장	(얼른 다른 물건 꺼내며) 대신 대리급부터는 이 다이어리인데, 이 게 겉껍데기가 가죽이더라고. 고급지기가 뭐… 태블릿 저리 가라 야, 아주.
주혁	아… 네….
향숙/혜정	다이어리가 고급져 봤자죠, 뭐…./조용히 해. 이것도 안 줄라…. (기분 별로인데)
환	(안쪽에서 서류 잔뜩 챙겨 들고 나오며) 대대리님! 이거 불비거래

354

내역서요. 올해 거 다 챙겨 왔는데요? (내민다)

주혁   (대대리… 결정타다. 자존심 상한 듯한 표정)

19. 은행 탕비실 (낮)

주혁, 기분 다운된 채 서류 정리 중인데… 우진 슬며시 들어온다.

우진   (슬쩍 들어와 눈치 보며) 뭐 해…?

주혁   (애써 담담한 척) 불비거래내역서 정리….

우진   (태블릿 내밀며) 이거… 자기 줄까? 나 별로 필요 없는데.

주혁   (슬쩍 보는)

우진   내 건 진짜 멀쩡해. 자기 써라, 어? (내미는데)

주혁   (살짝 동하다가 이내) 아냐, 됐어. 아무리 부부라도 공사 구분은 해야지…. (하고는) 내가 다음번에는 꼭 승진하고 만다, 내가. 이 태블릿 받기 위해서라도.

우진   (피식) 역시 자기는 눈 반짝반짝하면서 승부욕 불태울 때가 제일 섹시해.

주혁   진짜?

우진   그으럼. 진짜지! (하며 엉덩이 쪽 토닥토닥하는)

주혁   아, 야아…! 누가 보면 어쩌려고.

우진   보면 어때, 내 건데. (장난) 여기도 내 거? 여기도 내 거. 내 거, 내 거, 내 거!

주혁   (좋으면서) 아… 얘 왜 이래 진짜. (하는데 휴대폰 울린다. 꺼내서 받는) 어, 진석아, 완전 오랜만이다. 웬일이야? 오늘? 아, 오늘은 좀 그런데…. 아니 내일 중요한 교육이 있어 가지고…. 알아, 인마. 알았어. 그럼 잠깐이라도 들를게. 그래…. (끊는)

우진   누구, 대학 동기?

주혁   어. 오늘 모인다는데… 안 오면 제명시켜버리겠다는데? 바빠서 잘 안 나갔더니 아주 죽일 놈을 만드네, 이놈들이. 잠깐 들렀다

가야 될 거 같은데?

우진 어떡해. 내일 자료 좀 훑어봐야 될 텐데…. 엄마한테 애들 부탁하고 같이 가줄까? 나 있으면 오래는 못 잡아둘 거 아냐.

주혁 아냐! 시끄면 남자 놈들만 모이는 건데 가면 괜히 봉변당해. 그냥 잠깐 얼굴 보여주고 갈게. 자기 먼저 집에 가 있어, 애들 픽업해서.

우진 알았어, 그럴게. (하곤) 진짜 태블릿 안 가져?

20. 호프집 (밤)

쨍! 부딪치는 생맥주잔들. 줌아웃하면 남자들만 대여섯 명 모인 술자리에 와 있는 주혁. 왁자지껄하다.

주혁 인규 너 기억나? 술만 마시면 내 자취방에 담 타고 넘어왔잖아, 왜!

친구1 맞어, 맞어. 경찰도 한 번 왔었잖아. 우리가 다 가가지고 진술하고. 야야, 그게 언젯적 얘기냐.

친구2 그러게. 우리한테 그런 시절이 있었나 싶다. 그때가 좋았는데 말이야. 그땐 뭐가 될지도 모른다는 희망이라도 있었잖아.

주혁 왜, 난 지금도 나쁘지 않은데. 너무 어리지도 않고 적당히 나이 들고.

친구1 어쭈. 이 자식 살 만한가 본데! 너 좀 벌어놨냐? 그러느라고 그동안 못 나온 거야?

주혁 그래. 나 무지하게 벌어놨다, 왜? (농담하는데)

이때 혜원이 들어와 둘러보고는 테이블로 다가온다.

혜원 와! 다들 진짜 오랜만이다!

친구들 어, 혜원아!/이혜원! (반기는)

친구1	야, 너 어떻게 왔어? 다시 독일 나간 거 아니었어?
혜원	왔다 갔다 하지, 계속. 영아랑 통화하다가 오늘 모인다길래, 얼굴이나 잠깐 보려고. 잘들 지냈어? (주혁 보며) 오랜만이네, 주혁 선배.
주혁	(반갑다. 미소 지으며) 어, 그래. 오랜만이다.
혜원	독일에서 결혼 소식 들었어. 어쩐지… 그래서 그때 나한테 철벽 쳤구나. 맞지?
친구들	어, 둘이 언제 만났었어?/이놈이 철벽 치다? (시끄러운)
혜원/주혁	어. 완전 얄짤없이. (웃고)/(편하게 웃는)

21. 호프집 앞 거리 (밤)

호프집에서 나온 주혁 일행, 혜원을 중심으로 모여 있다.

친구1	야, 우리 여신 혜원이도 왔는데 2차 가야지. 혜원아, 너 시간 되지?
혜원	어, 뭐.
친구들	이태원 어때? 거기 아는 바 있는데./이태원 좋지!/가자! (하는데)
주혁	저기… 난 여기서 빠질게. 내일 중요한 교육이 있어서.
친구2	얀마, 여기 내일이 안 중요한 놈이 어디 있냐? 조금만 더 있다가 가!
주혁	미안. 진짜 안 돼. 다음에 보자! (혜원 보며) 혜원아, 나 갈게. 또 보자.
혜원	어, 선배…. 가.
주혁	나 안주로 씹어. 귀 간지러워도 참을게. 간다! (웃으며 돌아서 가는)
친구1.2	아, 자식, 진짜 얄짤없이 가네./그러게. 와이프한테 잡혀 사나?
혜원	잡혀 사는 게 아니라 엄청 사랑하는 거 같은데? 부럽다, 선배 와이프. (웃는데 휴대폰 벨 울린다. 보고) 나 잠깐 통화 좀. (받는다) 어, 엄마…. (조용한 쪽으로 이동해 통화한다) 아니, 안 늦어. 알았어, 전화할게. 어! (전화 끊는데)

마주 오던 현수(연희대 잠바 입은)와 툭 부딪힌다.

현수	아, 죄송합니다. 괜찮으세요…?
혜원	아, 네…, 괜찮아요. (하는데)
현수	!! (갸웃하는…. 분명 낯이 익은데 하는 표정으로 보며) 저기….
혜원	(보는) 네?
현수	우리 어디서… 본 적 있지 않나요…?
혜원	(갸웃) 글쎄…. (하다가 옷 보고) 어, 연희대생이에요? 그럼 내 후배인데….
현수	아… 좀 늦깎이예요, 전. (하다) 저기… 혹시 시간 되시면 차 한 잔 대접해도 될까요, 선배님…?! (호감 어린 표정)

22. 주혁&우진의 집 거실 (밤)

(E) 띠리릭 현관문 열리는 소리
주혁, 행여나 우진이 깰까 현관 쪽에서 조심조심 들어오는데…
안방에서 자다 깬 우진이 나온다.

우진	어… 지금 와…?
주혁	현관문 소리 때문에 깼구나. 미안.
우진	아냐아…. (하품) 그냥 선잠 들었었어…. 친구들이랑은, 재미있었어?
주혁	응. 놈들이 수다가 늘었더라, 입에 모터 단 것처럼. (재킷 벗어 소파에 걸쳐두고, 휴대폰 내려놓고) 나 씻고 자료 좀 보다가 잘게. 다시 자. (욕실로 가는)
우진	응…. (하고는 안방으로 들어가 바로 갈아입을 옷 챙겨 들고 나온다. 욕실 앞에 두며) 여보야, 문 앞에 옷 놔뒀어.
(주혁)	어, 땡큐!
우진	(주방으로 가 컵에 물 따라 마시며 나오는데)

이때 소파 위 주혁 휴대폰 문자 메시지 진동 징, 징, 연속으로 울린다. 우진, '이 시간에 누구야…' 하며 졸린 눈으로 보는데….

#. 주혁 휴대폰 인서트 - 친구들 단체방.
누군가 호프집에서 찍은 단체 사진을 보냈다. 한가운데 홍일점으로 혜원 있고, 주혁은 가장 끝쪽 자리에 있다.

우진 (눈 동그래져서) 어라? (미간 찌푸리며) 아쭈렁!

(컷) 우진, 식탁에 앉아 캔맥주 마시며 주혁 휴대폰 사진 뚫어져라 본다. 아무것도 모르는 주혁, 샤워 직후의 발그레한 얼굴로 나온다.

주혁 (해맑게) 아, 개운하다! (우진 보고) 안 자고 웬 맥주야? 잠 깨버렸어?
우진 (대답 않고 혼잣말처럼) 어쩜, 이 여잔 늙지도 않네.
주혁 누구? (다가와 들여다보곤) !!! (표정 얼음 되는)
우진 아닌가? 더 예뻐졌나? 어쩐지, 나랑 안 가려고 하더라니….
주혁 (식겁해서 변명한다) 아니 그게, 원래는 남자들끼리만 모인다고 그랬는데…. 근데 혜원이가 우리 모인다는 말을 어디서 듣고, 진짜 갑자기 등장한 거야. 우리 아무도 몰랐어, 난 물론이고. (우진 보며) 진짜야. 난 2차도 안 가고 왔어.
우진 (보며) 그래? 그 말을 믿어야 되나, 말아야 되나…?
주혁 믿어. 믿어, 믿어! 믿어야 돼, 우진아.
우진 (살짝 삐친) 글쎄, 그건 좀 생각해보고.
주혁 아니, 생각하지 마. 무슨 생각을 한다고 그래…. 생각하지 마, 응?!
우진 어쨌거나 전 와이프 만나서 반가웠겠네. 그럼, 전전 와이프이자 현 와이프는 들어가 디비 잡니다! (쌩하니 들어간다)
주혁 (보며) 아… 삐쳤네, 서우진. 삐쳤어. 어쩌냐…? (휴대폰 보며) 어

떤 자식이 이딴 걸 올려가지고…! (보고) 인규 이 시키…, 이 개놈의 시키…! (씩씩거리는)

23. 주혁의 집 옷방 (밤)

개다리소반에 자료 올려놓고 공부 중인 주혁. 안방 쪽을 힐끗 쳐다본다. '우진이는 자나…?' 신경이 쓰여 자료고 뭐고 머리에 들어오지 않는다. 자료 덮고, 불 끄고, 조용히 나간다.

24. 주혁의 집 안방 (밤)

스탠드만 켜져 있는 안방. 우진 자고 있고, 주혁 조심조심 들어와 우진 옆에 눕는데…. 우진, 아직 안 자고 있었는지 모로 돌아눕는다. 그런 우진 옆에 바짝 붙어보는 주혁. 우진, 이내 주혁에게서 떨어진다. 우진 쳐다보며 낭패라는 듯 작은 한숨 내쉬는 주혁.
(E) 휴대폰 알람 소리

25. 다음 날/ 주혁의 집 거실 (낮)

머리에 수건 둘러맨 우진, 아이들 밥 먹이고 있는데, 주혁, 안방에서 출근 준비 마치고 나온다.

주혁   (눈치 보며) 여보, 나 본사로 8시까지 들어가야 돼….
우진   (쳐다보지도 않고) 어, 알어.
주혁   하루 종일 교육 있구, 7시인가 바로 시험이야. 오늘 애들 픽업, 니가 해야 될 거 같은데….
우진   어, 안다고. (하고는 아이한테) 지훈아, 한입만 더 먹자. 응? 딱 한입만.
주혁   갔다 올게. 지훈아, 나희야! 안녕. 아빠 간다!

우진   (밥만 먹이는)

주혁   (우진 보며) 여보… 나 갔다 온다고.

우진   (삐친 말투다) 아, 시험이나 잘 보시라고요!

주혁   (서운) 쳐다보고 해줘야지.

우진   (쌔려보고) 참 바라는 것도 많으세요, 네? 가시라고요, 얼른! (하
          고는) 에이, 그만 먹자. 이러다 엄마 또 지각하겠다. (그릇 들고 주
          방으로 가는)

주혁   (시무룩한 채 현관을 나선다)

26. KCU 본사 교육장 (낮)

스무 명 남짓한 사람들 책상에 앉아 있고, 교육관 앞에서 교육하
고 있다.

#. PPT 화면
〈KCU 직무 심화 과정(기업금융)〉
1. 재무제표 분석 사례와 기업 부실 징후 분석
2. 감정평가서 취급 시 유의사항
3. 국내 프로젝트파이낸싱(PF)의 이해

교육관   손익계산서상 매출액과 당기 순이익의 규모가 당사의 금융비용
          을 부담할 수 있는지, 안정성 지표인 부채비율, 유동비율 등이 우
          수한지, 성장성, 수익성 지표가 만족할 만한 수준인지 등이 핵심
          적인 요소라 할 수 있겠습니다….

주혁   (끄덕끄덕, 자료에 메모하며 열심히 듣는다)

27. 은행 개장 (낮)

영업 중인. 대기 고객들로 가득하다. 우진, 창구 옆에 서서 고객

안내 돕는다.

(E) 딩동

우진   486번 고객님! 486번 고객님? 네, 3번 창구에서 도와드리겠습니다! (하고는 대기석 본다. 아직 바글하다. '안 되겠다' 창구 밖 대기석으로 다가가) 여기 잠깐만요. 지금 대기 고객이 많아서 시간이 많이 지연되고 있거든요. 양해 부탁드리고요, 간단한 출금이나 이체 업무는 입구 쪽 ATM기를 이용하시는 게 더 빠를 것 같습니다. 참고해주세요! (한다)

대기 고객 중 몇몇 일어나 ATM기 쪽으로 간다. 그중에 60대 노인, 컨디션 안 좋은 듯 축 처져서 손부채질하며 일어나 간다.

우진   ?? ('어디가 불편하신가…' 하며 걸어가는 노인 유심히 보다가 이내 창구 안으로 간다)

(컷) 잠시 후, 대기 고객 어느 정도 정리됐다. 우진, 창구 밖으로 나와 입식 테이블 위에 흐트러져 있는 전표들 정리하는데…, 이때 조금 전의 60대 노인 식은땀 흘리며 종종걸음으로 들어온다.

노인   아이고, 내 카드…! 내 카드, 내 카드!

우진   (노인에게 다가서며) 고객님, 무슨 일이세요?

노인   (발 동동) 아니, 내가 딸내미한테 입금을 하려고, 저기 저기다 돈을 이렇게 넣었는데 저 기계가 내 카드를 먹어버렸어. 어떡해!

우진   아, 경보음이 울렸을 텐데…. 어머니, 일단 진정하시고요…. 시간이 초과돼서 그런 것 같거든요. 저희가 빼드릴 테니까 잠시만 기다리세요.

노인   그, 그래? 찾을 수 있는 거야? (불안해하면)

우진   그럼요, 당연하죠. (하고는) 환 씨. (눈짓하면)

환	네, 팀장님. (대답하며 키 들고 ATM기 후방으로 간다)
우진	(노인의 하얗게 질린 얼굴과 이마 식은땀 보고) 저기, 어머니, 카드 빼려면 기계를 뒤쪽에서 열어야 해서 시간이 좀 걸리거든요…. 그러니까 이쪽에 잠시 앉아계세요. (부축해 앉히며) 많이 놀라셨나 봐요.
노인	(조급) 빨리 좀 찾아줘요. 거기 내 재산 다 들어 있어….
우진	아유… 걱정하덜덜 마세요. 카드 들어가도 안에 든 돈이랑은 전혀 관계없어요, 전혀. 어머니, 여기 잠시만 쉬고 계세요. 제가 시원한 거 한 잔 타 올게요. (일어나 탕비실로 가려는데)
노인	(그래도 불안한) 저, 저기 아가씨…! (하며 일어서다가 순간 휘청, 주저앉는다)
우진	!!! (놀라서 노인 부축하는) 어머니, 어머니! 괜찮으세요…?
일동	(놀라 자리에서 일어나는데)
노인	(그대로 맥 놓고 늘어져버린다)
우진	(놀라) 어머니!!! (민수 보며 다급하게) 민수 씨, 구급차 좀 불러줘요!
종후	(자리에서 뛰어나와) 서 팀장님, 무슨 일이에요?
우진	윤 팀장님, 구급차 좀 불러주세요. 빨리요!!!

28. 은행 앞 (낮)

119 구급차 와 있고… 노인, 들것에 실려 차로 옮겨진다. 우진과 변 부지점장과 종후, 걱정스러운 표정으로 옆에 서 있다.

구급요원	쓰러질 때 상황이 어떠셨다고요?
우진	네… 안색이 하얘지면서 식은땀을 좀 많이 흘리긴 하셨는데….
구급요원	일단 타세요. 같이 좀 가셔야 될 것 같은데….
우진	네, 그럴게요. (보며) 저 좀 갔다 올게요. (황급히 구급차에 같이 오른다)

구급차 문 닫히고, 사이렌 소리와 함께 출발한다.

변 팀장/종후 아유… 이게 무슨 일이야 그래…/그러게요…. 괜찮으시겠죠?
(가는 구급차 바라보며)

29. KCU 본사 교육장 (낮)

교육관   교육은 여기까지입니다. 그럼 잠깐 휴식하시고, 7시에 오늘 교육
한 내용 테스트가 있으니까 준비하시면 되겠습니다. 이따 뵙겠습
니다. (나간다)

일동   수고하셨습니다…. (인사하고 자유롭게 일어난다)

주혁   으아…! (기지개 켜고 고개 좌우로 움직이며 몸 푸는데)

이때 울리는 주혁의 핸드폰 진동 소리. 보면 '어린이집'이다. 주
혁, 갸웃하며 얼른 전화 받는다.

주혁   네, 선생님, 안녕하세요…?

(선생님)   네, 아버님, 어린이집인데요. 혹시 오늘 어느 분이 애들 데리러
오시나 해서….

주혁   아, 오늘 와이프가 가기로 했는데… 아직 안 왔나요?

(선생님)   네. 전화드려봤는데 어머님이 안 받으셔서…. 다른 날 같으면 제
가 좀 더 있으면 되는데 오늘 제가 제사가 있어서요. 7시 반 기차
표를 끊어놔서….

주혁   아… 그러세요…? 제가 한번 연락해보고 다시 전화드리겠습니
다. 네. 네…. (전화 끊고 우진에게 전화해보는. 신호는 가는데 받지
를 않는다. 갸웃하며) 왜 전화를 안 받아, 얘가? 가고 있는 중인
가…? (갸웃하고는 다시 해본다. 역시 안 받는다. 끊고… 이번엔 종
후에게 해본다)

웅성웅성 지점장, 부지점장 자리에 모여 좀 전 상황에 대한 얘기 중이다. 객장 업무는 이미 마감이 된 상태다.

향숙/혜정   아, 아까 난 너무 놀래가지고…/아직까지 가슴이 막 벌렁거리는 거 있죠?

종후   만일을 대비해서 객장에 제세동기 하나 비치해놔야겠어요.

환   맞아요. 지하철역 같은 덴 있잖아요, 왜.

지점장   아니, 내가 고덕점에 있을 때도 말이야, 이런 일이 한 번 있었거든. 그땐 내가 심폐소생술을 했는데 말이야, 한 5분인가…, 6, 7, 8, 9분인가? 이 펌프질을 온몸이 젖도록 해댔거든, 내가. 그랬더니 고객님 숨이 돌아오는 거야….

변 팀장   아유, 큰일 하셨네, 지점장님. 사람 목숨 하나 구하셨어. (눈치 주면)

일동   그, 그러게요…./보통 순발력이 아닌데, 그게…./대단하시다! (하는데)

이때 종후 자리에서 울리는 진동벨. 발신자 '주혁'이다. 다들 수다 삼매경이라 듣지 못하고 징…, 혼자 울려댄다.

우진, 응급실 의사 설명 듣고 있다.

의사   다행히 뇌졸중은 아니고요, 저혈당 쇼크입니다. 원래 중증 당뇨 환자이신데, 도착했을 당시 혈당 수치가 $32mg/dl$까지 떨어져 있었어요. 조금만 늦었으면 뇌까지 손상될 뻔했습니다.

우진   그럼… 지금은 괜찮으신 거죠?

의사   네, 포도당 주입하고 있으니까 곧 정상 혈당으로 올라올 거예요.

365

우진	(안심하는) 아… 네, 감사합니다. (인사하는데)
남자	엄마!!! (달려오며) 저기 혹시 서경옥 씨…. (두리번거리면)
의사	아, 서경옥 환자 보호자 되세요?
남자	(놀란 듯) 예예, 맞습니다. 저희 어머니세요.
의사	지금 치료받고 계세요. 일단 안으로…. (보호자 응급실 안으로 안내해 들어가는)
우진	(보호자까지 왔으니 이제 진짜 한시름 놨다) 휴우…. (그제야 긴장이 풀리며 긴 한숨 내쉰다. '아차…! 은행에 보고부터 해야지.' 하고 휴대폰 꺼내서 보는데)

#. 휴대폰 인서트 - 부재중 전화 11통. 문자 와 있다.

우진	헉! (그제야 시간 본다. 6시 14분이다) 어머, 어떡해…! (서둘러 문자 보면)

#. 휴대폰 문자 화면 인서트
6:05pm '어린이집 선생님한테 전화 왔어. 자기 어디야?'
6:06pm '지금 애들 픽업 가고 있는 거 맞아?'
6:08pm '우진아. 왜 통화가 안 돼? 선생님 자꾸 전화 오는데;;'
6:09pm '우진아 무슨 일 있어? 종후도 전화를 안 받네 ㅜㅜ'
6:11pm '나 일단 어린이집으로 출발할 테니까 문자 보면 전화해 줘. 빨리'

우진	(미치겠다) 오마이갓, 오마이갓…! (바로 튀어나가며 휴대폰 통화 누르는)

32. 병원 앞 / 택시 안 교차 (낮)

#. 병원 앞

응급실 쪽에서 나오는 우진. 연결음 울리자마자 바로 전화받는
주혁.

(주혁) 우진아, 어디야? 어떻게 된 거야?!
우진 미안, 미안, 여보! 나 지금 상국대 병원.
(주혁) 병원?! 어디 다쳤어?!
우진 아니. 은행에 응급 환자가 발생해가지고…. 119 부르고, 같이 구
급차 타고 오고…. 너무 놀라가지고 시간 가는지도 모르고…. 어
떡해! 자기, 교육장이지?!

#. 택시 안

주혁 (그랬구나…) 아니. 어린이집에서 계속 전화 와가지고…. 선생님
제사 때문에 7시 반 기차 타셔야 된대서 일단 내가 가고 있어.
(우진) 진짜? 시험은 어쩌고?
주혁 봐야지. 7시 5분 전까지만 들어가면 가능해, 시험은.

#. 병원 앞
우진, 종종걸음으로 택시 승강장 앞으로 가며….

우진 (난감) 아… 안 돼. 빠듯해. 나 여기서 어린이집까지 40~50분은
걸릴 텐데.
(주혁) (비장하게) 우진아, 지금부터 내 말 잘 들어. 우리 이렇게 하자.

33. 거리 (낮)

주혁, 택시에서 내려 어린이집 방향으로 뛰어가는 모습 보이고….

(주혁) 난 10분 후면 어린이집 도착이야. 일단 내가 먼저 애들을 픽업할게.

화면 이분할
주혁, 어린이집에서 아기띠 매고 아들 손 잡고 서둘러 나온다.

(주혁)   넌 택시 타고 곧장 대경동 풀잎공원 입구 쪽으로 와. 어린이집이
랑 우리 본사 중간 위치, 알지?

화면 삼분할
주혁, 거리에서 다시 서둘러 택시 잡는 모습.

(주혁)   그 공원에서 본사까지 15분 이상 걸리니까 넌 최소한 40분까지
는 와야 돼. 그래야 내가 바톤터치하고 바로 갈 수 있어. 1분이라
도 늦으면 난 시험 못 봐. (비장하게 묻는다) 어떻게… 가능하겠
어, 여보?!

34. 택시 안 (낮)

뒷좌석에 앉아 있는 우진. 초조함에 엉덩이를 제대로 붙이지도
못하고 좌불안석을 하고 계속 시간 확인한다. 벌써 6시 25분이
다…!

우진   기사님, 죄송한데 조금만 더 빨리는 안 될까요?
기사   아… 앞이 뚫려야 가지, 퇴근 시간이라 한참 막히는 땐데.
우진   아…. (앞을 보니 도로가 꽉 막혀 있다. 안 되겠다.) 기사님! 제가 덜
막히는 지름길을 아는데, 좀 골목이긴 한데….

35. 공원 입구 (밤)

어둑어둑해진 공원 입구 거리. 아들 손 잡고, 아기띠 둘러매고 우
진 기다리는 주혁.

주혁   (초조하다) 아… 왜 이렇게 안 와. 이제 진짜 출발해야 되는데….
       (하다가 아들 얼굴 보며) 지훈아, 너 쉬 마렵지? 마려울 때가 됐는
       데…. 엄마 곧 올 거야. 조금만 참자, 응? (하고는 휴대폰으로 시간
       확인한다)

       #. 휴대폰 인서트 - 6시 39분!

(주혁)   이제 곧 7시. 우진이는 아직 코빼기도 보이질 않는다. 난 결국 시
       험을 치르지 못하는 건가? 이렇게 만년 대대리로 남을 것인가?
       초조하다…. 초조해서 미치고 팔짝 뛰겠다…! (흘깃 시간 보고)
       시간이 임박해온다. 5… 4… 3… 2… 1….

       이때 끼익! 택시가 와 서고, 우진이 헐레벌떡 차에서 내린다.

주혁   (반가운) 여보!!!
우진   (기사에게) 기사님, 잠깐만요! (달려온다. 이마에 땀 송글송글) 여
       보, 미안! 길이 너무 막혀서. 어떻게… 지금 가면 시험 가능하겠
       어? 가능해?!
주혁   (아기띠 빼서 건네며) 어… 잘하면.
우진   (아기 받고, 아들 손 낚아채고) 가 얼른, 저거 타고.
주혁   (비장한 표정으로 손 올리면)
우진   (역시 비장하게 하이파이브한다. 뭔가 동지애가 느껴지는)
주혁   집에서 봐! (서둘러 택시로 가는데)
우진   여보!!!
주혁   (돌아보면)
우진   파이팅. 시험 못 봐도 돼, 너무 부담 갖지 마! (눈으로 격려 보내는)
주혁   (보며 고개 끄덕, 해 보이고 택시 타며) 기사님, KCU 본사로 가주세
       요!

교육관, 시계 확인하고 슬슬 문 닫으려는데….

(주혁) 잠깐만요! 스톱! 잠깐만!!!
교육관 ?! (보면 주혁이 헐레벌떡 뛰어온다)
주혁   (헉헉… 숨이 턱까지 차오른 채) 저 왔어요… 저…. (헉헉, 시간 확
      인한다. 6시 59분이다) 세입. (씩 웃으며 교육장 안으로 들어간다)

37. 은행 외경 (밤)

셔터 내려져 있고, 건물 안 환하게 불 켜져 있다.
(M) G.O.D 〈프라이데이 나잇〉

38. 은행 객장 (밤)

객장이 떠나가라 노래 빵빵하게 틀어놓고 고개 까딱까딱, 어깨
덩실덩실대며 신나게 일하는 향숙, 환. 혜정 역시 고개 까딱까딱
하며 탕비실 쪽에서 커피 가지고 나온다.

혜정   (업된) 음… 우리끼리 남아서 마무리하니까 너무 좋다. 눈치 볼
      사람도 없고.
환   그러게. 황금 같은 금요일에 회의 자료 만들라는 말 들을 땐 윤
      팀장님 저주라도 하고 싶더니, 이게 나름 맛이 있네, 또.
향숙   지점장님이랑 부지점장님도 웃겨. 급한 불 다 껐는데 병원은 왜
      간대?
혜정   환자 가족한테 생색내러 간 거지, 뭐. 사진 딱 박고 홈피에도 올
      릴걸, 아마?
향숙   어머… 낯부끄러. 애는 서 팀장님이 다 쓰셨구만.

혜정	내 말이. (하다가) 저기, 우리 배도 고픈데… 가위바위보 해서 진 사람이 김밥 떡볶이 순대 사 오기 할까? 우리끼리인데 그걸로 저녁 때우지, 뭐.
향숙	오… 좋아. 콜, 콜!
환	에이, 무슨 김밥 떡볶이 순대…. 겁나 좋아요, 완전.
혜정	오케이, 단판이다. 무르기 없기. 자…! 가위바위… 보! (졌다) 아…!
향숙/환	아싸, 이겼다!/얼른 다녀오십시오!
혜정	아 진짜…. 난 왜 이렇게 가위바위보를 못하지? 맨날 저, 어떻게. 한 번도 이긴 적이 없어요. (지갑 들고) 나 갔다 올게. 일하고 있어.
향숙/환	양 많이, 언니!/커피도 사 오시면 더 좋아용! (기분 좋은)

혜정 나가고, 객장에 환과 향숙 두 사람만 남아 일하는 중.

향숙	(환 보며) 노래 다른 거 틀어도 되죠?
환	마음대로요. (서류 작업 하며)
향숙	(노래 바꿔 튼다.)
	(M) 메탈리카 노래 (혹은 유사한 헤비메탈풍의 노래)
환	어! (보며) 향숙 씨, 이 가수 좋아해요? 나도 완전 광팬인데.
향숙	진짜요? 나 작년에 내한 공연도 갔었잖아요.
환	헐, 대박. 나도 갔었는데! 스탠딩?
향숙	당빠 스탠딩이죠! 가 구역? 나 구역?
환	나 구역.
향숙	헐… 나도 나 구역이었는데! 바로 옆에 있었을 수도 있겠는데요?
환	그러게, 대박이다. (흥미로운 듯) 보기보다 은근 하드하시네.
향숙	그쵸? 사람들이 좀 놀라긴 해요. 의외로 취향이 액티브하다고. 나 야구도 광팬이라서 해마다 시즌권 사서 응원 다니거든요. 나는….
환/향숙	(동시에) MC 스네이크!

환	(놀란다) 헐!
향숙	(역시 놀란다) 완전 대박.
환	완전 취향 일치. 어떻게 이렇게 똑같을 수가 있지?
향숙	그러니까요. 진짜 신기하네.
환	이번 주말에 스네이크랑 케이케이 표 구했는데, 같이 보러 갈래요? 친구 깔게요, 내가. 대신 향숙 씨가 맥주랑 치킨 쏘고.
향숙	뭐… 그럴까요? 그래요, 그럼. (대답하고 괜히 곁눈질…. 뭔가 썸의 예감이 든다)
환	(일하며 곁눈질…. 왠지 기분이 좋다. 입꼬리 올라간다)

39. 주혁의 집 거실 (밤)

우진, 안방에서 아이들 재우고 조심조심 문 닫고 나오는데, '띠띠떡' 현관 비밀번호 누르는 소리 들리고 파김치가 된 주혁 들어온다.

우진	(주혁 보고, 팔 벌리면)
주혁	(다가와 그대로 우진에게 안긴다)
우진	(주혁 토닥이며) 아이구…, 고생했다, 우리 남편.
주혁	(안긴 채) 애들은… 자…?
우진	그럼. 안 자려고 버티고 버티다가 방금 막 잠들었어. 시험은…?
주혁	묻지 마…. 망한 거 같아.
우진	(포옹 풀고) 진짜? 진짜 망한 거 같아?
주혁	아니, 대충 풀긴 했는데…. (하다가) 부담 갖지 말라더니, 반응이 말하고 다르다?
우진	아니, 이왕이면 잘 보면 더 좋으니까. (말 돌리는) 어떻게, 거사도 무사히 치렀는데… (딱! 소리 내며) 한잔?
주혁	좋지. 내가 준비할게.
우진	아냐. 당신 씻고 와. 내가 딱 세팅해놓을 테니까. (웃으며)

(컷) 딸기 한 접시를 안주로 우진은 소주, 주혁은 맥사 마신다.

주혁   (맥주 반, 사이다 반 자기 잔에 섞으면)

우진   같이 소주 마시면 좀 좋아? 이제 좀 늘 때도 됐구만, 참….

주혁   몸이 안 받는 걸 어떡해. 자, 소주인 듯이 마셔줄 테니까… (잔 들며) 짠!

우진   짠! (잔 부딪치고 마신다) 캬…!

주혁   (마시고 역시) 캬…!

우진   (딸기 집어 먹고, 주혁 입에 하나 넣어주는)

주혁   (받아먹으며) 아까는 진짜, 심장이 쫄려 죽는 줄 알았어. 아슬아슬하게 도착해서 시험을 보는데 막 손이 덜덜덜 떨리더라고.

우진   그랬쪄요? 에고고…. 우리 신랑 애썼네, 애썼어.

주혁   그러게. 아무리 급했어도 전화 한 통 미리 좀 해주지, 나빴어.

우진   인정… 잘못했습니다! (벌서듯 손 들면)

주혁   됐고. 정 벌서려면 그 벌 말고… 흠…! (음흉한 눈빛) 다른 벌을 좀 서든가.

우진   어머, 지금 그 눈빛 뭐래? 이 사람이 진짜, 뭔 엉뚱한 생각을 하는 거야, 지금?

주혁   (시치미) 뭔 생각? 나 아무 생각 안 했는데.

우진   했거든. 내가 알거든. 어림없어. (튕기듯 일어나면)

주혁   (따라 일어나며) 아닌데. 뭔데, 뭔데? (장난치듯 우진 안고 소파로 넘어진다)

우진   어머, 어머! 왜 이래…? 미쳤어, 이 아저씨가! (스킨십하며 장난치는)

장난스럽게 꽁냥대는 우진과 주혁의 모습 부감으로…. (f.o./f.i)

40. 은행 외경 (낮)

자막 – 몇 달 후

객장 영업 끝난 시간, 직원들 마감 중이다. 복사하러 일어나는
환, 향숙과 눈 마주치는데…, 둘 다 쌩… 고개 돌리고 지나친다.

주혁 (종후 자리로 가 서류 전해주며) 쟤들은 또 왜 저래? 종일 찬바람
이 쌩이네, 아주.

종후 냅둬라, 또 헤어졌단다. 이번이 22번째냐, 24번째냐? 아유, 지겨워.

주혁 저러다 또 꽁냥거리면서 다시 만나겠지. 그게 컨셉인 커플이잖아.

종후 어쨌든, 사랑싸움할 기력도 있고, 젊다 젊어. 아… 나도 우리 와
이프랑 저런 시절이 있었는데…. (하다가) 주혁아, 난 가끔 이런
상상을 해본다? (꿈꾸듯) 옛날에 말이야, 와이프 유학 가는 날 공
항으로 안 쫓아갔으면, 지금 난 결혼을 했을까 안 했을까? 막 이
연애 저 연애 하면서 싱글라이프를 즐기지 않았을까?

주혁 야, 아서라. 괜히 쓸데없는 생각 하지 마, 너.

종후 그냥 상상만 해봤다고, 자식아. (하다가) 야, 근데 내가 이 사진 안
보여줬지? (휴대폰 보여주며) 우리 애들 봐. 클수록 예뻐진다?
유치원에서도 인기 짱이래. 하긴, 애들도 보는 눈이 있을 테니까.

주혁 (지지 않고 제 휴대폰 보여주며) 야…! 봐봐, 예쁜 걸로 치면 우리
애들이 더 확 튀지. 우진이 유전자가 있는데.

종후 너 지금 내 와이프 디스하냐? 디스해?! (투닥거리는데)

이때 장 팀장이 음료수와 간식거리 사 들고 들어온다.

장 팀장 하이, 여러분!!!

일동 어머, 팀장님! /웬일이에요?/너무 오랜만이에요!

변 팀장 아, 난 오랜만은 아닌 거 같은데…. 진짜 웬일이야, 연락도 없이?

장 팀장 본사 갔다가… 다들 보고 싶기도 하고 미리 알려줄 떡밥도 하나
있고 해서…?

종후	떡밥? 뭔 떡밥요?
장 팀장	별거 아냐, 차 대리 승진 소식. 본사에서 방금 캐낸 정보에 의하면, 차 대리가 나 있는 마포점 대부계 팀장으로 올 예정이더라고.
종후	아, 진짜 별거… 아닌 게 아니잖아! 인마, 축하한다, 차 대리! 아니 차 팀장님!!!
우진	여보!!! (너무 감격해 말 못 잇는)
일동	어머, 너무 잘했다!/축하드려요, 차 대리님!
주혁	(얼떨떨해) 지, 진짜요? 진짜 승진이에요, 저?!
장 팀장	그렇다니까. 대기만성 우리 차 팀장님, 앞으로 잘해봅시다. (손 내미는)
주혁	(악수하며) 와… 히야…! (얼떨떨한데)

이때 지점장 상기된 얼굴로 들어온다.

지점장	여러분, 아주 기쁜 소식이…. (장 팀장 보고) 어, 장만옥! 웬일이야? 놀러 왔어?
장 팀장	네, 가현점 식구들 너무 보고 싶어서 상사병 나서요.
지점장	아… 그럼! 우리 정이 보통 끈끈한 게 아니었지. 잘 왔고, 잠깐만… 일단 굿뉴스부터 좀 전해주고. 다름이 아니고 말이야… 바로, 바로, 바로!
환	저희 벌써 들었…. (하는데)
변 팀장	(재빨리 환 입 막는다)
지점장	(눈치 못 채고) 우리 차 대리가 승진을 했어요. 마포점 대부계 팀장으로!
일동	(지금 안 것처럼 연기하는) 어머, 진짜요?/너무 잘했다!/축하해요, 차 대리님!
주혁	(처음인 듯) 어… 어떻게 이런 일이…. 다들 너무 고마워…!
우진	여보!!! (주혁에게 가 축하의 포옹 해주고)
지점장	아, 잘됐다! 너무 잘됐다. 축하해, 차 대리!!! (박수 치며 기뻐하는

모습)

(우/종/주/상) 서프라이즈!!!

42. 실내 포차 (밤)

주혁, 포차 들어서자마자 폭죽에 꽃가루까지 마구 날아오고, 우
진, 종후, 주은, 상식은 케이크 들고 '축하한다, 인마!' '축하해!!!'
하며 주혁 맞이한다.

종후	야, 일단 불어, 불어! 촛농 떨어진다. 불어, 쫌!
주혁	후…! (촛불 끄고 우진 보며) 뭐야… 이거 하려고 먼저 간다고 그 런 거야?
우진	어, 몰랐지?
주혁	몰랐지, 그럼. 애들은?
우진	걱정 마. 엄마가 준희까지 싹 다 봐주고 계셔. 준희가 애들 잘 데 리고 놀잖아.
상식	겁나 축하한다, 자식아. 결국 이날이 오긴 오는구나…! 그놈의 대 리 딱지는 내가 더 징글징글하다, 진짜. 차 팀장! 얼마나 듣기 좋 아? 차 팀장, 차 팀장…! 아, 발음이 영 붙지를 않네. 그냥 차장이 라고 불러야 되나…?
주은	아, 뭐면 어때! 팀장이 됐다는 게 중요하지. 진심 축하한다, 오빠!
주혁	고맙다, 동생아.
종후	야, 서서 이러지 말고… 앉아서 축배를 들어야지, 응? (하는데)
우진	잠깐! 잠깐만…!
일동	? (보면)
우진	(테이블 밑에서 쇼핑백 꺼내 주혁에게 주며) 막간에 잠깐, 선물 전 달식이 있겠습니다. (주혁에게 내밀며) 자, 승진 기념 선물.
주혁	선물까지? 뭔데? (궁금해하며 들여다보다가) 으아악! (말문 막힌 듯)
상식/종후	(놀라서) 왜왜?! / 뭔데, 뭔데?

주혁   (쇼핑백에서 꺼내는데, 신상 게임기다)

상식   어, 어…! 게임 스테이션, 게임 스테이션! 완전 신상!!!

종후   헐… 진짜 초신상이네. 대… 박!!!

우진   (미소) 승진 축하해. 하루에 딱 30분씩만 하는 거다?

주혁   (격한 감동에 끄덕끄덕) 응응! 그럴게! 고마워, 우진아! 진짜, 진짜 고마워! (우진 껴안고 난리 치면)

상식   (게임기 보며) 와… 신상 게임기를 선물해주다니…. 정말 꿈의 와이프다. 차주혁 진짜 장가 잘 갔다. 완전, 완전 부럽…! (하다가 주은에게 꼬집힌다) 아아…!!!

종후   야, 스틱만 좀 꺼내봐. 나 한번 잡아만 보자, 응?

주혁   (손 찰싹) 안 돼! 만지지 마! 아직 오픈도 안 했구만. (기분 좋게 실랑이하고)

우진   (그런 주혁 보며, 행복한 듯 웃는 모습)

13. 주말/주혁의 집 외경 (낮)

14. 주혁의 집 거실 (낮)

식탁에 앉아 식사 중인 주혁과 우진. 우진 모는 손주를 옆에 끼고 밥 먹이고 있다. 식탁 앞 요람에는 돌배기 아기가 누워 있다.

우진 모   (눈에 꿀이 뚝뚝 흐르는 듯. 밥 먹이며) 아이고, 잘 먹는다! '할무니 맛있어요' 해봐.

우진   엄마, 내가 먹일게, 엄마 먹어.

주혁   네, 드세요, 장모님. 지훈이는 제가 먹일게요. (그릇 뺏으려는데)

우진 모   (피하며) 아, 됐어, 너희들이나 먹어. 난 안 먹어도 배가 불러요. (흐뭇하게 손주들 보며) 순한 게 확실히 우진이 넌 아니야. 차 서방 기질이야, 이건.

주혁   그니까요. 천만다행이죠.

우진   또 시작이다, 둘이 한편 먹고. 아주 영혼의 단짝이셔요.

주혁   왜, 또 샘나? (약 올리는 표정 짓는데)

우진 모   아, 시끄럽고. 오늘은 내가 애들 봐줄 테니까, 간만에 둘이 나가
          놀고 와. 영화도 보고 맛있는 것도 사 먹고.

우진   (좋아라) 진짜?

주혁   에이, 장모님 힘드셔서 안 돼요. 애 둘을 혼자 어떻게 감당하시려고.

우진   (아차, 눈치 보며) 그러게… 둘은 좀 힘들 텐데…. 엄마도 간만에
          쉬는 날이잖아.

우진 모   아, 괜찮아! 덕분에 나도 손주들이랑 오붓한 시간 좀 갖게. 나가,
          나가!

주혁   (걱정스러운 듯) 아, 진짜 힘드실 텐데….

우진   (내심 그러고 싶다) 근데 좀 있음 지훈이도 낮잠 잘 거고, (요람의
          아기 보며) 얜 뭐, 배만 부르면 하루 중에 반은 자니까…. 아, 그래
          도 힘들긴 할 텐데….

우진 모   아, 싫어? 그럼 말든…(가 하려는데)

우진   (바로 일어서며) 힘들 텐데, 진짜….

주혁   (얼른 재킷 입으며) 이번만이에요, 장모님. 진짜요!

우진 모   (귀여운 것들, 웃으며) 그래, 어여 가! 내 마음 변하기 전에.

45. 영화관 (밤)

        나란히 앉아 휴먼 드라마류의 영화 보고 있는 주혁과 우진. 우진
        맛있게 팝콘 먹고 있는데 주혁은 영화에 몰입한 듯 눈물이 그렁
        그렁하다.

우진   (보며 작게 속삭인다) 뭐야… 또 울어…?

주혁   (안 울려고 눈 크게 뜨며) 아냐… 울기는….

우진   (어깨 토닥토닥하면)

주혁   (우진 어깨에 기대고 영화 감상한다)

우진   (다른 손으로 팝콘 집어 주혁 입에 넣어주며 영화 본다)

46. 샌드위치 가게 (밤)

영화 본 후 저녁으로 샌드위치 먹는 주혁과 우진.

우진   음… 맛있다.
주혁   맛있지? 간만에 이런 데서 먹으니까. (웃으며 한입 크게 베어 문다)

47. 캠퍼스 (밤)

손 잡고 걷는 주혁과 우진.

우진   아, 좋다. 간만에 이렇게 자기랑 나와서 데이트하니까.
주혁   그러게, 좋네…. (둘러보며) 캠퍼스는 늘 옳아.
우진   여기 처음 온 게 그때지? 시장 갔던 날, 자기가 나랑 한 번은 꼭 오고 싶었다고.
주혁   맞아… 그랬어.
우진   그땐 그게 그런 뜻일 줄은 꿈에도 몰랐는데…. (장난스럽게 째리며) 나 버리고 간 놈한테 다시 빠질 줄이야. 아우, 내 팔자야.
주혁   (살짝 뻔뻔하게) 내가 그만큼 마성의 매력이 있다는 거 아닐까?
우진   뭐래, 밥 잘 먹고? 근데… 나 전부터 진짜 궁금했는데. (눈 빛내며) 내가 대체 얼마나 심했길래 날 버렸던 거야? 그렇게 끔찍한 와이프였어?
주혁   흐흠…! 거 참, 옛날 일은 뭐하러 물어… 다 지난 일을….
우진   다 지난 일인데 어때. 말해봐. 응?
주혁   (난감해 죽겠지만 짐짓 태연한 척) 그게 뭐 중요한가? 지금 우리 기억에 있는 역사가 중요하지. 더 중요한 건 앞으로의 역사고. 안 그래?

우진   치…. 오케이, 알았다. 그냥 넘어가 준다. (걷는다)

주혁   (걸으며) 그러고 보니까 우리 참… 많은 일들을 겪었다. 앞으로
         살면서 얼마나 또 다양한 일들, 다양한 감정들을 겪게 될까?

우진   글쎄. 생각지도 못한 감정들이 하나, 둘… 우리한테 닥치겠지. 예
         를 들면….

#. 상상 인서트 1 - 유치원 앞

유치원 졸업 가운, 모자 쓴 일곱 살짜리 남자아이. 손 흔들며 서
있고, 감개무량한 표정으로 바라보고 서 있는 우진과 주혁.

(우진)   우리 지훈이 유치원 졸업식 날. 난 왠지 울컥할 거 같아.

(주혁)   그렇겠지. 그 조그맣고 꼬물꼬물거리던 게 언제 커서 졸업식이란
         걸 다 하나 싶고.

(우진)   그리고….

#. 상상 인서트 2 - 주혁의 집

열두 살 지훈이, 또래 여자아이 손잡고 서 있다. 당황하는 표정의
우진과 주혁.

(우진)   생각보다 여자 친구도 금방 데리고 올지도 몰라. 요즘 애들 엄청
         빠르다더라….

(주혁)   헐… 지훈이 여자 친구…? 그럼 나희도 남자 친구 데리고 온다고?

뒤이어 열 살 나희가 또래 남자아이 손을 잡고 들어서는 모습.

(주혁)   아, 나 충격 먹을 거 같은데….

(우진)   나도. 지훈이가 나보다 지 여친이 더 좋다고 그러면 어쩌지?

(컷) 우진, 귀찮다는 표정의 열두 살 지훈 붙잡고

우진	너 엄마가 좋아, 서영이가 좋아? 아… 엄마가 좋아, 서영이가 좋아?!

주혁	(말리는) 아, 그만해…. 애 들은 척도 않는구만, 몇 번을 물어?!

우진	아, 놔봐! (뿌리치면 주혁 넘어지고) 말해봐, 누가 더 좋냐니까?!

다시 캠퍼스. 주혁과 우진 상상만으로 재미있다는 듯….

주혁	넌 그러고도 남을 거야. (웃다가) 또 어쩌면… 인생엔 늘 크고 작은 바람이 불고는 하니까, 우리 둘 중에 한 사람이 아플 수도 있을 거야….

#. 상상 인서트 3 - 병원

이동 침대에 누워 어디론가 들어가는 우진. 주혁은 눈물 그렁그렁한 채 쫓아간다.

주혁	우진아… 괜찮을 거야…. 너무 걱정 마…, 응?

우진	(주혁 보며, 애처롭게) 자기야, 어디 가지 마. 꼭 여기 있어야 돼….

주혁	응. 나 여기 있을게. 어디 안 가고, 여기 있을게….

우진	자기야…!

주혁	힘내. 힘내, 자기야…!

간호사	(짜증 난다) 저기요, 대장 내시경은 길어봐야 한 시간 정도면 깨시거든요?

다시 캠퍼스. 우진, 주혁 큭큭거리고….

주혁	그렇게 이런 일, 저런 일… 남들 다 겪는 일 겪으면서 티격태격 아웅다웅, 미운 정 고운 정 쌓아가면서 같이 늙어가겠지…?

우진	그렇겠지. 나중에는 막 전우애가 싹틀 거 같아. 특히 애들 속 썩이고 그럴 때.

주혁   아마도?

우진   그러다 또 자기 열 뻗치게 만들면 확…! 500원짜리 동전이나 또 찾아보든가.

주혁   아… 동전. 그럼 몇 년도 동전을 찾아야 되나? 2006년? 2018년?

우진   아쭈. 죽을래? 농담을 그렇게 다큐로 받기 있기, 없기. 있기, 없기?! (쿡 찌르면)

주혁   아… 아파. 잘못했어요! 죽을 죄를 지었어요…! (우진 안으며 가는)

우진   (안긴 채로 가며) 아… 달 한번 엄청 밝네요….

주혁   그러네요…. 진짜 좋은 밤이다…!

알콩달콩 걸어가는 두 사람 모습 길게 부감으로….

16화 엔딩.

아는 와이프 *2*

1판 1쇄 인쇄 2018년 10월 2일
1판 1쇄 발행 2018년 10월 10일

지은이 | 양희승
펴낸이 | 김영곤
펴낸곳 | (주)북이십일 아르테팝
미디어사업본부 본부장 | 신우섭
기획·편집 | 이은   **미디어믹스팀** | 강소라 이상화
미디어마케팅팀 | 민안기 정지은 정지연
영업팀 | 권장규 오서영
홍보팀장 | 이혜연   **제작팀장** | 이영민

출판등록 | 2000년 5월 6일 제 406-2003-061호
주소 | (우 10881) 경기도 파주시 회동길 201(문발동)
대표전화 | 031-955-2100   **팩스** | 031-955-2151

(주)북이십일 경계를 허무는 콘텐츠 리더

아르테팝 채널에서 도서 정보와 다양한 영상자료, 이벤트를 만나세요!
북이십일과 함께하는 팟캐스트 '[북팟21] 책 이게 뭐라고'
페이스북 | facebook.com/21artepop   블로그 | arte.kro.kr
인스타그램 | instagram.com/21_artepop   홈페이지 | arte.book21.com

ISBN 978-89-509-7770-2 04680
ISBN 978-89-509-7771-9 (SET)